Sunday, Monday,

Happy Days

Direction de la publication :
Isabelle Jeuge-Maynart et Ghislaine Stora

Direction éditoriale :
Élodie Bourdon

Édition :
Mélissa Lagrange

Conception de la couverture :
François Lamidon

Conception de la maquette intérieure :
Hung Ho Thanh

Préparation de copie :
David Lerozier

Informatique éditoriale :
Dalila Abdelkader, Aurélie Prissette et Philippe Cazabet

Mise en pages :
Nord Compo

Fabrication :
Karine Mangili

© Larousse 2018

Toute reproduction ou représentation intégrale ou partielle, par quelque procédé que ce soit, de la nomenclature et/ou du texte et des illustrations contenus dans le présent ouvrage, et qui sont la propriété de l'Éditeur, est strictement interdite.
Les Éditions Larousse utilisent des papiers composés de fibres naturelles, renouvelables, recyclables et fabriquées à partir de bois issus de forêts qui adoptent un système d'aménagement durable. En outre, les Éditions Larousse attendent de leurs fournisseurs de papier qu'ils s'inscrivent dans une démarche de certification environnementale reconnue.

ISBN : 978-2-03-595052-9

SARAH ALLART

Sunday, Monday, Happy Days

101 expériences de psychologie positive
pour être heureux 7 jours sur 7

LAROUSSE

Préface

Le bonheur, je suis tombé dedans quand j'étais petit. Dès mes 20 ans, j'avais des « crises de bonheur ». Une grande bouffée de chaleur, un sourire large sans explication, sans stimulus interne ou externe, une irrépressible envie de rire, et de dire à mes amis que j'étais heureux. C'est ce qui m'a donné envie d'étudier cette fameuse « Science du Bonheur » en construction : ce regroupement de disciplines contribuant à expliquer les mécanismes du bon fonctionnement et de l'épanouissement humain individuel et collectif. J'y ai découvert que le bonheur était en partie génétique. Comme le mentionne ce livre, une étude en particulier fait date, celle de Sonja Lyubomirsky, en 2005 : *A la poursuite du bonheur : architecture d'une transformation durable*. La chercheuse en Psychologie Positive y affirme que 50 % de notre bonheur proviendrait de notre hérédité – le reste résultant de circonstances de vie (pour 10 % seulement) mais surtout de nos choix, attitudes et activités (pour 40 %). Heureusement – car 50 % d'inné, c'est énorme – ces chiffres sont à nuancer. D'une part, les recherches récentes en neurosciences montrent que notre cerveau est plastique et donc que notre niveau de bonheur initial, le « *set point of happiness* », peut être modifié (mais comment ?). D'autre part, l'épigénétique explique que notre génome hérité peut s'exprimer, ou pas, selon notre environnement.

Dans tous les cas, cela veut donc dire que, pour partie, le bonheur se travaille. Il n'est ni une destinée génétique heureuse si nous sommes bien dotés à la naissance (comme moi !), ni une fatalité héréditaire si nous partons désavantagés. Pourtant l'idée d'œuvrer activement à son bonheur peut surprendre voire choquer. Disons que c'est une question d'équilibre. Il ne s'agit pas de le négliger comme un épiphénomène de l'existence, mais encore moins d'en ressentir l'obligation – cette fameuse « injonction au bonheur » dont se moque Pascal Bruckner – ou de le poursuivre de manière obsessionnelle : étude à l'appui, s'interroger excessivement sur son bonheur rend malheureux, car cela fait attendre de la vie un niveau d'épanouissement en permanence déçu.

En revanche, en s'appuyant sur des éléments à la fois inspirants et scientifiques – comme dans ce livre : c'est un tour de force – il est possible d'œuvrer, sans obsession, à son plus grand épanouissement. En tout cas, nous dit la recherche, le premier déterminant de sa propre transformation est le fait de croire que c'est possible. C'est l'effet « état d'esprit », que Henry Ford illustrait sans le savoir en disant : « Que vous pensiez être capable ou ne pas être capable, dans les deux cas, vous avez raison ». Cette idée d'œuvrer consciemment et avec optimisme à son bonheur fait écho en moi car j'ai parfois l'impression de me reposer sur les lauriers de mon bonheur génétique alors que je pourrais le cultiver.

Comment faire alors ? Parmi les 101 fiches de ce livre, il y a une pratique qui m'a particulièrement touché, c'est celle décrite par Barbara Fredrickson dans son livre *Love 2.0* : lorsque deux personnes interagissent, il est possible de vivre des « micro-moments d'amour », pourvu qu'il y ait à la fois résonance et joie. En d'autres termes, si l'interaction est véritable, empreinte d'écoute par exemple, et qu'en même temps des émotions positives sont partagées, alors on vit de l'amour ! Ces micro-moments peuvent être vécus virtuellement avec n'importe qui. La chercheuse va plus loin : si nous passons en revue chaque soir nos trois interactions humaines les plus significatives de la journée, alors nous développons notre capacité à vivre ces moments de micro-amour, et cela nous rend plus heureux. Cette pratique est à rapprocher des exercices de gratitudes quotidiens eux aussi conseillés par la Psychologie Positive, et décrits dans ce livre.

Ces pratiques peuvent être mises en œuvre à la fois dans le monde du travail et dans la vie privée. Cela rappelle cette notion clé d'équilibre vie privée-vie professionnelle, elle aussi explorée dans cet ouvrage. Aujourd'hui, monde du travail et vie personnelle s'interpénètrent, notamment via la digitalisation. La disparition de cette frontière entre les deux sphères s'observe également d'une autre manière : notre bonheur au travail et notre bonheur dans la vie en général sont interdépendants. D'après Be better and Co, le bonheur au travail affecte le bonheur à l'extérieur pour 73 % des personnes interrogées et le bonheur dans la vie privée affecte le bonheur au travail pour 54 % des répondants. L'architecture du « PIB du bonheur » créé par la Fabrique Spinoza[1] corrobore également cette corrélation entre bonheur au travail et dans la vie privée.

---

1. www.fabriquespinoza.org

Tout est dans tout, et vice-versa. Le bonheur au travail et le bonheur global se nourrissent l'un l'autre. C'est le deuxième tour de force de ce livre : mettre en avant des pratiques qui développent l'épanouissement dans les deux sphères de manière indistincte.

Cette approche me parle profondément : je suis convaincu que notre capacité à ÊTRE de manière aussi cohérente que possible dans les différents domaines de la vie est un chemin prometteur pour le bonheur collectif. C'est lorsque nous adopterons une attitude positive, généreuse mais surtout cohérente aussi bien en tant que travailleur, parent, consommateur, citoyen, c'est lorsque nous abolirons les barrières qui nous empêchent d'être notre pleine richesse humaine aux casquettes multiples, ou, en un mot, c'est lorsque nous pourrons être en *intégrité*, que nous parviendrons à tracer un chemin pour le bonheur citoyen dans notre société.

Alexandre Jost, fondateur de la Fabrique Spinoza

Sommaire

Ceci n'est pas un livre 11

✴ Prenez un bon départ 17
1. Évaluer son bonheur en 5 minutes chrono 19
2. Trouver ses compagnons de route 22
3. Tenir un journal de bord 25
4. Visualiser sa destination 28
5. Faire le plein d'énergie et de motivation 31
6. Adopter la stratégie des petits pas 33
7. Et… décider d'être heureux tous les jours 36

✴ Soyez pleinement présent et domptez votre mental 39
8. Repérer le pilote automatique (et le débrancher !) 41
9. Oser la méditation 44
10. Présent ! 47
11. Adopter la « digital mindfulness » 51
12. Cultiver l'harmonie tête-corps-cœur-esprit 55
13. Faire preuve d'autocompassion 58
14. Revendiquer l'imperfection heureuse 61
15. Changer de regard sur l'argent 64
16. Devenir « satisfaiseur » (plutôt que « maximiseur ») ... 68
17. Choisir l'optimisme 71

✷ Faites le plein d'émotions positives 75
18. Cultiver la gratitude attitude 77
19. S'offrir des petits plaisirs 81
20. Vive le sourire authentique! 84
21. Les incroyables pouvoirs du rire (et comment rire davantage) 87
22. Célébrer les grandes victoires... et les petites 91
23. Vivre la Fish! Philosophy 95
24. Faire du travail... un jeu! 98
25. Prendre un bain de compliments 101
26. La bonne humeur est contagieuse 104

✷ Apprivoisez le stress et les émotions négatives 107
27. Décrypter les messages de son corps 109
28. Détecter ses stresseurs ou « boutons d'alarme » 111
29. Gérer les émotions négatives au fil de l'eau 114
30. Trouver ses « déstresseurs » express 117
31. Résoudre les problèmes (qui peuvent l'être) 121
32. Gérer positivement les situations non contrôlables 124
33. Affronter ses peurs 127
34. Constituer sa « support team » 130
35. Apprendre à pardonner 133

✷ Boostez votre vitalité 137
36. À chacun son rythme 139
37. Les pauses s'imposent! 142
38. Manger sainement et en conscience 146
39. Et si on bougeait? 149
40. Danse, chante (et prends ton bouquin!) 153
41. Votre chaise n'est pas (du tout) votre meilleure amie 157
42. Prendre un bain de nature 161
43. Personnaliser son espace de travail 164
44. Musique! 167
45. Lumière! 171
46. Apprendre à respirer 174
47. Un sommeil réparateur en toute circonstance 177

48. Et pourquoi pas une sieste aux 1001 vertus ? 180

✳ Musclez votre confiance 183
49. Apprendre à échouer 185
50. Célébrer les erreurs 188
51. L'art du « faire comme si » 191
52. L'effet magique des postures de pouvoir 194
53. Déprogrammer ses croyances limitantes ou toxiques 197
54. Muscler son intuition et prendre de bonnes décisions 201
55. Apprendre à s'affirmer 205
56. Oser la liberté et l'autonomie 209
57. Provoquer sa chance 212

✳ Retrouvez le temps et l'équilibre 215
58. Clarifier ses priorités dans chaque domaine 217
59. Planifier pour sanctuariser l'essentiel (et déstresser !) 221
60. En finir avec le culte du travail acharné 224
61. Apprendre à déconnecter 227
62. Simplifier sa vie (et alléger sa charge mentale !) 230
63. Toujours débordé ? Ce n'est pas une fatalité ! 234
64. Savoir dire non 237
65. Boosters et bouffeurs de productivité 241
66. L'art du « monotasking » 244
67. Adopter la « slow attitude » 247

✳ Sublimez vos relations 251
68. Say hello ! 253
69. Pratiquer l'écoute active 256
70. Développer son empathie 259
71. S'initier à la communication non violente 262
72. Semer la gentillesse, c'est contagieux ! 265
73. Privilégier le contact physique (approprié !) 269
74. Respecter le ratio de Losada 272
75. Booster son intelligence émotionnelle 274
76. Multiplier les micro-moments d'amour 277

77.	Partager des moments forts	280
78.	Apprendre à dire… Merci	284
79.	Répondre au besoin de reconnaissance	286
80.	Oser le conflit constructif	288
81.	Trouver ses « groupes de cœur »	291
82.	Le pouvoir de l'intelligence collective !	293

✳ Donnez du sens et devenez vous 297

83.	Trouver son « Big Why »	299
84.	Faire de son travail… une vocation !	303
85.	Choisir un intitulé de job inspirant	306
86.	Faire sa part (ou la fable du colibri)	309
87.	Activer ses super-pouvoirs	312
88.	Suivre ses préférences naturelles	315
89.	Identifier ses moments de « flow »	318
90.	Spécialiste ou multipotentialiste ?	321
91.	Libérer sa créativité	325
92.	Cultiver un état d'esprit en expansion	328
93.	Rêver son futur et construire sa vision	331
94.	(Bien) utiliser la visualisation	334
95.	Afficher ses objectifs	337
96.	Oser être soi-même	340

✳ Ancrez et propagez le bonheur 343

97.	Créer ses habitudes et routines positives	345
98.	Planifier ses Happy Days et Happy Weeks	348
99.	Concevoir son « Happiness Canva » et continuer les petits pas	351
100.	Faire bouger les choses autour de soi	354
101.	Oser le (grand) changement et vivre ses rêves	358

Derniers conseils pour la route 361
Remerciements « Quelques mots d'amour… » 364
Index 366

Ceci n'est pas un livre

Je sais, toutes vos certitudes s'effondrent... Ce n'est pas un livre ? Mais alors qu'est-ce que c'est ?

Eh bien, je dirais plutôt que c'est... un complice, un compagnon, un ami qui vous veut du bien. Vous pourrez compter sur lui. D'abord, il vous incitera à chantonner « Sunday, Monday, Happy Days ! » joyeusement et à tout bout de champ (ce qui est déjà en soi une expérience de psychologie positive !). Mais il sera aussi là pour vous aider, vous soutenir, vous accompagner dans les bons et les mauvais moments. Il sera là pour vibrer et célébrer avec vous. Il vous racontera des découvertes étonnantes et vous soufflera des expériences apprenantes. Chaque jour, il vous invitera à l'action et à la transformation. Il ne vous lâchera pas, et il aura raison ! Il ne vous demandera pas de le croire sur parole, mais simplement d'écouter, d'expérimenter, d'évaluer, et d'en tirer vos propres conclusions.

Voilà le compagnon que j'ai imaginé pour vous, à travers ce livre, mais aussi à travers le site www.sundaymondayhappydays.com (sur lequel vous retrouverez tous les bonus et de nombreuses surprises !) et la Happy Days Family que je vous invite à rejoindre – n'ayez crainte, je vous en reparlerai plus tard.

Si le cœur vous en dit, je vous propose de l'adopter, et de faire un bout de chemin avec lui (et plus si affinité !).

C'est pour moi une joie immense de pouvoir partager avec vous le fruit de centaines (milliers ?) d'heures de cours, recherches, lectures, conférences, expérimentations... sur un thème qui me tient profondément à cœur : le bonheur.

Chacun des 101 mini-chapitres de ce livre vous apportera une idée clé, avec un éclairage pratique et synthétique, des expériences concrètes, et des ressources pour aller plus loin si vous le souhaitez. Vous pourrez aussi piocher de-ci de-là des idées de lectures, films ou musiques pour prolonger, amplifier ou ancrer les expériences proposées (comme vous le verrez, ma sélection est personnelle et pour le moins éclectique !). J'insiste sur l'importance des expériences, car nous ne retenons que 10 % de ce que nous lisons, mais 90 % de ce que nous vivons ! Action, action, action, gardez bien ce principe en tête. Comme le dit Michael Jordan : « Certains veulent que ça arrive, d'autres aimeraient que ça arrive, et les autres font que ça arrive. »

✳ Voyage au cœur de la **psychologie positive**

Comme pour beaucoup de ceux qui se penchent sur ce sujet, le bonheur n'a pas toujours été une évidence pour moi. Alors quand j'ai rencontré la psychologie positive il y a maintenant plus de 10 ans, le coup de foudre a été immédiat (en tout cas de mon côté !).

La psychologie positive s'est développée dans les années 1980, sous la houlette de Martin Seligman. En réalité, ce terme est né sous la plume d'Abraham Maslow dans les années 1950. Maslow, connu pour sa célèbre pyramide des besoins, est un des premiers à avoir souligné que jusque-là, la psychologie s'était focalisée sur les aspects négatifs de l'être humain (en particulier ce qui causait les pathologies, la dépression, l'anxiété) en négligeant totalement ses aspects positifs (ce qui pouvait au contraire le rendre plus heureux, plus serein, plus résilient...) : « la psychologie nous a révélé beaucoup sur les défauts de l'homme, ses pathologies et ses péchés, mais fort peu sur ses potentialités, ses vertus, la possibilité d'accomplir ses aspirations, et tout ce qui relève de son élévation psychologique », affirme Maslow en 1954. « C'est comme si la psychologie s'était volontairement limitée à une seule moitié de son domaine de compétence – la moitié la plus sombre et la plus pernicieuse. »

Depuis, la psychologie s'est bien rattrapée. La psychologie positive, définie comme « l'étude scientifique des conditions et processus qui contribuent à l'épanouissement ou au fonctionnement optimal des individus, des groupes et des organisations[1] » est devenue une branche officielle de la psychologie. Elle

---

1. Shelly Gable et Jonathan Haidt, « What (and why) is positive psychology ? », Review of General Psy1. www.ted.com/talks/matt_killingsworth_want_to_be_happier_stay_in_the_moment?language=frchology, n° 9, 2005.

s'intéresse à notre développement personnel (bien-être et bonheur, créativité, estime de soi, sens de la vie, émotions positives, optimisme, résistance au stress, etc.) et interpersonnel (relations harmonieuses, empathie, altruisme, coopération, engagement, etc.). Elle étudie l'impact de certaines pratiques sur le bien-être, la santé, le stress, l'anxiété, la dépression...

Elle s'intéresse à tous les domaines de notre vie : vie personnelle, vie professionnelle, vie relationnelle, éducation et parentalité...

Elle s'appuie sur des études scientifiques pour proposer de nouvelles pratiques qui ont fait leurs preuves. Chaque année, des dizaines de nouvelles études scientifiques sont réalisées, et nous proposent de nouvelles clés pour être plus heureux, plus sereins, plus confiants, plus créatifs, et ce quel que soit notre niveau de départ ! Les chercheurs connaissent bien maintenant les principaux leviers du bonheur (qui correspondent aux grands chapitres de ce livre).

Évidemment, tout ne fonctionne pas sur tout le monde (d'où l'intérêt d'expérimenter !), mais ce qui est réellement fascinant, c'est qu'il suffit souvent de petites actions pour obtenir de grandes transformations.

Pour inspirer leurs recherches, les chercheurs en psychologie positive décryptent sans relâche les comportements des gens les plus heureux, épanouis, sereins, performants pour comprendre la façon dont ils vivent, pensent, travaillent, interagissent... Ils observent souvent des différences majeures par rapport au « commun des mortels », et analysent l'impact de l'adoption de nouveaux comportements.

Donc c'est officiel, c'est prouvé, c'est exaltant : le bonheur, ça s'apprend ! Ou plutôt ça se travaille, ça se construit au quotidien.

Oui, mais c'est bien là le problème... le quotidien ! Car il ne nous laisse pas beaucoup de temps et d'énergie pour creuser ce sujet pourtant essentiel. Nous n'avons jamais été « formés » au bonheur, nous avons accès à quelques bribes d'informations, mais nous n'appliquons pas grand-chose, et nous oublions. Alors finalement, nous nous contentons d'être heureux de temps en temps, quand tout va bien ou pendant le week-end et les vacances (et encore !). Nous passons notre temps à remettre le bonheur à plus tard (je serai heureux... quand ma situation sera meilleure, quand j'aurai changé de job, quand je gagnerai plus d'argent, quand j'aurai un nouvel amoureux, quand je serai à la retraite...)

En réalité les études montrent que notre situation (job, argent, santé...) a un impact faible sur notre niveau de bonheur. De nombreux chercheurs s'accordent à dire que notre bonheur se décompose à peu près ainsi :
- 50 % de notre bonheur est lié à nos gènes (notre capital initial de bonheur en quelque sorte, que nous ne pouvons pas modifier) ;
- 10 % de notre bonheur est lié à nos conditions de vie (statut, argent, environnement, état de santé, etc.) ;
- 40 % de notre bonheur est lié à notre comportement (c'est-à-dire aux activités que nous menons au jour le jour) et à notre façon de percevoir les choses. Vous l'avez compris, c'est sur ces 40 % que nous allons travailler ensemble !

Nous prenons le problème à l'envers. Nous pensons que nous serons plus heureux quand nous aurons réussi, quand nous serons en meilleure santé, quand nous aurons trouvé l'amour, quand nous aurons plus d'amis. Alors que c'est tout le contraire. En réalité, nous avons plus de chance de réussir notre vie si nous apprenons, d'abord, à être heureux.

Sonja Lyubormirsky, professeur de psychologie à l'université de Californie, a consacré la majeure partie de sa carrière à l'étude du bonheur, qu'elle définit comme « l'expérience de la joie, du contentement ou du bien-être, combinée au sentiment que notre vie est utile, a du sens et vaut la peine d'être vécue. » En faisant la synthèse de différentes études réalisées sur le sujet, elle arrive aux conclusions suivantes : les gens heureux sont plus créatifs, plus productifs, gagnent mieux leur vie, sont de meilleurs leaders et de meilleurs négociateurs. Ils ont plus de chances de se marier et ont des mariages plus solides ; ils ont plus d'amis et sont plus généreux. Ils sont aussi plus résistants au stress et aux traumatismes, ont un système immunitaire plus performant et vivent plus longtemps (avec une espérance de vie supérieure d'environ 5 à 7 ans en moyenne, tout de même !)

Ça vaut le coup de tenter quelques expériences non ?

✶ **Le bonheur n'attend pas** le week-end !

Je pense souvent à cette phrase lue dans un ouvrage de Dale Carnegie : « Chaque jour est une nouvelle vie pour l'homme sage. » Si nous voulons être (plus) heureux, nous devons faire du bonheur une priorité. Une priorité globale. Une priorité quotidienne. Nous ne pouvons pas le négliger pendant toute la semaine, accepter d'être malheureux au travail, et nous « réveiller » pendant le week-end et les vacances pour appliquer quelques bonnes pratiques recommandées par la psychologie positive. Nous devons changer nos comportements tous les jours de notre vie, y compris (voire particulièrement!) lorsque nous sommes au travail.

Car ce qui se passe pendant les heures et les jours de travail a une influence majeure sur notre bien-être, notre santé, notre niveau de stress.

Pourquoi donner autant d'importance à ce qui se passe dans notre vie professionnelle?

D'abord, il faut bien le dire, c'est souvent là que le bât blesse. Pour beaucoup d'entre nous, le travail est un sérieux empêcheur de bonheur. Nous avons du mal à être heureux au travail, et les soucis professionnels envahissent notre sphère personnelle. Il faut dire que l'histoire avait mal commencé entre le bonheur et le travail. Du temps de Platon, le travail (du latin *tripalium*, désignant un instrument de torture!), était réservé aux esclaves. Les hommes libres devaient eux, profiter de la vie. Cette vision, encore largement ancrée, n'incite pas à agir pour faire du travail une source d'épanouissement.

D'autre part, le travail est, après le sommeil, la deuxième activité à laquelle nous consacrons le plus de temps dans notre vie. Pouvons-nous vraiment renoncer à être heureux ou à agir pour notre bien-être global pendant tout ce temps? En réalité, il est difficile d'être heureux dans notre vie personnelle si on n'est pas heureux au travail, et vice versa!

La psychologie positive est comme une immense boîte à outils, que l'on peut utiliser dans tous les domaines de notre vie, et il serait bien dommage de ne pas l'appliquer au domaine du travail (d'autant que c'est un champ qu'elle étudie activement). La gratitude, la pleine conscience, la communication non violente ou l'autocompassion par exemple, sont d'extraordinaires leviers d'amélioration de notre bien-être, encore trop peu utilisés, et souvent complètement absents de notre vie professionnelle.

✴ Prêt pour **l'aventure**?

Il est temps que tout cela change! Il est temps que lundi, mardi, mercredi, jeudi, vendredi deviennent des « Happy Days ». Il est temps de considérer chaque jour comme une nouvelle vie, une nouvelle aventure, une nouvelle chance. Il est temps d'insuffler de la conscience, de la joie, du sens, de l'équilibre, de la vitalité, de l'amour et un petit brin de folie dans notre quotidien. Il est temps d'être heureux, ici et maintenant.

Parce que le bonheur est une aspiration fondamentale de l'être humain, parce que c'est un ingrédient indispensable à l'épanouissement et au succès individuel ou collectif, parce que le bonheur est le meilleur des antistress, parce qu'il nous permet de traverser les crises et les difficultés, parce que comme le dit Paul Claudel : « Le bonheur n'est pas la fin, mais le moyen de la vie. ».

Nous sommes tous responsables de notre bonheur. Le bonheur est en chacun d'entre nous, et commence maintenant !

Écoutons les pionniers, les chercheurs, et autres explorateurs. Apprenons, testons, adaptons, appliquons. Individuellement et collectivement !

Traitons ce sujet sérieusement, mais sans se prendre au sérieux.

Faisons bouger les choses en nous, et autour de nous ! Faisons-le pour nous, mais aussi pour les autres. Soyons le changement que nous voulons voir dans le monde, comme nous y invitait Mahatma Gandhi.

Vous êtes partant ? Alors, rejoignez le mouvement !

Lisez, expérimentez, créez, cogitez, partagez, persévérez, puisez l'inspiration et l'énergie dont vous avez besoin. Adoptez un esprit scientifique et curieux. Prenez le temps de réfléchir et de mettre en pratique les idées proposées. Ne lisez surtout pas ce livre d'une traite, car vous risqueriez de manquer l'essentiel. Construisez votre bonheur avec des petits pas et des petites actions. L'important, c'est d'aller dans la bonne direction.

Et surtout, kiffez !

Finalement non, ne lisez pas ce livre… Vivez-le !

Prenez un bon départ

« Qu'est-ce qu'on attend pour être heureux ? »

1

Évaluer son bonheur en 5 minutes chrono

« L'auto-mesure est la clé de l'auto-amélioration. »
Michael Ballé

Le bonheur est un sentiment éminemment subjectif : vous seul pouvez savoir à quel point vous êtes heureux ou malheureux (au travail ou globalement). Il est d'ailleurs fréquent que deux personnes vivant dans des situations très similaires aient une perception très différente de leur niveau de bonheur. Et c'est bien normal, puisque, souvenez-vous, la situation n'influe que sur 10 % de notre bonheur.

On ne peut améliorer que ce que l'on peut mesurer. Il est donc essentiel de mesurer régulièrement notre niveau de bonheur et de satisfaction.

Le Dr Ilona Boniwell, experte renommée en psychologie positive, nous invite à créer notre propre tableau de bord du bonheur. L'important est d'y inclure à la fois des indicateurs qui renvoient au bonheur hédonique (bien-être, émotions positives, autrement dit : « Est-ce que je me sens bien dans ma vie ? ») et des indicateurs qui renvoient au bonheur eudémonique ou d'aspiration (recherche de sens, désir de bien faire, autrement dit : « Est-ce que ma vie est utile et a du sens ? »). L'objectif est d'évaluer à la fois le bien-être ressenti et les différents leviers du bonheur.

CONSTRUISEZ VOTRE TABLEAU DE BORD DU BONHEUR !

✔ Voici un questionnaire qui vous aidera à construire votre tableau de bord et à identifier les principaux axes d'amélioration.

Sur une échelle de 1 à 10 (1 = pas du tout/très mauvais, 10 = absolument !/très bon), comment évaluez-vous, sur ces dernières semaines :
- votre niveau de bonheur (au global et dans chaque domaine de votre vie : professionnel, personnel, relationnel…) ;
- votre capacité à vivre dans l'instant présent et à vous focaliser sur le positif ;
- votre réservoir d'émotions positives (joie, intérêt, amusement…) ;
- votre réservoir d'émotions négatives (anxiété, peur, colère…) ;
- votre niveau de stress ;
- votre niveau de forme physique, d'énergie, de santé ;
- votre cadre de vie et de travail ;
- votre niveau de confiance et d'autonomie ;
- votre équilibre vie professionnelle-vie personnelle, et votre rapport au temps ;
- vos relations ;
- votre capacité à utiliser vos forces et vos talents ;
- votre sentiment que votre vie a du sens, est utile et en phase avec vos valeurs ;
- votre performance (notamment dans votre travail) ;
- votre sentiment d'accomplissement.

✔ Vous pouvez aussi ajouter vos propres indicateurs (par exemple, combien de fois ai-je souri, ri…) et créer un tableau de bord spécifique pour le travail si besoin.

Demandez-vous ensuite pourquoi vous attribuez ces notes.

Ces questions vous permettent d'identifier les points positifs et les axes d'amélioration. Commençons par le positif : essayez d'être pleinement conscient de ces éléments positifs et de les apprécier à leur juste valeur.

Ils sont précieux et vous pouvez vous appuyer sur eux. Continuez à les alimenter au quotidien !

Pour les questions qui ont un obtenu un score plus bas, demandez-vous ce que vous pourriez faire pour améliorer la situation. Ce livre est là pour vous aider. Parcourez en priorité les sections correspondant aux difficultés que vous rencontrez et piochez-y les idées qui vous semblent les plus pertinentes pour vous. Souvenez-vous, il suffit souvent de petites actions pour obtenir de grandes transformations !

Pensez à refaire ce questionnaire régulièrement (chaque semaine ou chaque mois), pour mesurer les progrès et identifier ce qui a encore besoin d'être nourri ou travaillé.

Cet exercice peut aussi s'appliquer au niveau d'une équipe ou d'une organisation, par exemple sous la forme d'un baromètre du bonheur au travail.

→ Pour encore plus de bonheur

FILMS
Happy, le secret du bonheur de Roko Belic, 2014.
Mange, Prie, Aime de Ryan Murphy, 2010.

MUSIQUES
Qu'est-ce qu'on attend pour être heureux ? de Ray Ventura, 1937.
Il est où le bonheur de Christophe Maé, 2016.

APPLIS
Track your Happiness.
Live Happy.
Our Company (pour mesurer le bonheur au travail).

2

Trouver ses compagnons de route

« Seul, on va plus vite. À plusieurs, on va plus loin. »
Proverbe africain

Il faut bien le dire, un livre est un bon outil pour apprendre, découvrir de nouvelles choses et trouver des idées inspirantes, mais pas vraiment pour nous inciter à l'action.

Si nous voulons vraiment agir, changer nos habitudes et améliorer notre bien-être, nous avons besoin de soutien. Nous devons trouver des gens qui sont dans la même recherche que nous, qui pourront nous apporter des encouragements, des conseils, de l'inspiration. Des gens avec qui l'on pourra partager, échanger, célébrer…

Il a été démontré que la présence d'autrui a un effet bénéfique sur nos performances. C'est ce qu'on appelle le « phénomène de facilitation sociale ». En 1897, le psychologue Norman Triplett publiait la première étude dans le domaine de la psychologie sociale sur ce thème : il avait constaté que les cyclistes enregistraient de meilleurs résultats lorsqu'ils étaient en compagnie d'autres cyclistes que lorsqu'ils étaient seuls. Mais il n'est pas nécessaire d'être en compétition avec d'autres personnes pour observer ce phénomène. En 1904, le psychologue

Ernst Meumann observa que la simple présence d'une personne, par exemple un observateur passif, suffit à améliorer les performances d'un individu.

C'est pour cette raison que de nombreux programmes de méditation, de psychologie positive ou d'amélioration de la santé proposent des séances par petits groupes. C'est aussi pour cela que d'innombrables groupes de soutien et de motivation émergent spontanément sur les réseaux sociaux.

CONSTITUEZ VOTRE GROUPE DE SOUTIEN

✔ Réfléchissez. Parmi les gens que vous connaissez, qui pourrait avoir envie d'améliorer son bien-être global et son bonheur au travail?

Il peut s'agir de collègues, de pairs, d'amis… Essayez d'identifier au moins une personne qui pourrait vous rejoindre dans cette aventure.

Régulièrement (par exemple, à la fin de chaque journée ou de chaque semaine), discutez avec vos compagnons de route de ce que vous avez mis en place, partagez vos succès, vos expériences, vos apprentissages. Encouragez-vous et félicitez-vous mutuellement!

Vous pouvez aussi réunir différentes personnes motivées par le sujet du bonheur au travail au sein de votre organisation.

✔ Rejoignez la Happy Days Family!

La science établit clairement qu'il est plus facile de changer quand on est soutenu par une communauté, y compris virtuelle. C'est pourquoi j'ai décidé de créer une communauté dédiée à l'apprentissage du bonheur, au travail et ailleurs : une communauté pour apprendre, partager, collaborer, s'inspirer, célébrer. Bref, grandir et progresser ensemble!

Nous serions ravis de vous y accueillir! Pour cela il vous suffit de vous rendre sur sundaymondayhappydays.com et de suivre les instructions (rassurez-vous, c'est très simple!)

Comment utiliser ce groupe? Voici quelques exemples:
- postez un message pour vous présenter: qui êtes-vous? Que faites-vous dans la vie? Que voulez-vous améliorer?
- postez vos défis et challenges pour vous engager;
- partagez ce que vous avez expérimenté, les résultats, votre ressenti, des photos…
- partagez des idées, inspirations…
- partagez ce que vous avez réussi à mettre en place chez vous, dans votre boîte…
- posez vos questions à la communauté;
- partagez vos difficultés pour recueillir des idées et conseils;
- partagez vos joies, vos victoires et vos satisfactions!
- réagissez aux messages des autres membres, avec des conseils, du soutien, des félicitations…

En montrant que vous agissez, vous avez un impact positif sur l'ensemble de la communauté!

Les valeurs de cette «famille»? Bonne humeur, bienveillance, partage, inspiration et convivialité. Vous verrez, c'est un vrai soutien!

Bienvenue dans votre nouvelle famille virtuelle – mais bien réelle!

3

Tenir un journal de bord

« L'écriture, c'est à la fois une respiration, une nécessité, un vrai bonheur. »
Philippe Claudel

Et non, tenir un journal n'est pas une pratique réservée aux jeunes filles romantiques qui y racontent leurs mésaventures amoureuses. Un journal est un outil puissant de réflexion, de connaissance de soi et de transformation personnelle, très utilisé en psychologie positive. Comme vous allez le constater, plusieurs des expériences proposées dans ce livre font appel à un journal. Le journal de gratitude est l'exercice le plus connu, mais il existe de nombreux autres exercices qui font appel à l'écriture. Tal Ben-Shahar propose par exemple de tenir un journal de ses échecs et de ses malheurs. Le fait d'écrire sur les événements négatifs de notre vie a d'abord pour effet d'augmenter l'anxiété (car on s'expose à ces événements au lieu de les éviter), mais cela la fait ensuite chuter durablement. Il est aussi très utile et libérateur d'écrire sur des événements passés douloureux. Écrire permet donc de prendre du recul, de changer de perspective, de vous connecter à vos émotions, vos valeurs et vos buts, de penser plus clairement et de prendre de meilleures décisions, de célébrer vos petites victoires, d'approfondir votre réflexion et votre compréhension, d'évaluer vos progrès… Eh oui, tout ça! À condition de le faire régulièrement.

Pour vous simplifier la vie, je vous recommande de créer un journal de bonheur unique, que vous pourrez utiliser pour tous les exercices proposés.

Inspirant !

De nombreuses personnalités et leaders ont adopté le rituel du journal, afin d'y répertorier leurs pensées et réflexions, les événements de leur vie… Parmi les grands hommes adeptes de cette pratique, on peut citer par exemple : Charles Darwin, Benjamin Franklin, Thomas Edison, Winston Churchill, Mark Twain…

CRÉEZ VOTRE JOURNAL DE BONHEUR !

✔ Achetez un joli cahier, que vous aurez plaisir à utiliser quotidiennement.

✔ Utilisez-le pour l'ensemble des exercices proposés dans ce livre.

✔ Pendant les trente prochains jours, essayez de passer cinq à dix minutes par jour à écrire dans votre journal.
Choisissez un lieu et un moment de la journée pour cela (toujours le même). Vous pouvez par exemple :
- commencer par noter les choses positives de la journée – même si elle a été difficile – (les kifs, les bonnes surprises, les petites victoires, les petits moments de joie et de sérénité, même brefs !)… Écrivez aussi ce que vous avez ressenti ;
- noter l'expérience que vous avez réalisée, son résultat, et ce que vous avez ressenti ;
- noter ce que vous avez fait au travail. Quelles sont les activités qui vous ont rendu heureux, et celles qui au contraire vous ont plombé le moral ;

- et enfin, écrire sur les choses difficiles ou les frustrations que vous avez vécues, et essayer de réfléchir à des solutions.

Au bout de plusieurs semaines, vous pourrez faire le point, voir quels sont les bénéfices de cette pratique pour vous et décider de la poursuivre (ou non!)

→ *Pour encore plus de bonheur*

LECTURES
The Right to Write – An Invitation and Initiation into the Writing Life de Julia Cameron, TarcherPerigee, 1999.

FILM
Écrire pour exister (Freedom Writers) de Richard LaGravenese, 2007.

4

Visualiser sa destination

> « *Si vous ne savez pas où vous allez, aucun chemin ne vous y emmènera.* »
>
> Lewis Carroll

Pour avancer, nous avons besoin d'avoir une destination, un cap, une vision. Nous devons savoir ce que nous voulons atteindre. Consciemment ou inconsciemment, ces images du futur rêvé vont nous guider, nous inspirer et nous donner l'énergie nécessaire pour nous mettre en mouvement. Il s'agit en quelque sorte de nous programmer pour atteindre cette vision, ou du moins s'en rapprocher le plus possible. Au lieu de nous focaliser sur les difficultés et la résolution des problèmes, la psychologie positive nous invite donc à imaginer notre destination, notre état idéal (sans nous mettre de limite). Cet exercice peut être réalisé individuellement ou collectivement.

RÊVEZ-VOUS HEUREUX
TOUS LES JOURS DE LA SEMAINE

Imaginez... Vous êtes totalement heureux et épanoui, y compris dans votre travail. Vous aimez votre job, les personnes avec qui vous travaillez, votre lieu et vos conditions de travail... Vous êtes totalement présent et engagé. Votre travail vous permet d'apprendre, de grandir et de donner le meilleur de vous-même. Vous êtes confiant et serein, car vous savez que vous pourrez relever les beaux challenges qui vous attendent. Vous vous sentez en bonne santé et plein d'énergie. Vous avez le sentiment d'être utile et reconnu. Quand votre réveil sonne le lundi matin, vous êtes ravi à l'idée de commencer cette nouvelle journée de travail. Vous savez que vous allez passer une très bonne journée, que vous allez faire ce que vous aimez, vous amuser, et faire un super boulot ! Vous avez aussi un bon équilibre vie pro/vie perso. Vous avez du temps pour vous et tout ce qui vous tient à cœur. Vous savez déconnecter pendant le week-end et les vacances.

Projetez-vous complètement dans une journée type de travail idéale. Allez, pourquoi pas un lundi ? Mais pas n'importe quel lundi : un lundi où vous seriez pleinement heureux, engagé, confiant, serein. Vous y êtes ? Maintenant, répondez aux questions suivantes (en continuant à vous imaginer dans cette situation où vous êtes pleinement heureux au travail et en dehors) :

✔ Votre réveil sonne.
   Comment vous sentez-vous ? Quelles sont les émotions qui vous animent ? Que faites-vous avant d'aller au travail ?

✔ Vous êtes sur le chemin du travail.
   Quel est votre état d'esprit ? Que faites-vous ?

✔ Vous arrivez au bureau et vous rencontrez quelqu'un.
   Que se passe-t-il ?

VISUALISER SA DESTINATION

✔ Vous travaillez.
   Comment vous sentez-vous ? Comment s'organise votre journée (e-mails, réunions, pauses…) ? Quel est votre rythme ?

✔ Vous observez les gens avec qui vous travaillez (collègues, boss, partenaires, clients). Que ressentez-vous ?

✔ Vous êtes à une réunion avec votre équipe.
   Comment se passe-t-elle ? Comment est l'ambiance générale ?

✔ Vous rencontrez un obstacle ou un problème au travail.
   Comment réagissez-vous ?

✔ Un de vos collègues vous demande de l'aide.
   Que faites-vous ?

✔ Vous rencontrez un beau succès.
   Comment célébrez-vous cela ?

✔ Vous connaissez un échec.
   Comment réagissez-vous ?

✔ Vous rentrez chez vous.
   Comment vous sentez-vous ? Que faites-vous ?

   Comment vous sentez-vous en vous imaginant ainsi ? Laissez venir les images et les émotions. Vous pouvez maintenant faire le même exercice avec le week-end. À quoi ressemblerait un week-end idéal pour vous ?

Je vous invite à refaire cet exercice après avoir lu l'ensemble de ce livre, car les pratiques proposées devraient vous inspirer et faire évoluer votre vision (en tout cas, je l'espère !).

→ Pour encore plus de bonheur

MUSIQUE
Happy de Pharell Williams, 2013.

5

Faire le plein d'énergie et de motivation

« Si votre pourquoi est assez grand, vous trouverez votre comment. »

Auteur inconnu

Vous savez maintenant où vous en êtes et où vous souhaitez aller. Mais au fait, pourquoi voulez-vous être plus heureux chaque jour ? Qu'est-ce que cela va changer dans votre vie ? Si vous tenez ce livre entre vos mains, c'est que vous avez bien compris qu'augmenter votre niveau de bonheur pourrait avoir un impact profondément positif sur votre vie, sur votre travail, sur vos relations… Mais concrètement, quelles sont les dimensions de votre vie qui seraient impactées, et comment ?

Pour avoir l'énergie et la motivation nécessaires pour pratiquer les expériences proposées dans ce livre et faire bouger les choses, il est essentiel de comprendre POURQUOI vous souhaitez faire tout cela. C'est tout le principe de la communication engageante. Si vous avez pris le temps de créer votre propre plaidoyer pour le bonheur avant de prendre connaissance des informations et expériences proposées dans ce livre, il y a beaucoup plus de chances que vous passiez à l'action et que vous changiez vos habitudes de façon durable.

CRÉEZ VOTRE PLAIDOYER POUR LE BONHEUR

Pourquoi est-il si important pour vous d'être heureux tous les jours de la semaine, et notamment au travail? Selon vous, si vous étiez pleinement heureux (personnellement et professionnellement), quel impact cela aurait-il sur les différents domaines de votre vie :

- vos journées de travail ;
- vos relations professionnelles (avec vos collègues, clients, boss, employés…);
- vos résultats, votre productivité, la qualité de votre travail ;
- votre créativité;
- votre vie sociale et familiale;
- votre situation financière;
- votre carrière;
- votre engagement et votre motivation;
- votre santé, votre bien-être et votre niveau d'énergie;
- votre niveau de stress et votre résistance au stress;
- votre humeur, votre moral;
- vos loisirs.

Globalement, à quel point cela changerait-il votre situation?
Vous pouvez aussi réaliser cet exercice collectivement, en vous posant la question suivante : « Si nous étions tous plus heureux, qu'est-ce que cela changerait ? » C'est toujours la première question que je pose lorsque j'anime un séminaire sur le bonheur au travail en entreprise, et j'obtiens généralement un plaidoyer collectif riche et engageant.

→ **Pour encore plus de bonheur**

LECTURE
Plaidoyer pour le bonheur de Matthieu Ricard, Pocket, 2004.

PRENEZ UN BON DÉPART

6

Adopter la stratégie des petits pas

> « *Un voyage de mille lieues commence toujours par un premier pas.* »
> Lao Tseu

Pour atteindre votre objectif (augmenter sensiblement votre niveau de bonheur, y compris au travail), vous allez devoir mettre en place des actions, faire changer vos habitudes, et peut-être aussi faire bouger les choses dans votre organisation, votre famille... Vous allez devoir oser, expérimenter, persévérer. Comme tous les objectifs ambitieux, celui-ci va vous demander du temps, de l'énergie et de la motivation. Vous vous sentez peut-être angoissé ou découragé à l'idée d'avoir à gravir une telle montagne. Vous vous sentez peut-être pris d'une furieuse envie de procrastiner et de ranger ce livre dans votre bibliothèque – finalement, le bonheur, on verra ça plus tard...

La bonne nouvelle, c'est qu'il est possible de voir les choses différemment. C'est ce que propose la fameuse « stratégie des petits pas ». Cette stratégie consiste à agir un peu chaque jour afin d'atteindre ses objectifs. Lorsqu'on observe les gens qui sont réellement épanouis et qui ont accompli de grandes choses, on comprend qu'ils n'y sont pas parvenus d'un coup, mais petit à petit, à force de travail et de persévérance. La stratégie des petits pas consiste à privilégier l'action plutôt que la planification (même si celle-ci peut s'avérer très utile dans certaines situations, comme nous le verrons plus tard). Par ailleurs les changements, même positifs, génèrent de l'anxiété. La stratégie des petits pas permet d'évoluer en douceur et d'installer des changements durables.

Plus qu'une stratégie, c'est un état d'esprit, un mode de fonctionnement, qui consiste à rester en mouvement en permanence, et qui vous permet d'avancer sereinement vers ce qui est important pour vous. Au lieu de vous concentrer sur le sommet de la montagne ou l'ampleur de la tâche, vous allez vous concentrer sur le prochain petit pas, la prochaine petite action.

Cette stratégie peut s'appliquer dans tous les domaines de votre vie. Ici les petits pas dont nous parlons consistent simplement à expérimenter les actions et pratiques proposées dans ce livre. Ils consistent à sortir de votre zone de confort pour tenter de nouvelles choses. Si vous vous contentez de lire ce livre, il ne se passera malheureusement rien. En matière de psychologie positive, l'important, ce n'est pas ce que l'on sait, mais ce que l'on fait. Prêt à partir à l'aventure ?

DÉTERMINEZ VOTRE APPROCHE

✔ L'approche globale ou « tour du monde ».

Si vous avez constaté en évaluant votre bonheur que vous avez besoin d'agir sur la plupart des leviers, je vous recommande de lire une fiche expérience par jour et d'expérimenter ce qui est proposé. Vous pouvez aussi proposer des expériences à votre famille ou à votre équipe, ce sera aussi un petit pas.

✔ L'approche « ciblée » ou « immersion totale ».

Si en revanche vous avez identifié certains axes que vous souhaitez traiter en profondeur et en priorité, je vous recommande de vous concentrer sur ces axes en vous laissant plus de temps pour réaliser les expériences proposées, tout en gardant à l'esprit de faire au moins une petite chose chaque jour.

✔ **L'approche mixte ou « tour du monde avec des pauses immersives ».**

Vous pouvez aussi décider d'explorer l'ensemble des expériences proposées, en vous attardant sur celles qui vous semblent les plus pertinentes pour vous.

Quelle que soit votre approche, à partir d'aujourd'hui, faites chaque jour un petit pas pour être plus heureux. Concentrez-vous sur les actions plutôt que sur les résultats, car l'obsession du bonheur mène souvent à son contraire.

À l'issue de vos expériences, faites le point : quels en ont été les effets ? Souhaitez-vous conserver, adapter ou abandonner cette pratique ? Souhaitez-vous la partager et la diffuser dans votre foyer, votre organisation ?

→ Pour encore plus de bonheur

LECTURES
Un petit pas peut changer votre vie de Robert Maurer, Anne Carrière, 2006.
Bird by Bird: Some Instructions on Writing and Life de Anne Lamott, Anchor, 1995.

7

Et... décider d'être heureux tous les jours

« La vie est un choix. C'est VOTRE vie. Faites des choix conscients, faites des choix judicieux, faites des choix honnêtes. Choisissez le bonheur. »
Bronnie Ware

À présent, vous savez où vous en êtes, où vous voulez aller (même si cela se précisera en chemin), et pourquoi vous voulez y aller. C'est un bon départ ! Mais il vous manque un ingrédient essentiel. Le bonheur commence avec un choix, une décision, un engagement. Cela ne veut pas dire qu'il suffit de décider d'être heureux pour l'être instantanément. Mais c'est une condition indispensable, et c'est la première étape pour faire bouger les choses.

Les experts s'accordent à dire que 40 % de notre bonheur dépend uniquement de ce que nous faisons au quotidien : nos activités, nos expériences, notre attitude, notre façon de voir les choses. S'engager à être heureux du lundi au dimanche, c'est s'engager à agir quotidiennement dans ce but : en réalisant les expériences proposées ici, en apprenant de nouvelles méthodes et de nouvelles stratégies, en adoptant de nouvelles habitudes, en choisissant des environnements et des personnes qui vous font du bien, en adoptant un état d'esprit positif, en quittant votre job si aucune amélioration n'est possible... Bref en acceptant de changer des choses et de prendre votre destin en main. Vous seul savez ce dont vous avez besoin, et personne ne viendra pour vous rendre heureux.

La bonne nouvelle, c'est que, comme vous le verrez dans les expériences qui suivent, il suffit souvent de petites modifications pour obtenir un changement significatif ! Deux études publiées dans le *Journal of Positive Psychology*[1] ont même montré que le simple fait de faire des efforts conscients pour être heureux a un impact positif sur l'humeur et le bien-être global. Dans une de ces études, les chercheurs ont demandé à deux groupes d'étudiants d'écouter de la musique joyeuse. Ils ont ensuite demandé à l'un des groupes de faire des efforts conscients pour être plus heureux, et à l'autre groupe de ne rien faire pour améliorer leur humeur. Résultat : sans surprise, à la fin de l'expérience, le premier groupe était de bien meilleure humeur que le deuxième.

Pour le psychologue Tom G. Stevens, auteur de *You Can Chose to be Happy*, les gens les plus heureux sont ceux qui font de leur bonheur un objectif de vie.

FAITES DE VOTRE BONHEUR UNE PRIORITÉ

✔ Évaluez votre engagement vis-à-vis du bonheur sur une échelle de 1 à 10.

Si le résultat est inférieur à 7, relisez l'introduction et refaites les expériences précédentes, pour bien prendre conscience des enjeux. Vous avez beaucoup, beaucoup à y gagner !

✔ Annoncez cet engagement.

✔ Postez un message sur le groupe de la Happy Days Family, parlez-en à vos collègues, amis, famille…

✔ Engagez-vous à consacrer du temps chaque jour aux expériences proposées.

✔ Allez plus loin si vous le souhaitez.

---

1. www.huffingtonpost.fr/2013/12/12/le-bonheur-est-un-choix-preuve-scientifique_n_4430599.html

Approfondissez les méthodes et outils qui semblent le plus pertinents pour vous (avec des lectures, cours…). Prenez le temps de vous plonger dans des films, musiques ou livres qui enrichiront votre réflexion et votre expérience.

✔ Faites votre maximum pour respecter les objectifs que vous vous fixez.

Tout en acceptant que si vous n'y parvenez pas, ce n'est pas la fin du monde.

✔ Décidez de considérer chaque nouveau jour comme une nouvelle vie.

Commencez chaque journée en posant votre intention. Que souhaitez-vous vivre dans cette « vie » ? Qu'est-ce qui fera que vous pourrez considérer cette « vie » comme heureuse et réussie ?

⟶ *Pour encore plus de bonheur*

LECTURES
Ta deuxième vie commence quand tu comprends que tu n'en as qu'une de Raphaëlle Giordano, Eyrolles, 2015.
Le premier jour du reste de ma vie de Virginie Grimaldi, City, 2015.
You Can Chose to be Happy de Tom G. Stevens, Wheeler-Sutton Publishing Company, 2010.

FILMS
Hector et la recherche du bonheur de Peter Chelsom, 2015.

MUSIQUE
L'aventure de Jacques Brel, 1958.
Let's get it started de The Black Eyed Peas, 2003.

Soyez pleinement présent et domptez votre mental

« Il est où le bonheur, il est où ? »

8

Repérer le pilote automatique (et le débrancher !)

« Lorsqu'on commence à s'ouvrir au calme et au silence, on est stupéfait d'entendre uniquement ses propres pensées, qui peuvent être plus bruyantes, plus dérangeantes et plus distrayantes que tout bruit extérieur. »

John Kabat-Zinn

Le bonheur, c'est d'abord une affaire de conscience. « On reconnaît le bonheur au bruit qu'il fait quand il s'en va », disait Jacques Prévert. Encore faut-il savoir qu'il est là ! C'est un des objectifs de la pleine conscience ou « mindfulness ». Mais cette pratique s'avère également très efficace pour gérer le stress et les émotions négatives.

Pour comprendre et expérimenter ce qu'est la pleine conscience, commençons par ce qu'elle n'est pas. Imaginez : vous êtes devant votre ordinateur, mais au lieu d'être concentré sur votre travail, vous êtes en train de penser à autre chose (à votre déjeuner, à vos prochaines vacances, aux commentaires négatifs de votre chef, à votre dispute avec un collègue, à vos angoisses du moment…). Vous êtes là sans être vraiment là. Vos pensées sautent d'un sujet à un autre, continuellement et le plus souvent de façon inconsciente.

Le voilà, le fameux pilote automatique ! Pour pouvoir le débrancher, il faut d'abord réaliser qu'il s'est mis en marche. Or, ce phénomène de « vagabondage mental » est tellement habituel que nous n'y prêtons généralement pas attention. D'après une étude menée par le chercheur américain Matt Killingsworth[1], 47 % du temps en moyenne, nous ne sommes pas dans l'instant présent (autrement dit, nous sommes en train de penser à autre chose) ! Ce pourcentage varie selon les activités : il atteint 65 % lorsque nous prenons une douche ou que nous nous brossons les dents, 50 % lorsque nous travaillons, 40 % lorsque l'on fait de l'exercice... Pour la petite anecdote, la seule activité dans laquelle nous sommes presque toujours dans l'instant présent (seulement 10 % de vagabondage) est... le sexe !

Le problème, c'est que notre pilote automatique ne nous veut pas que du bien, et qu'il ne nous emmène pas là où on voudrait aller. Cette étude a en effet montré que lorsque nous sommes en train de « vagabonder », nous sommes moins heureux que lorsque nous sommes dans l'instant présent, et ce quelles que soient notre activité ou la nature de nos pensées. Les pensées automatiques stressantes ou déprimantes sont néanmoins celles qui ont l'impact le plus négatif. En pensant en permanence à nos problèmes, nous avons parfois l'impression de mieux les maîtriser, nous pensons que cette « réflexion » va nous aider à les résoudre. En réalité, nous fonctionnons en boucle, et cela ne nous aide pas du tout, bien au contraire. Nous nous embourbons et perdons en lucidité. En fait, lorsque nous ne sommes pas en pleine conscience, nous avons tendance à considérer que nos pensées sont la réalité, ce qui amplifie leur effet. Nous entrons dans un cercle vicieux : une pensée négative ou une préoccupation engendre des émotions négatives (tristesse, angoisse, culpabilité, regret, etc.), qui passent ensuite par le corps sous forme de sensations désagréables (oppression, tension, nœud dans le ventre, etc.), qui engendrent à leur tour des comportements négatifs (colère, propos blessants, repli sur soi...). Ces sensations désagréables et comportements négatifs vont à leur tour générer des pensées stressantes ou déprimantes, et ainsi de suite.

Pour pratiquer la pleine conscience, la première étape est donc de faire un effort conscient pour identifier ce mode « pilote automatique », ces pensées, ces émotions, ces sensations désagréables qui occupent notre esprit à longueur de temps.

---

1. www.ted.com/talks/matt_killingsworth_want_to_be_happier_stay_in_the_moment?language=fr

PRENEZ CONSCIENCE
DU VAGABONDAGE MENTAL

Au travail, dans les transports, sous la douche, lorsque vous vous brossez les dents, essayez d'identifier ces moments où votre esprit est ailleurs.

Petit à petit, vous vous rendrez compte de plus en plus rapidement que votre esprit a dérivé et vos pensées auront moins d'emprise sur nous.

- ✔ Programmez des « réveils de pleine conscience » dans votre journée.

    Plusieurs fois par jour (par exemple quatre fois : en milieu de matinée, après le déjeuner, au milieu de l'après-midi et en fin d'après-midi), programmez un vibreur qui vous incitera à revenir dans l'instant présent. Chaque fois que votre « réveil » se manifeste, prenez une grande respiration et revenez doucement dans l'instant présent. Remarquez ce que vous êtes en train de faire, ce qui se passe autour de vous…

- ✔ Affichez-vous des rappels.

    Autre option moins intrusive : affichez des petits Post-it (avec des messages comme « Sois présent » ou « Tu es ailleurs, reviens ! ») sur votre ordinateur, votre bureau, votre frigo…

Vous pouvez aussi télécharger l'application de Matt Killingsworth « Track your Happiness » (disponible sur l'Appstore).

9

Oser
la méditation

« Il n'est pas nécessaire de méditer au nom de Jésus, de Bouddha ou de qui que ce soit. Il suffit de méditer, tout simplement. Méditer. »
Yehudi Menuhin

Vous avez déjà sans doute tout lu et tout entendu à propos de la méditation. J'essaierai donc d'aller à l'essentiel.

Voici un aperçu des fascinantes découvertes sur ce sujet, présentées lors du premier Symposium international sur la recherche en sciences contemplatives, qui a réuni plus de 700 participants (psychologues, cliniciens, neuroscientifiques, philosophes et contemplatifs de diverses traditions) en avril 2012. Accrochez-vous la liste est longue!

La méditation diminue le stress, l'anxiété et le risque de rechute dépressive. Elle va jusqu'à inhiber l'expression de deux mille gènes liés au stress (responsables de l'inflammation, de la production de cortisol...). Elle améliore également l'humeur et l'optimisme, l'attention et la concentration, la mémoire et la prise de décision, les relations et l'empathie, et a de nombreux effets positifs sur la santé. Ses effets sont extrêmement puissants puisqu'elle va même jusqu'à modifier la structure du cerveau (notamment des zones liées à l'apprentissage, la gestion des émotions, l'empathie, la perception...), et ce de façon durable. Ce qui est encore plus extraordinaire, c'est que la plupart de ces effets se manifestent dès huit semaines de pratique quotidienne (idéalement au moins vingt minutes par jour) et s'amplifient avec le temps. Il n'est donc pas étonnant que la méditation laïque fasse son apparition à l'hôpital, dans les écoles, les entreprises, les prisons…

Mais qu'entend-on au juste par « méditer » ? La façon la plus simple de méditer est de fermer les yeux et de porter son attention sur sa respiration (par exemple, au niveau du ventre, qui se gonfle à l'inspiration et qui se dégonfle à l'expiration), et ce pendant plusieurs minutes. Facile, non ? En fait, pas tant que ça ! On est vite rattrapé par des « pensées automatiques » (on anticipe une réunion stressante, on se fait du souci pour le petit dernier, on planifie le repas du soir…) et on réalise rapidement qu'il est extrêmement difficile de rester concentré sur sa respiration pendant plus d'une minute. Mais c'est tout à fait normal et ça fait partie du jeu. L'objectif est simplement de ramener son attention sur sa respiration dès que l'on prend conscience de ces pensées automatiques, et de recommencer ce processus, encore et encore. Patiemment, sans jugement, sans frustration. C'est ainsi que l'on muscle son attention et qu'on lui apprend à rester concentrée plus longtemps sur l'instant présent.

Un autre point essentiel est de ne pas attendre de résultats. Si vous pratiquez régulièrement, ils viendront naturellement !

FAITES UNE PLACE (MÊME PETITE) À LA MÉDITATION

✔ **Expérimentez la méditation dès aujourd'hui.**

Vous pouvez utiliser les méditations proposées en bonus. Pour observer des résultats, essayez de méditer chaque jour pendant les 8 prochaines semaines (idéalement au moins 20 minutes par jour, mais même si vous ne méditez que 5 minutes, vous obtiendrez des résultats). Choisissez le moment le plus approprié pour vous : le matin avant de commencer la journée, pendant une pause au boulot, le soir avant de dîner ou après avoir couché vos enfants… Vous pouvez aussi aménager chez vous un coin dédié à la méditation, avec un zafu (coussin de méditation).

✔ Si vous le souhaitez, formez-vous à la méditation de façon plus poussée. Vous pouvez notamment:
- vous appuyez sur un ouvrage de référence ;
- participer à des ateliers sur la pleine conscience ou la méditation;
- suivre un programme de pleine conscience sur plusieurs semaines (notamment MBSR[1] ou MBCT[2]).
- faire un stage de méditation silencieuse de plusieurs jours (une vraie « life-changing experience »!)

→ **Pour encore plus de bonheur**

LECTURE
Méditer jour après jour de Christophe André, L'Iconoclaste, 2011.
FILMS
The Happy Film de Stefan Sagmeister, 2016.
Samsara de Ron Fricke, 2013.
MUSIQUES
Album Deep Theta 2.0 de Steven Halpern, 2013.
APPLIS
Mind
Petit BamBou
STAGES ET FORMATIONS
www.dhamma.org
www.association-mindfulness.org/mbsr.php

Découvrez dès maintenant des séances de méditation guidées sur le site du livre:
www.sundaymondayhappydays.com

---

1. Mindfulness-Based Stress Reduction.
2. Mindfulness-Based Cognitive Therapy.

10

Présent !

*« Alors l'esprit ne regarde ni en avant ni en arrière.
Le présent seul est notre bonheur. »*
Goethe, *Faust*

L'objectif de la pleine conscience est d'être pleinement présent le plus souvent possible. Au début, cela demande un effort important, mais petit à petit, à force d'entraînement, vous habituez votre mental à rester dans l'instant présent. Même si elle est particulièrement efficace, la méditation n'est pas le seul moyen de pratiquer la pleine conscience (bonne nouvelle pour les plus réfractaires!). La méthode MBSR développée par Jon Kabat-Zinn, pionnier dans l'étude de la pleine conscience, inclut également les pratiques suivantes, à réaliser le plus souvent possible (chez vous, au travail, dans les transports).

✴ **Respirez** en pleine conscience

Cela consiste tout simplement à observer l'air qui entre et qui sort par les narines, ou le ventre qui se gonfle à l'inspiration et se dégonfle à l'expiration. Votre respiration est votre ancre, elle est toujours là! Dès que vous percevez des pensées stressantes ou que vous sentez que vous êtes en train de penser au passé ou au futur, revenez à votre respiration. Ensuite, vous pourrez rediriger votre attention vers ce que vous êtes en train de faire ou ce qui se passe autour de vous.

✱ Pratiquez des activités routinières en pleine conscience

L'idée, ici, est de décider de faire certaines activités en pleine conscience. Faire son lit, s'habiller, se brosser les dents, prendre sa douche, faire la vaisselle sont des activités que l'on fait souvent en mode « pilote automatique », en pensant à autre chose. On retrouve aussi ce type d'activités au travail : répondre à des e-mails, faire des photocopies, aller aux toilettes, se laver les mains… Pratiquer ces activités en pleine conscience, en vous concentrant sur ce que vous êtes en train de faire, est une bonne façon de vous exercer à être dans l'instant présent. Portez volontairement votre attention sur vos sensations (par exemple, sur le contact de l'eau chaude sur vos mains quand vous vous les lavez), sur votre environnement, etc. Allez-y progressivement, en commençant par une activité en particulier.

✱ Déplacez-vous en pleine conscience

Lorsque vous vous déplacez, à pied, à vélo, en voiture, en métro, utilisez vos cinq sens pour percevoir ce qui se passe en vous et autour de vous. Marchez en vous concentrant sur les différents muscles sollicités ou sur ce qui vous entoure. Observez les panneaux, les magasins, les passants – perdus dans leurs pensées… Vous remarquerez probablement un tas de choses auxquelles vous n'aviez jamais fait attention.

✱ Mangez en pleine conscience

On mange souvent sans même s'en rendre compte. Pour manger en pleine conscience, essayez de vous concentrer exclusivement sur cette activité. Mangez en silence, dans un endroit calme. Portez votre attention sur l'odeur, l'aspect, la couleur, la température, la texture, les différents goûts… Observez aussi vos sensations (de faim, de satiété, de satisfaction…). Vous pouvez aussi prendre conscience de l'origine des aliments que vous consommez et songer avec gratitude à ceux qui ont contribué à ce repas (la terre, ceux qui l'ont cultivée, ceux qui ont préparé votre repas…). Vous pouvez, par exemple, faire un repas en pleine conscience par jour ou par semaine, ou alors commencer chaque repas par dix minutes de peine conscience. Prévenez simplement vos proches et vos collègues (ou invitez-les à faire de même !), car cela peut surprendre.

✴ **Dites STOP** en pleine conscience

La technique du STOP est particulièrement utile pour les situations stressantes ou difficiles, ou globalement dès qu'une pensée stressante émerge. Elle ne vous permettra pas nécessairement de déstresser immédiatement, mais elle vous permettra d'arrêter de nourrir vos pensées stressantes, d'avoir l'esprit plus clair et d'agir de façon pertinente. Donc, à terme, un effet antistress vraiment intéressant.

Dès que vous identifiez une pensée stressante…
- arrêtez-vous, prenez une grande respiration ;
- observez vos pensées avec une attitude ouverte et bienveillante, prenez conscience que ce ne sont que des pensées ;
- laissez-les partir en ramenant votre attention sur votre respiration et l'instant présent ;
- agissez de façon pertinente et efficace.

Globalement, efforcez-vous d'être pleinement présent le plus souvent possible et quoi que vous fassiez. Pratiquer l'écoute active, se concentrer sur une tâche à la fois, pratiquer la gratitude sont aussi des façons de pratiquer cette pleine conscience ou pleine présence, sur lesquelles nous reviendrons bientôt.

PRATIQUEZ DES ACTIVITÉS EN PLEINE CONSCIENCE

✔ Choisissez les activités que vous allez faire en pleine conscience dès aujourd'hui.

Commencez par une ou deux activités puis ajoutez-en progressivement de nouvelles.

✔ Planifiez un repas (ou un début de repas) en pleine conscience dans les prochains jours.

PRÉSENT!

✔ Si l'aventure vous tente, testez un repas ou un massage à l'aveugle.

C'est l'expérience étonnante que proposent les restaurants et spas *Dans le noir*. Concentrez-vous pleinement sur vos sensations.

✔ Proposez ces expériences à vos proches ou à vos collègues.

Ils vous remercieront certainement de les avoir initiés à ces pratiques intenses et bienfaisantes.

→ *Pour encore plus de bonheur*

LECTURE
100 expériences de pleine conscience de Jon Kabat-Zinn, Flammarion, 2014.
FILM
Le cercle des poètes disparus de Peter Weir, Le Livre de Poche, 1991.
MUSIQUES
Le Présent d'abord de Florent Pagny, 2017.
On sera là de Florent Pagny, 2013.
Carpe Diem de Keen'V, 2010.

11

Adopter la « digital mindfulness »

« Internet ? C'est la meilleure et la pire des choses. »
Joel de Rosnay

Le numérique est devenu omniprésent dans nos vies, pour le meilleur, mais aussi pour le pire. Si vous êtes dans la moyenne, vous commencez à consulter votre smartphone à 7h30 le matin afin de vérifier vos e-mails et ce qui s'est passé sur Facebook durant votre (courte) absence. Vous utilisez ensuite votre smartphone plus de cent fois dans la journée, la plupart du temps sans même vous en rendre compte (pour consulter vos e-mails et réseaux sociaux, jouer, appeler, envoyer des messages[1]…) ! Vous passez en moyenne deux heures par jour sur les réseaux sociaux[2]. Et comme 65 % des Français, il est probable que vous consultiez vos e-mails toutes les cinq minutes au cours de la journée[3] ! D'ailleurs, si vous êtes cadre, vous passez en moyenne 5h30 heures par jour à traiter ces e-mails[4] !

---

1. www.dailymail.co.uk/sciencetech/article-2783677/How-YOU-look-phone-The-average-user-picks-device-1-500-times-day.html

2. siecledigital.fr/2017/04/19/combien-de-temps-passons-nous-sur-les-reseaux-sociaux/

3. www.journaldunet.com/solutions/expert/60798/du--zero-email--a-la--social-collaboration.shtml

4. www.lefigaro.fr/societes/2015/08/29/20005-20150829ARTFIG00009-les-cadres-francais-sont-accros-a-leurs-emails.php

Le problème, c'est que nous n'avons souvent pas conscience de cette invasion du numérique et des interruptions incessantes, qui ont un impact important sur nos capacités attentionnelles, notre productivité, notre niveau de stress, nos relations... Les e-mails peuvent aussi avoir une influence sur notre état émotionnel. Vous l'avez sûrement remarqué : un e-mail un peu agressif a le pouvoir de vous tendre en une fraction de seconde, alors imaginez l'effet cumulé de centaines d'e-mails de ce type.

Nous avons à portée de clic une source de distraction, de connexion et d'information sans limite. Et comme dans le phénomène du vagabondage mental, nous nous laissons inconsciemment emporter : nous surfons d'un site à l'autre, travaillons quelques minutes, puis consultons nos e-mails qui nous incitent à surfer à nouveau, et ainsi de suite... D'ailleurs, tout est fait pour nous rendre prisonniers de la Toile ! Résultat : nous y passons (ou perdons) un temps considérable, nous avons le sentiment de ne pas avancer, de perdre le contrôle, nous avons des problèmes d'attention et de concentration...

L'utilisation massive des e-mails peut aussi détériorer le climat de travail, car ils réduisent les interactions physiques entre collègues, diminuent l'écoute et peuvent exacerber des erreurs, maladresses de communication, luttes de pouvoir, etc.

L'idée n'est pas de diaboliser ces nouvelles technologies, qui nous offrent des possibilités exceptionnelles, mais d'apprendre à les utiliser de façon plus raisonnée et plus consciente. Il est tout à fait pertinent d'utiliser Internet et notre smartphone pour chercher des informations, faire de la veille, ou se distraire pendant une pause, mais il est important de le faire en conscience, et durant un temps prédéfini.

GÉREZ DE FAÇON PLUS CONSCIENTE VOS E-MAILS ET INTERNET

✔ Faites un point sur votre utilisation du numérique.

Combien de temps passez-vous sur les réseaux sociaux, votre boîte mail, le Web en général ? À quelle fréquence consultez-vous votre smartphone ? Quel impact tout cela a-t-il sur votre bien-être, vos relations, etc. ?

✔ Devenez « push free ».

Supprimez toutes les notifications sonores et visuelles indiquant l'arrivée des messages ou d'autres informations.

✔ Mettez en place une vraie stratégie de gestion des e-mails.

En décidant par exemple de ne consulter et traiter vos e-mails que trois fois par jour, sur des plages horaires dédiées. Une étude réalisée par l'université de Colombie-Britannique a démontré l'efficacité de cette stratégie, en particulier sur la réduction du stress[1]. Il suffit de l'assumer, en prévenant vos collègues et vos clients : en cas d'urgence, ils peuvent vous appeler. Et ne laissez pas votre boîte mail se remplir : répondez à vos e-mails dès que vous les lisez durant ces créneaux dédiés. Ne regardez pas vos e-mails si vous n'avez pas le temps de les traiter.

✔ Limitez le temps passé sur les réseaux sociaux.

Certaines applications peuvent vous y aider. Forest, par exemple, vous permet de faire pousser une plante sur votre smartphone, tant que vous le laissez tranquille. Freedom, de son côté, vous aide à vous désintoxiquer des sites sur lesquels vous passez le plus de temps.

---

1. www.sciencedirect.com/science/article/pii/S0747563214005810

✔ Clarifiez vos intentions avant de surfer sur Internet.

Définissez préalablement votre objectif et le temps que vous souhaitez y consacrer (exemples : 1 heure de veille ou de recherche, 10 minutes de distraction, ou « pause contemplative »).

✔ Adoptez la courtoisie 2.0.

Faites attention à l'impact que vos e-mails peuvent avoir sur les autres.

→ *Pour encore plus de bonheur*

LECTURE
The Distraction Addiction : getting the Information You Need and the Communication You Want, Without Enraging Your Family, Annoying Your Colleagues, and Destroying Your Soul de Alex Soojing-Kim Pang, Little, Brown and Company, 2013.

SITE ET APPLIS
digitalmindfulness.net
Forest
Freedom

12

Cultiver l'harmonie tête-corps-cœur-esprit

> « L'hygiène psychique est aussi importante que l'hygiène corporelle. »
> Thomas d'Ansembourg

Être pleinement présent, c'est aussi être présent et connecté à notre moi profond, à l'écoute de nos besoins véritables. Pour cela, il est essentiel de s'accorder des « moments en soi » que certains appellent « rendez-vous intérieurs » ou « douches psychiques ». Ces moments nous permettent de faire le point, de cultiver l'harmonie tête-corps-cœur-esprit et d'être réellement présent aux autres. Pour Thomas d'Ansembourg, psychothérapeute belge et expert de la communication non violente, cette hygiène psychique est essentielle, en particulier dans les moments de transition (avant de commencer la journée ou avant de retrouver sa famille le soir). Comment faire ? Il s'agit simplement de s'isoler, de se « poser » pendant quelques instants (par exemple en observant sa respiration) et de se poser les questions suivantes :

- Qu'est-ce que je ressens à l'intérieur de moi ? Quelles sont les sensations, les émotions, les tensions qui m'habitent ? Accueillez toutes les émotions, même les émotions négatives, car ce sont des révélateurs internes, qui nous signalent une non-concordance entre nos besoins et notre réalité actuelle.

- Quels sont mes besoins profonds ? Qu'est-ce qui me manque pour être bien ? Quels sont les besoins qui se cachent derrière ces émotions et sensations ? Qu'est-ce que j'ai besoin de nourrir ou de recharger : ma tête ? mon corps ? mon cœur ? mon esprit ?
- Que puis-je faire pour moi ? Quelles actions pourraient me permettre de rétablir cette paix à laquelle j'aspire ? Quelle est mon intention pour cette journée ou cette soirée ?

La simple reconnaissance de nos besoins permet de réduire le stress et les tensions (même si on ne peut pas les satisfaire immédiatement). Mais si vous le pouvez, engagez-vous à agir. Si vous réalisez par exemple que vous vous sentez seul et isolé, et que vous avez besoin de nourrir votre cœur et vos relations, vous pouvez organiser un déjeuner avec vos collègues préférés ou un dîner avec vos meilleurs amis.

L'idéal est de faire cet exercice plusieurs fois par jour, au moins tous les matins et tous les soirs. Le matin, car cela vous permettra de poser une intention pour votre journée et de cultiver l'équilibre : « Je me sens fatigué ce matin, j'ai besoin de nourrir mon corps et ma vitalité, je vais aller courir 30 minutes aujourd'hui. »

Le soir car cela vous permettra de créer un sas de décompression, de prendre du recul sur les tensions accumulées pendant la journée et de les remettre à leur place, pour ne pas les importer dans votre vie personnelle. « Je suis frustrée par cette réunion avec mon patron, j'ai besoin de me sentir écoutée, je lui en parlerai demain. Maintenant j'ai envie d'être présente à ma famille, parce que c'est ce qu'il y a de plus important pour moi ».

PRENEZ RENDEZ-VOUS AVEC VOUS-MÊME !

✓ Instaurez des rendez-vous intérieurs dans votre journée.

Prenez quelques minutes, matin et soir, pour vous poser les questions indiquées ci-dessus.

✔ Organisez des rendez-vous intérieurs collectifs.

Cela vous permettra de prendre la « météo du bonheur » avec vos proches, ou au début d'une réunion au travail. Chaque participant est invité à prendre un temps pour soi puis à s'exprimer (comment il se sent, ce avec quoi il vient, une évaluation de son bien-être de 1 à 10)... Cela permet à chacun de se sentir écouté et reconnu. Le fait d'exprimer ses besoins et attentes permet aussi d'être plus à l'écoute et présent aux besoins des autres.

Quel est mon besoin ?

De me reposer	De reconnaissance
D'être seul	D'aide
De calme	De rire
De soutien	De pleurer
D'aide	De soutien
De nature	De sens
De prendre soin de moi	De m'amuser
De changer d'air	De convivialité

→ *Pour encore plus de bonheur*

LECTURE
La paix, ça s'apprend de Thomas d'Ansembourg et David Van Reybrouck, Éditions Actes Sud, 2016.

13

Faire preuve d'autocompassion

« Pourquoi ne pas vous traiter comme un ami, juste pour voir ? »
Kristin Neff

Nous faisons souvent preuve de compassion avec les autres, en particulier avec nos proches, lorsqu'ils rencontrent des difficultés. Et si nous nous traitions de la même façon ? Et si l'on faisait taire cette petite voix intérieure, qui nous pousse en permanence au jugement et à l'autocritique ? C'est ce que nous propose Kristin Neff, professeur de psychologie à l'université d'Austin au Texas, en nous incitant à pratiquer l'autocompassion. L'autocompassion repose sur trois piliers :

- être bienveillant avec soi-même au lieu d'être toujours dans la critique et dans le jugement ;
- sentir que l'on partage une humanité commune, et que d'autres personnes rencontrent les mêmes difficultés que nous ;
- avoir pleinement conscience de nos souffrances et les accepter telles qu'elles sont, plutôt que de les ignorer ou de les exagérer.

Pratiquer l'autocompassion ne signifie pas s'apitoyer sur son sort ou faire taire toute critique (car les critiques saines et constructives sont positives), mais simplement nous accepter tels que nous sommes, avec nos défauts et nos fragilités.

La recherche démontre les bienfaits de cette pratique : après huit semaines d'autocompassion, on observe une réduction des niveaux de stress et de dépression, une plus grande résistance au stress, une diminution de la peur de l'échec et du perfectionnisme, une amélioration des relations, avec des effets positifs durables[1]. Comme l'explique Kristin Neff : « En étant tendre avec soi-même, on modifie à la fois son organisme et son esprit. Au lieu d'éprouver de l'inquiétude et de l'anxiété, on se sent calme, satisfait, confiant et en sécurité[2]. »

Vous avez bien besoin d'un peu d'autocompassion ? Voici les exercices proposés par Kristin Neff.

TRAITEZ-VOUS COMME UN AMI

✔ Pratiquez le « self-hug ».

Oui, vous avez bien lu, il s'agit tout simplement de vous prendre dans vos bras, comme vous le feriez avec un enfant contrarié et de rester comme ça pendant quelques respirations, pour vous aider à récupérer d'un stress ou d'une contrariété.

✔ Écrivez-vous une lettre d'autocompassion.

Dans cette lettre, essayez de répondre avec compassion à vos défauts, à vos angoisses, ou une forte tentation d'autocritique. Adressez-vous à vous-même comme vous le feriez avec quelqu'un que vous aimez et que vous acceptez inconditionnellement (votre enfant, votre meilleur ami...) Utilisez des mots amicaux, compréhensifs, d'acceptation. Vous pouvez suivre ces étapes :
- pensez à quelque chose que vous n'aimez pas chez vous, qui vous fait honte, qui vous pousse à vous dire que vous n'êtes pas assez bien (en lien avec votre personnalité, vos comportements, vos capacités, vos relations ou à n'importe quelle autre partie de votre vie) ;

---

1. self-compassion.org/wp-content/uploads/publications/germer.neff.pdf
2. Neff Kristin, *S'aimer – Comment se réconcilier avec soi-même*, Belfond, 2013.

- décrivez ce que vous ressentez à propos de cette chose (honte, colère, embarras, tristesse);
- exprimez de la compassion, de la compréhension, de l'acceptation envers cet aspect de vous que vous n'aimez pas. Considérez aussi les différents facteurs qui ont contribué à créer cet aspect que vous n'aimez pas : les facteurs familiaux, les gènes, l'environnement ;
- demandez-vous s'il y a des choses que vous pourriez faire pour améliorer cet aspect qui ne vous plaît pas, et pour être plus heureux;
- mettez la lettre de côté et relisez-la régulièrement.

✔ Tenez un journal d'autocompassion.

Vous pouvez aussi écrire quotidiennement sur ce thème dans votre journal de bord, en vous adressant des messages de réconfort, de soutien et d'amour inconditionnel.

✔ Pratiquez la méditation d'autocompassion (rendez-vous sur sundaymondayhappydays.com pour une méditation guidée).

→ *Pour encore plus de bonheur*

LECTURE
S'aimer – Comment se réconcilier avec soi-même de Kristin Neff, Belfond, 2013.
AUTRES RESSOURCES
self-compassion.org/category/exercises/ (pour d'autres exercices d'autocompassion).

Découvrez une méditation d'autocompassion sur le site www.sundaymondayhappydays.com

14

Revendiquer l'imperfection heureuse

« C'est une perfection de n'aspirer point à être parfait. »
Fénelon

À en croire certains (notamment dans le monde du travail), il serait presque de bon ton d'être perfectionniste... Pourtant, pour de nombreux experts en psychologie positive, le perfectionnisme est un des pires ennemis du bonheur et nous empêche de fonctionner de façon optimale. Pour mieux comprendre cela, observons à la loupe le comportement type des perfectionnistes. Les perfectionnistes ont tendance à :
- avoir peur de l'échec ;
- considérer que c'est « tout ou rien » (la victoire ou l'échec, sans entre-deux) ;
- attendre que le chemin menant à la destination soit sans obstacle ;
- se concentrer sur la destination ;
- dénigrer leurs propres victoires (à grand renfort de « oui, mais ») ;
- avoir une attitude défensive en cas de critiques ;
- être très durs et critiques avec eux-mêmes et avec les autres ;
- être rigides et obstinés.

Globalement, tant que tout se passe « parfaitement bien », les perfectionnistes n'ont pas de problème. Mais dès que les échecs et les difficultés pointent le bout de leur nez, tout s'effondre pour eux. Ils sont aussi généralement très anxieux, et se mettent une telle pression qu'ils ne peuvent jamais être satisfaits. Ils refusent aussi les émotions négatives, car ils voudraient être toujours heureux et joyeux.

Mais tout n'est pas perdu ! Pour Tal Ben-Shahar, le célèbre professeur de bonheur d'Harvard, ancien perfectionniste et auteur de *L'Apprentissage de l'imperfection*, il existe un pendant « positif, adaptatif et sain » du perfectionnisme : l'optimalisme. Cette attitude consiste à :

- voir l'échec comme une source d'apprentissage ;
- apprécier les semi-victoires et les échecs sans gravité ;
- savourer ses victoires ;
- profiter du chemin (et accepter les épreuves et les obstacles) ;
- être ouvert aux opinions extérieures et accepter de changer de point de vue sans se sentir remis en cause ;
- être indulgent et tolérant avec soi-même et les autres.

L'optimaliste s'autorise aussi à être humain, à ressentir des émotions négatives, à les exprimer (en parlant, en pleurant…), car il sait qu'elles font partie de la vie, et que, comme tout, elles passeront.

Il ne s'agit pas de ne plus avoir d'exigences envers soi-même, mais plutôt d'avoir des exigences raisonnées.

Comme l'admet Tal Ben-Shahar, il n'est pas facile de se guérir du perfectionnisme, mais c'est tout à fait possible en prenant du recul régulièrement et en adoptant volontairement de nouvelles habitudes mentales.

REMPLACEZ LE PERFECTIONNISME PAR L'OPTIMALISME

✔ Demandez-vous si vous êtes plutôt perfectionniste ou optimaliste dans chacun des domaines de votre vie. Passez de la devise « Je fais toujours (le) mieux » à « Je fais toujours de mon mieux. »

Tenez compte de votre état, de vos contraintes et de votre situation : si vous êtes fatigué, vous ne serez pas aussi productif que si vous êtes en pleine forme, c'est tout à fait normal !

✔ Efforcez-vous d'identifier vos tendances perfectionnistes dès qu'elles se manifestent :
- dans votre langage (exemples : il faut, je dois, c'est nul, oui, mais…) ;
- vos pensées ou émotions (exemple : vous sentez blessé à la moindre suggestion) ;
- vos comportements (exemples : vous obstiner pendant des heures sur des détails, micro-manager vos employés…).

Dès que vous en prenez conscience, essayez de lâcher prise et de rectifier le tir : « Stop, je choisis l'optimalisme et l'imperfection heureuse. »

✔ Essayez également d'adopter consciemment une attitude optimaliste dès que vous le pouvez.

Célébrez vos victoires et vos échecs, sollicitez les suggestions des autres…

Adoptez l'optimalisme dans votre travail, mais aussi dans les autres domaines de votre vie, en particulier la parentalité. Le dîner coquillette-jambon, ce n'est pas parfait (oui, c'est vrai, il manque les légumes), mais ça ira très bien pour ce soir !

→ **Pour encore plus de bonheur**

LECTURES
C'est décidé, je suis fabuleuse : Petit guide de l'imperfection heureuse de Hélène Bonhomme, Première Partie, 2016.
L'Apprentissage de l'imperfection de Tal Ben Shahar, Belfond, 2010.
Imparfait, libre et heureux de Christophe André, Odile Jacob, 2006.

15

Changer de regard sur l'argent

« J'aimerais que tout le monde puisse devenir riche et célèbre et avoir tout ce dont il rêve, afin que tous comprennent que ce n'est pas la réponse. »
Jim Carrey

Lorsque l'on demande aux gens ce qui les rendrait plus heureux, une des réponses les plus fréquentes est : « Plus d'argent ! » Qu'en est-il vraiment ? L'argent a-t-il vraiment ce « pouvoir » ? Les chercheurs en psychologie positive nous incitent à remettre en question cette croyance fortement ancrée et à relativiser le rôle de l'argent.

Le paradoxe d'Easterlin, qui tient son nom de l'économiste qui l'a énoncé en 1974, met en évidence le fait qu'une hausse du PIB et du niveau de vie dans un pays ne se traduit pas nécessairement par une augmentation du bien-être ressenti par la population. Ainsi, comme le souligne l'économiste anglais Richard Layard, aux États-Unis et en Grande-Bretagne, la courbe de bonheur stagne depuis 1946 alors que les revenus ont quadruplé depuis cette date[1].

Ce « paradoxe » se retrouve également au niveau de l'individu. Layard explique, par exemple, que 100 euros n'auront pas le même impact sur votre bonheur selon

---

[1]. « Happiness : Has Social Science a Clue », Richard Layard, conférence à la London School of Economics, mars 2003.

que vous les utilisez pour vos besoins de base ou pour des achats superflus. Ce n'est que dans le premier cas qu'ils contribueront à votre bonheur. En réalité, si nos besoins de base (toit, nourriture...) sont déjà satisfaits et que nous recevons de l'argent (cadeau, augmentation, bonus, loto...), nous aurons un bref pic de bonheur (comme lorsque nous achetons une nouvelle voiture), puis nous reviendrons à notre « niveau de base ». Nous serons victimes d'un phénomène universel : l'adaptation hédonique. Si nous percevons notre salaire comme « juste » et qu'il nous permet de subvenir à nos besoins, un salaire plus élevé n'augmentera pas notre bonheur. Une étude de Princeton, dirigée par l'économiste Alan B. Krueger et le Prix Nobel Daniel Kahneman, révèle même que les salariés les mieux payés ont tendance à être les plus tendus et ne perçoivent pas leurs activités comme plus agréables que ceux qui le sont moins[1].

En donnant trop d'importance à l'argent, on risque de se retrouver dans une course sans fin pour en gagner toujours plus et acheter des choses toujours plus chères. Non seulement cela ne nous rend pas plus heureux, mais en plus cela peut créer beaucoup d'angoisse et nous pousser à nous mettre dans des situations financières très délicates (quel que soit notre niveau de revenus).

Alors, comment sortir de ce cercle vicieux ? Les chercheurs en psychologie positive nous donnent plusieurs pistes.

✳ **Distinguez** vos besoins et envies

En tant qu'être humain, nos besoins sont finalement assez basiques : avoir un toit, de quoi se chauffer, de quoi s'habiller, de quoi se nourrir. Avoir une belle voiture, une grande maison ou une collection de sacs de marque ne sont pas des besoins. Si l'on fait une acquisition à des fins ostentatoires, pour renforcer son statut social, ou montrer qu'on a mieux réussi que son voisin, il y a même de grandes chances que cela nous rende plus malheureux qu'autre chose. Donc le simple fait de vous poser la question : « Ai-je vraiment besoin de ça ? » peut vous aider à prendre les bonnes décisions et à ne pas entrer dans cette course matérielle sans fin. L'idée n'est pas de renoncer à toutes vos envies, mais d'apprendre à faire le tri, d'identifier les « envies bénéfiques » (qui contribuent réellement à votre bonheur et à votre bien-être) et les « envies superflues ».

---

1. www.princeton.edu/news/2006/06/29/link-between-income-and-happiness-mainly-illusion?section=topstories

✳ **Savourez** ce que vous avez

Souvenons-nous que nous sommes beaucoup mieux lotis qu'une grande partie des habitants de cette planète! Voyager dans des conditions plus sommaires et dans des pays moins développés peut nous aider à nous en souvenir.

✳ **Investissez dans les expériences** plutôt que dans les objets

Les études menées par Thomas Gilovich[1] ont démontré que, paradoxalement, le fait de dépenser son argent dans des expériences (transitoires) rend plus heureux que le fait d'acheter des choses matérielles (permanentes). En effet, les expériences ont souvent une composante sociale, elles contribuent à nous construire (nous sommes la somme de nos expériences), et nous ressentons beaucoup de bien-être en y repensant ou en les racontant.

✳ **Donnez**

Cela rend heureux de façon plus durable que le fait de dépenser de l'argent pour soi.

FAITES LE POINT SUR VOS BESOINS RÉELS

✔ Faites le point sur vos besoins et envies bénéfiques :
  Listez-les et indiquez le montant mensuel nécessaire pour les couvrir.

✔ Comparez ce montant à vos revenus, et interrogez-vous :
  • comment pourriez-vous mieux utiliser votre argent ? Qu'avez-vous envie de vivre ou d'encourager ?

---

1. « To do or to have? That is the question. », Leaf Van Boven et Thomas Gilovich, *Journal of personality and social psychology*, 2003.

- n'êtes-vous pas en train de « perdre votre vie à la gagner » ou de négliger des aspects importants de votre vie ?
- quelles seraient des sources d'économies créatives et positives pour chaque poste de dépenses (exemples : manger moins de protéines animales, utiliser davantage votre vélo, échanger votre maison pour les vacances) ?

→ *Pour encore plus de bonheur*

LECTURES
La liste de mes envies de Grégoire Delacourt, J-C Lattès, 2012.
Le Papalagui de Erich Scheurmann, Éditions Présence Image et Son, 2001.
Vers la sobriété heureuse de Pierre Rabhi, Actes Sud, 2010.

MUSIQUE
Je veux de Zaz, 2007.
Il en faut peu pour être heureux de Terry Gilkyson, Disneyland Records, 1967.
Le blues du business man de Michel Berger et Luc Plamondon, 1991.

FILM
I am de Tom Shadyac, 2013.

16

Devenir « satisfaiseur » (plutôt que « maximiseur »)

« La décision qu'on prend est de peu d'importance. L'important, c'est de s'y tenir. »
Auguste Detœuf

Satisfaiseur… voilà un concept qui révolutionné ma façon de prendre des décisions, et qui vous sera peut-être d'une grande aide aussi.

Êtes-vous plutôt « satisfaiseur » ou « maximiseur » ? Pour le déterminer, vous pouvez vous référer au tableau ci-dessous :

Les « maximiseurs »…	Les « satisfaiseurs »…
Veulent prendre LA meilleure décision.	Veulent prendre UNE bonne décision.
Veulent toujours tirer le maximum de plaisir et de bénéfices de chaque choix.	Sont satisfaits dès qu'ils trouvent une maison, une voiture, un hôtel, un plat, un restaurant qui a les qualités souhaitées.
Doivent examiner chaque option en détail avant de prendre une décision.	Prennent une décision dès que leurs critères sont réunis.

Les « maximiseurs » veulent toujours être sûrs de prendre la meilleure décision, et ce dans tous les domaines : choisir le meilleur restaurant, la meilleure tenue, le meilleur plat, la meilleure maison, le meilleur travail possible… S'ils écoutent la radio, par exemple, ils vont passer en revue toutes les stations pour voir ce qu'il y a de mieux, et même s'ils trouvent quelque chose de bien, ils continueront à chercher pour trouver la meilleure option possible. Cette attitude est fréquente dans la société actuelle, d'autant plus que de nombreux choix s'offrent à nous. Les « satisfaiseurs », au contraire, se contentent de ce qui leur « suffit ». Ils peuvent avoir des critères très exigeants, mais dès qu'ils sont réunis, ils prennent leur décision, et ne reviennent pas dessus.

Barry Schwartz et ses collègues ont démontré que les « maximiseurs » ont des scores plus faibles en termes de bonheur, d'optimisme, d'estime de soi, et des scores plus élevés en termes de dépression, de perfectionnisme et de regrets[1]. Comment expliquer cela ? Les « maximiseurs » dépensent énormément de temps et d'énergie pour prendre une décision, et chaque choix génère en eux de l'anxiété. Ils se demandent toujours s'ils sont en train de prendre la bonne décision. Et ils ont ensuite davantage de regrets. Certes, les études montrent que les maximiseurs gagnent en moyenne 7 000 dollars par an de plus que les « satisfaiseurs », mais ils sont moins satisfaits de leur poste que les « satisfaiseurs ». Cela en vaut-il vraiment la peine ?

Globalement le fait de vouloir prendre la décision optimale part d'une bonne intention, mais cela a un effet néfaste sur notre bien-être.

DÉCIDEZ AUTREMENT

Commencez par des petites décisions quotidiennes (plat au restaurant, tenue, films…), puis passez aux décisions plus importantes (décisions d'investissement, recrutement d'un salarié…).

✔ Commencez par définir vos critères de choix et imposez-vous un délai pour la recherche.

Si possible, limitez aussi vos options pour ne pas vous perdre dans le choix.

---

1. www.wisebrain.org/media/Papers/maximizing.pdf

- ✔ Dès que vous trouvez un élément qui correspond à vos critères, choisissez-le et arrêtez de chercher.

- ✔ Lorsque vous avez fait un choix, ne revenez pas dessus.

- ✔ Si vous y tenez, soyez maximiseur de temps en temps, mais uniquement pour des décisions réellement importantes.

- ✔ Acceptez qu'aucune décision n'est vraiment parfaite ! L'important, c'est de rendre le choix bon !

→ *Pour encore plus de bonheur*

LECTURE
Le Paradoxe du choix – Et si la culture de l'abondance nous éloignait du bonheur ? de Barry Schwartz, Marabout, 2009.

17

Choisir l'optimisme

« L'optimiste ne refuse jamais de voir le côté négatif des choses ; il refuse simplement de s'attarder dessus. »

Alexandre Lockhart

C'est un fait, nous avons tendance à nous concentrer sur le négatif. Et c'est bien normal, car notre cerveau est « câblé » pour cela. Certains chercheurs en sciences cognitives estiment que nous avons environ 20 000 pensées conscientes par jour, avec une grande majorité de pensées négatives. Nous sommes aussi victimes de nombreux « biais cognitifs » (erreurs de jugement, de perception, d'interprétation). Le biais de confirmation, par exemple, désigne notre tendance à ne prendre en compte que les éléments qui confirment nos croyances (ou à discréditer ceux qui les contredisent). Exemple : vous êtes persuadé que le rapport que vous avez remis à votre patron n'est pas à la hauteur, donc vous n'allez vous focaliser que sur ses remarques négatives (en négligeant tous ses commentaires positifs).

Cette tendance à se focaliser sur le négatif a longtemps été un facteur de survie pour l'espèce humaine. Mais aujourd'hui, nous ne risquons plus notre vie à chaque instant, et nous avons tout intérêt à changer de focus. Se concentrer en permanence sur le négatif (dans notre vie, mais aussi chez les autres) génère du stress, dégrade nos relations et nous empêche de fonctionner de façon optimale. C'est d'autant plus important dans le monde du travail : comme le rappelle Shawn Achor dans *Comment devenir un optimiste contagieux* (*The Happiness Advantage*), le cerveau en mode positif est 31 % plus productif, et 75 % des victoires ont lieu dans un contexte optimiste et positif. Parmi les autres bénéfices d'un état d'esprit positif, on peut noter un niveau de satisfaction plus élevé, une plus grande aptitude à bâtir des relations, une meilleure capacité à gérer les événements stressants et à rebondir face à l'adversité, un meilleur système immunitaire…

Nous connaissons tous des gens naturellement positifs, mais nous avons tous le pouvoir d'apprendre à voir les choses plus positivement. Il suffit de s'exercer, patiemment, pour apprendre à fonctionner différemment. La clé de ce changement : reprendre le contrôle de notre attention pour ne plus en être la victime. Autrement dit, il s'agit de passer du temps à se concentrer volontairement sur des choses positives. Plus on fait cela, plus on modifie la structure et le fonctionnement de notre cerveau (grâce au phénomène de plasticité neuronale), et plus cela devient naturel pour nous.

ENTRAÎNEZ-VOUS À VOIR LE POSITIF

✔ Décidez qu'à partir d'aujourd'hui, vous allez vous entraîner à voir le positif et à saisir toutes les opportunités que vous offre la vie quotidienne pour cela.

✔ Commencez dès maintenant en notant dans votre journal tout ce qui va bien dans votre vie.

✔ Identifiez les pensées négatives et parasites dès qu'elles naissent (notamment grâce à la pleine conscience).

Ne tentez pas de les éviter, mais laissez-les passer dès qu'elles se présentent, puis concentrez-vous sur des pensées plus agréables.

✔ Essayez d'identifier vos biais cognitifs et erreurs de jugement (biais de confirmation, généralisation, dramatisation, mode « noir ou blanc »…).

✔ Pratiquez la gratitude et notez trois choses positives chaque jour (exemple : mon collègue m'a offert un café).

✔ Cherchez le positif même dans les moments difficiles.

Vous n'avez pas eu ce job, c'est normal d'être déçu, mais c'est aussi l'occasion de chercher quelque chose qui vous convient encore plus !

✔ Concentrez-vous sur le positif chez les autres.

Portez volontairement votre attention sur les qualités de vos proches, de vos collaborateurs. Pour chacun d'entre eux, trouvez quelque chose que vous aimez, que vous admirez, que vous approuvez, qui vous inspire et notez tout cela sur votre journal. Vous verrez que vous serez plus ouvert, plus connecté avec les gens. Vous aurez tendance à avoir des comportements plus sains, et vous ressentirez moins de colère, de rancœur ou de stress.

✔ Savourez les plaisirs ordinaires (un bon repas, une douche chaude, etc.)

✔ Fêtez les bonnes nouvelles.

✔ Soyez réceptif à la beauté.

Un rayon de soleil, une plante en fleur, une œuvre d'art – la beauté est partout !

✔ Remémorez-vous souvent les moments positifs de votre vie.

→ *Pour encore plus de bonheur*

LECTURES
Comment devenir un optimiste contagieux de Shawn Achor, Belfond, 2012.
Éloge de l'optimisme de Philippe Gabilliet, Éditions Saint-Simon, 2010.
Osez l'optimisme ! de Catherine Testa, Michel Lafon, 2017.

MUSIQUES
What a wonderful world de Louis Armstrong, 1960.
La vie est belle, le monde est beau de Hervé Vilard, 1996.
Que c'est beau la vie de Jean Ferrat, 1963.
Positif de Matt Houston, 2012.
La positive attitude de Lorie, 2004.

FILM
La vie est belle de Roberto Benigni, 1997.

Faites le plein d'émotions positives

« I feel good (tananananana) »

18

Cultiver la gratitude attitude

« Il y a deux façons de voir la vie : comme si tout était un miracle, et comme si rien n'était un miracle. »
Albert Einstein

Pratiquer la gratitude est une des principales stratégies recommandées par la psychologie positive pour être plus heureux. On ne dénombre pas moins de 50 études sur le sujet ! Et ce n'est pas un hasard. La gratitude est comme un amplificateur de bonheur : en l'aidant à faire plus de bruit, elle le fait grandir. Mais il n'est pas si facile de pratiquer la gratitude. La vraie gratitude est un sentiment d'émerveillement, de reconnaissance, d'appréciation, à la fois pour les petites choses et les grandes choses qui nous arrivent dans la vie. Au-delà du sentiment, c'est une véritable expérience émotionnelle, un état d'esprit, une façon d'aborder la vie plus positivement. On peut la ressentir naturellement, mais on peut également la cultiver. Le fait de pratiquer volontairement la gratitude va nous permettre de nous focaliser sur ce que nous avons déjà, ce qui nous a été donné, et pas sur ce qui nous manque.

Lors d'une étude menée en 2003 sur les effets de la gratitude[1], Emmons et McCullough ont divisé les participants en trois groupes :

---

1. Emmons, R. A., & McCullough, M. E. (2003), « Counting blessings versus burdens: An experimental investigation of gratitude and subjective well-being in daily life » *Journal of Personality and Social Psychology*, 84(2), 377–389.

- un groupe qui devait noter 5 choses pour lesquelles ils se sentaient reconnaissants (le soir avant de se coucher, pendant 10 semaines) ;
- un groupe qui devait noter 5 choses négatives (les soucis, les obstacles qu'ils avaient rencontrés…) ;
- un groupe de contrôle, qui devait noter chaque soir 5 événements neutres de leur journée.

Le groupe « gratitude » a obtenu les résultats les plus positifs (en termes de santé, bonheur, générosité…). L'étude a montré une différence significative entre ceux qui se focalisent sur le négatif et ceux qui se focalisent volontairement sur le positif (ces derniers sont 25 % plus heureux à l'issue de l'expérience, même ceux qui sont d'un naturel plutôt pessimiste). Les nombreuses études réalisées sur le sujet démontrent les multiples bienfaits de la gratitude :

- des bénéfices psychologiques : plus d'émotions positives, des niveaux de bonheur et d'optimisme supérieurs, une meilleure résistance au stress, moins d'émotions négatives (regrets, envie, ressentiment), une réduction des symptômes anxieux et dépressifs ;
- des bénéfices physiques : un système immunitaire renforcé, moins de douleurs, une tension artérielle plus faible, plus d'exercice physique, un sommeil plus long et plus reposant ;
- des bénéfices sociaux : des relations sociales renforcées, plus d'empathie et de générosité, le sentiment d'être aimé, intégré…

Elle permet aussi une performance accrue et une plus grande détermination.

Inspirant !

La gratitude peut même être considérée comme une pratique spirituelle. Pour Esther Hicks, auteur de *La Loi de l'attraction*, nous attirons à nous ce pour quoi nous sommes reconnaissants. La célèbre animatrice télé Oprah Winfrey raconte ainsi son expérience de la gratitude : « J'ai commencé à exprimer ma gratitude pour les petites choses, et plus je me montrais reconnaissante, plus l'abondance entrait dans ma vie. En effet, ce sur quoi l'on se concentre grandit, et lorsqu'on se concentre sur les bonnes choses de la vie, on en crée davantage. Les occasions, les relations et même l'argent ont afflué dans ma vie lorsque j'ai appris à faire preuve de gratitude, peu importe ce qui m'arrivait. » Christine Michaud, elle aussi animatrice (à la télévision québécoise) et auteur de *Mon Projet Bonheur*, a également constaté que la gratitude produisait des résultats épatants. Ses rituels ? Tenir chaque soir

FAITES LE PLEIN D'ÉMOTIONS POSITIVES

> un journal de gratitude, écrire un petit mot ou une carte à la personne qui s'est démarquée positivement dans la semaine, semer des petits mots d'amour et de gratitude, écrire des textos de remerciement…

Autrement dit, quand on pratique la gratitude, on se fait d'abord un cadeau à soi-même.

La gratitude peut s'appliquer à tous les domaines de notre vie (y compris dans le domaine du travail).

EXERCEZ-VOUS À LA GRATITUDE

✔ Tenez un journal de gratitude (une fois par jour ou une fois par semaine pour éviter le phénomène de lassitude).
- Notez 1 à 5 choses pour lesquelles vous vous sentez reconnaissant. Souvenez-vous de ce qui est vous est arrivé de surprenant ou d'inattendu. Pensez aux choses et aux personnes pour lesquelles vous éprouvez de la gratitude. Considérez les choses positives comme des cadeaux, pas comme des choses dues. Et remerciez la vie pour cela !
- Demandez-vous pourquoi vous ressentez de la gratitude, en étant le plus précis possible (par exemple pour quel aspect de la personnalité de votre « bienfaiteur » ou pour quelle dimension de votre vie ressentez-vous de la gratitude ?).
- Imaginez ce que serait votre vie sans ces choses ou ces personnes : qu'est-ce qui vous manquerait le plus ?
- Éprouvez de la gratitude pour des choses qui auraient pu mal tourner, mais qui se sont bien terminées.
- Remerciez « out of the box », en pensant aux aspects positifs des difficultés que vous avez rencontrées : votre boss vous a critiqué… Eh bien, ça vous pousse à progresser !

✔ Écrivez une lettre de gratitude (à un ami, un collègue, un parent, votre conjoint, un professeur, une personne qui vous a aidé ou soutenu...)

✔ Dites MERCI (cf. fiche 78).

✔ Savourez les choses positives et les bonnes nouvelles.

→ *Pour encore plus de bonheur*

LECTURES
Merci – Quand la gratitude change nos vies de Robert Emmons, Belfond, 2008.
L'abondance dans la simplicité – La gratitude au fil des jours de Sarah Ban Breathnach, Octave, 2010.
3 kifs par jour de Florence Servan-Shreiber, Marabout, 2014.
Mon projet bonheur de Christine Michaud, Mazarine, 2017.
MUSIQUE
Gratitude de Paul Mccartney, 2007.

19

S'offrir des petits plaisirs

> « J'adore les plaisirs simples.
> Ils sont le dernier refuge des esprits complexes. »
> Oscar Wilde

Ce n'est pas en se disant : « Allez, sois positif ! » qu'on le devient. En revanche, nous pouvons, d'une part, apprendre à développer un état d'esprit positif et, d'autre part, augmenter les pratiques et activités qui nous procurent des émotions positives. C'est bien de cela qu'il s'agit ici : identifier ces activités et petits plaisirs, et leur faire plus de place dans notre quotidien (notamment au travail). Au-delà du bien-être généré, cela nous permet également d'améliorer notre motivation, nos capacités attentionnelles et notre performance.

Vous êtes évidemment le mieux placé pour savoir ce qui génère des émotions positives en vous : joie, gratitude, sérénité, curiosité, espoir, fierté, amusement, inspiration, admiration, amour… Mais si vous manquez d'inspiration, vous pouvez certainement miser sur ces activités, dont l'efficacité a été démontrée scientifiquement (cette liste est bien sûr loin d'être exhaustive) :

- cultiver vos relations sociales (interagir, communiquer, travailler en groupe, téléphoner à un ami). D'après une étude menée par Daniel Kahneman en 2004, les relations sociales sont (juste après les relations intimes), une des plus grandes sources d'émotions positives ;

- pratiquer la relaxation, la méditation (ou globalement une activité en pleine conscience) ;
- manger ou boire quelque chose qui vous fait plaisir (en pleine conscience évidemment !) : un morceau de chocolat, un bon repas, un smoothie, un bon cappuccino…
- faire de l'exercice physique (quelques minutes peuvent suffire) ;
- chanter ;
- passer du temps avec des animaux (au travail aussi !). Des études ont démontré l'impact très positif des animaux au bureau. Ils améliorent le moral des troupes, diminuent le stress, améliorent le lien social… De plus en plus d'entreprises leur ouvrent d'ailleurs leurs portes ;
- jouer, rire, s'amuser ;
- apprendre de nouvelles choses ;
- vivre de nouvelles expériences ;
- planifier et anticiper des moments agréables (par exemple des vacances) ;
- repenser à des moments joyeux (par exemple en regardant des photos) ;
- passer du temps dans la nature ;
- faire une sieste ;
- aider, donner (du temps, des conseils, de l'argent) ou faire plaisir à quelqu'un ;
- écouter une musique que vous aimez.

TROUVEZ VOS BOOSTERS D'ÉMOTIONS POSITIVES

✔ Faites la liste des activités que vous aimeriez faire plus souvent pour booster vos émotions positives (au travail également). Posez-vous les questions suivantes : qui ? quoi ? comment ? où ?

✔ Quand vous avez un petit coup de mou, piochez dans cette liste pour retrouver le moral.

✔ Planifiez aussi des petits plaisirs réguliers (veillez à ce que chaque journée vous apporte des petits plaisirs).

✔ Proposez des activités collectives génératrices de bonne humeur (et de lien) : chorale, cours de yoga…

Inspirant !

Dans *Quatre Plaisirs par jour minimum*, Evelyne Bissone Jeufroy, coach et psychologue, raconte comment elle a surmonté des épreuves difficiles et des deuils et retrouvé le goût de vivre grâce à la méthode des petits plaisirs. Elle démontre aussi les nombreux bienfaits du plaisir : il dynamise, apaise, guérit, nous permet de nous reconnecter à nous-mêmes, aux autres et à la vie. Son ordonnance : quatre plaisirs par jour pendant une année ou deux pour ancrer cette nouvelle habitude.

→ Pour encore plus de bonheur

LECTURES
Quatre plaisirs par jour au minimum de Évelyne Bissone Jeufroy, Payot, 2010.
La Première Gorgée de bière et autres plaisirs minuscules de Philippe Delerm, L'Arpenteur, 1997.
MUSIQUES
Les p'tits plaisirs de Clara Plume, 2010.
I Feel Good de James Brown, 1964.

20

Vive le sourire authentique !

« C'est difficile de sourire quand on est malheureux. En fait, on apprend. Et on s'aperçoit vite qu'il est encore plus difficile d'être malheureux quand on sourit. »
François Garagnon

Les recherches scientifiques montrent que les gens souriants sont en général plus heureux, plus aimés et vivent plus longtemps. D'accord, me direz-vous, mais c'est assez logique puisque quand nous nous sentons heureux, nous sourions davantage. Mais ce qui est vraiment intéressant, c'est que l'inverse est vrai également. En effet, la psychologie positive et les neurosciences ont mis le doigt sur un mécanisme extraordinaire : sourire rend heureux. Plusieurs explications sont avancées : quand nous sourions (et même si nous prenons simplement un stylo entre les dents, ce qui mobilise les muscles zygomatiques), des messages sont envoyés à notre cerveau et interprétés comme des signes de plaisir. Cela libère des neurotransmetteurs qui nous mettent de bonne humeur. On peut volontairement et simplement initier un changement émotionnel réel, qui est encore plus fort si le sourire est accompagné d'un ressenti positif. Une étude réalisée en 2011 par la Michigan State University[1] a en effet démontré que les travailleurs qui souriaient davantage parce qu'ils cultivaient des pensées positives (par exemple, en posant un regard plus positif sur leur environnement)

---

1. www.eurekalert.org/pub_releases/2011-02/msu-sfa022211.php

FAITES LE PLEIN D'ÉMOTIONS POSITIVES

étaient de meilleure humeur et plus ouverts. En revanche, l'étude a montré que le fait de sourire de façon forcée tout au long de la journée (juste parce qu'il faut sourire) conduisait à la mauvaise humeur, à l'épuisement et au retrait. Il ne s'agit donc absolument pas d'imposer la dictature du sourire, qui serait néfaste pour chacun et pour l'organisation. L'objectif n'est donc pas de sourire de façon forcée toute la journée, mais que le sourire corresponde à un ressenti positif.

La science a confirmé un autre phénomène bien connu : le sourire est contagieux. Selon une étude réalisée par l'université du Wisconsin[1], lorsque nous sommes avec une autre personne, nous avons tendance à reproduire automatiquement ses mimiques faciales, ce qui nous permet de nous « mettre en empathie » avec les émotions ressenties par cette personne. Essayez, c'est assez frappant : si vous souriez ou que vous froncez les sourcils, la personne en face de vous aura tendance à faire de même. Et cela va bien au-delà, puisque vous lui transmettez aussi vos émotions positives ou négatives.

DÉCOUVREZ LE POUVOIR DU SOURIRE

✔ Faites le fameux « exercice du stylo ».

Avant de commencer, évaluez votre bonne humeur de 1 à 10 puis prenez un stylo entre vos dents pendant quelques minutes. Enfin, prenez quelques instants pour évaluer l'impact sur votre humeur (et évaluez-la à nouveau de 1 à 10). Faites de même en prenant volontairement une expression maussade, et observez l'impact sur votre humeur[2].

✔ Pendant une semaine, essayez consciemment de sourire davantage.

Cette fois-ci, il ne s'agit plus de vous forcer, mais d'entretenir des pensées positives et de saisir toutes les opportunités de sourire qui se présentent (et d'en créer, par exemple en vous remémorant des souvenirs positifs). Observez les effets sur votre entourage.

---

1. www.sciencedaily.com/releases/2016/02/160211140428.htm
2. Vous pouvez aussi visionner cette expérience en vidéo ici : www.youtube.com/watch?v=MtV5kfH4lXs

✔ Téléchargez l'appli « Pocket Smile » pour iPhone.

Cette application gratuite développée par l'University College London vous aidera à sourire davantage en vous montrant des visages souriants tout au long de la journée. Elle s'appuie sur les effets contagieux (et démontrés) du sourire. Vous pouvez aussi afficher autour de vous des photos de personnes souriantes.

✔ Entourez-vous de personnes souriantes et laissez-vous contaminer (de toute façon vous le serez)!

21

Les incroyables pouvoirs du rire (et comment rire davantage)

« Une journée sans rire est une journée perdue. »
Charlie Chaplin

Le rire, c'est du sérieux ! le neurobiologiste Robert Provine l'étudie d'ailleurs expérimentalement depuis de nombreuses années. Dans *Le rire, sa vie, son œuvre*, il met en lumière l'importance du rire. Les enfants passent une grande partie de leur vie à rire, alors que les adultes peuvent passer plusieurs semaines sans rire. Pourtant, le rire a d'extraordinaires vertus dont on aurait tort de se priver : il diminue la pression artérielle, augmente les défenses immunitaires, réduit les douleurs chroniques (combiné à l'exercice) et les troubles anxieux et dépressifs, améliore les relations... Le rire est aussi un excellent antistress. Selon le psychologue Norman Dixon, c'est même principalement pour cela que l'humour s'est développé chez les êtres humains. Barbara Fredrickson et Robert Levenson (UC Berkeley) ont démontré que lorsque nous sommes stressés (avec une modification de notre pression artérielle et de notre rythme cardiaque), le fait de rire (probablement *via* son effet sur la respiration), permet de calmer très rapidement le système cardiovasculaire.

Mais le rire et l'humour ont-ils leur place au travail ? Selon Michael Kerr, auteur de *You Can't be Serious! Putting Humor to Work*, l'humour est non seulement un outil puissant, mais aussi un baromètre de l'état de santé et du fonctionnement d'une organisation. En plus d'engendrer la joie et de réduire le stress, il favorise la coopération, la cohésion et la performance. Les managers et dirigeants qui savent manier l'humour et l'autodérision sont fédérateurs et plus appréciés que les autres. Ils améliorent le moral des troupes. Cela ne remet pas en question leur autorité.

L'humour rend le travail plus agréable, mais il est aussi à même de favoriser la performance d'une équipe, en favorisant les échanges, l'implication… Lors d'une étude[1] conduite sur 352 salariés d'une usine allemande, les chercheurs ont filmé une cinquantaine de réunions de travail au sein de différentes équipes, pour répertorier toutes les séquences dans lesquelles l'humour était identifiable. Ils ont également catégorisé ces séquences en « humour partagé » (quand le groupe réagit ou reprend le trait d'humour) et l'humour isolé (quand le groupe ne réagit pas). Les performances des différentes équipes ont été mesurées et réévaluées deux ans plus tard. Résultat : les équipes au sein desquelles on retrouvait le plus d'humour partagé (pas isolé) étaient aussi les plus performantes. Les chercheurs ont cependant noté que l'humour n'était associé à la performance que dans des cadres professionnels stables (pas en cas de menace de plan social).

Rire n'empêche pas de faire son travail sérieusement, au contraire !

Évidemment, l'humour doit être manié avec précaution et rester bienveillant (les moqueries, humiliations et blagues racistes sont évidemment proscrites). Il s'agit ici de « rire de soi » et de « rire avec l'autre », pas de « rire de l'autre ».

---

1. « Investigating the relationship between humor patterns in team interactions and team performance », *Journal of Applied Psychology*, 2014, vol. 99, n° 6, p. 1278-1287.

FAITES PLUS DE PLACE AU RIRE

—✳—

Souvenez-vous qu'il est aussi un de vos meilleurs alliés antistress !

✔ Voici quelques idées pour rire plus au travail :
- faites des plaisanteries ;
- déjeunez avec un collègue drôle ;
- organisez une séance de « Rigologie » avec un professionnel ;
- imaginez des poissons d'avril originaux ;
- instaurez un moment de rire quotidien avec une vidéo amusante (il y en a tellement !) ;
- recrutez des collaborateurs qui ont de l'humour.

✔ … et en dehors :
- constituez-vous une collection de films et livres drôles, à consommer sans modération (surtout lorsque vous avez eu une journée stressante) ;
- voyez des amis avec qui vous savez que vous allez rire ;
- misez sur les jeux (jeux en plein air, jeux de société) ;
- organisez une séance de chatouilles ou une bataille d'oreillers (efficacité garantie !) ;
- allez voir le spectacle d'un humoriste ;
- rejoignez un club de rire ;
- apprenez à rire seul, sans raison, grâce aux conseils de Corinne Cosseron dans cette petite vidéo de 5 minutes (www.youtube.com/watch?v=IncYooO6xk4).

→ Pour encore plus de bonheur

LECTURE
Le rire, sa vie, son œuvre de Robert Provine, Robert Laffont, 2003.
Cahier d'exercices pour rire davantage de Corinne et Frédéric Cosseron, ESF, 2010.

FILM
Docteur Patch de Tom Shadyac, 1998.

AUTRES RESSOURCES
www.crazyhappygame.com (un jeu inspiré de la psychologie positive pour s'amuser et cultiver le bonheur en famille, entre amis ou en équipe).
www.ecolederire.org ou www.solution-rire.fr/(pour trouver un rigologue ou un club de rire).

Testez une séance de rire express sur
www.sundaymondayhappydays.com

22

Célébrer les grandes victoires... et les petites

> « C'est en nous contant nos victoires qu'on nous enseignera à en remporter d'autres. »
> Arsène Houssaye

Pensez-vous à célébrer les petites et grandes victoires que vous remportez individuellement et collectivement ? Que faites-vous quand vous réalisez un de vos objectifs (ou un but intermédiaire), que vous arrivez au bout d'un projet difficile, que vous décrochez un nouveau contrat, que vous apprenez une très bonne nouvelle ou que vous passez un cap significatif ?

Je pose souvent cette question autour de moi, et la réponse est généralement : « Rien du tout ! » Pourquoi célèbre-t-on si peu ? Les causes avancées sont multiples : « C'est vrai, on n'a même pas pensé à célébrer ça » ; « Oui, c'est bien, mais, il reste tant de choses à accomplir » ; « Comment savoir si c'est vraiment une victoire ? » ; « On voulait célébrer, mais on ne savait pas quoi faire » ou encore « Je n'ai pas le budget pour ça. »

Or, savourer et célébrer les petites victoires (dans la vie comme au travail) est une des pratiques recommandées par la psychologie positive pour cultiver un état d'esprit optimiste et positif, et changer notre façon de percevoir les choses. Si l'on ne prend pas le temps de célébrer, on risque d'être toujours dans la banalisation, le dépit, l'autocritique, l'anticipation des difficultés à venir, le perfectionnisme…

Inspirant !

Célébrer, c'est d'abord un état d'esprit. Au tout début de l'histoire d'Amazon, on faisait sonner une cloche à chaque commande. Cette pratique a évidemment dû être abandonnée rapidement, mais elle a marqué les esprits et instauré une dynamique très positive dans l'entreprise.

ANTICIPEZ ET CÉLÉBREZ VOS VICTOIRES

Pour célébrer les petites et grandes victoires, il est d'abord important de les identifier. Pour cela, l'idéal est d'y réfléchir en amont. Quels sont vos grands objectifs individuels et collectifs pour l'année qui vient (lancer un nouveau service ou produit, conquérir X nouveaux clients, trouver X partenaires, changer de poste, faire du sport trois fois par semaine…) et vos buts intermédiaires ? Quelles sont les petites et grandes victoires qui mériteraient d'être célébrées d'après vous (un nouveau client, la fin d'une mission, etc.) ? Vous pouvez afficher ces objectifs pour les garder bien en tête.

À présent, comment aimeriez-vous célébrer ces différentes victoires ?

Voici quelques idées pour célébrer une petite ou grande victoire.

✔ Marquer le coup en se tapant dans la main (le fameux *high five*), en faisant retentir une musique comme « We are the champions » ou en faisant une petite danse de la victoire – pas forcément devant tout le monde, je vous l'accorde.

- ✔ Partager et poster les bonnes nouvelles sur les réseaux sociaux (et avec la Happy Days Family !)

- ✔ Noter sa victoire sur un « cahier de réussite » (ou sur votre cahier de bonheur). Vous pouvez d'ailleurs le faire à la fin de chaque journée.

- ✔ Instaurer un rituel de partage des petites victoires à la fin de la journée (avec vos collègues, votre famille…).

- ✔ Organiser un repas ou un pot convivial, avec vos collègues et/ou des amis.

- ✔ Aller au restaurant ou dans un bar.

- ✔ Ouvrir une bouteille de champagne.

- ✔ Vous offrir ou offrir à ceux qui y ont contribué un cadeau (qui peut être symbolique), une journée de repos, une super formation…

- ✔ Faire une surprise à vos proches ou à votre équipe (exemple : sortie surprise).

- ✔ Remercier et valoriser publiquement tous ceux qui ont contribué à cette victoire.

- ✔ Dernier point important : faites la chasse aux « oui, mais » (« oui, mais il y a encore beaucoup de route » ; « oui, mais on aurait pu faire mieux »…). C'est une victoire, un point, c'est tout !

Essayez de faire chaque jour une chose dont vous pourrez être fier et célébrez chaque jour cette petite victoire !

Anticiper vos victoires et la façon dont vous aimeriez les célébrer aura aussi un effet très positif sur la motivation, en introduisant de la « gamification » dans votre travail. Vous pouvez réaliser un tableau à deux colonnes : une colonne avec les victoires que vous souhaitez remporter et une autre avec la façon dont vous souhaitez célébrer chacune de ces victoires. Vous pouvez aussi vous donner des points par tâche et définir une récompense que vous vous offrirez lorsque vous aurez atteint un certain seuil.

CÉLÉBRER LES GRANDES VICTOIRES… ET LES PETITES

Pensez à célébrer rapidement après une victoire pour rester dans une bonne dynamique – pas six mois plus tard ! – et pensez à célébrer aussi les victoires des autres.

→ *Pour encore plus de bonheur*

MUSIQUES
We are the champions de Queen, 1967.
Celebration de Kool & The Gang, 2008.

23

Vivre la Fish! Philosophy

« Si un homme peut changer son état d'esprit, toute sa vie sera changée. »
Dr Joseph Murphy

Qu'est-ce que la Fish! Philosophy ? Tout commence dans une poissonnerie pas tout à fait comme les autres, dans le Pike Place Market de Seattle. Ici, les poissons volent, les clients rient, l'équipe est épanouie, et le chiffre d'affaires explose. Une énergie extraordinaire se dégage de cette poissonnerie, qui devient vite une véritable attraction, mais aussi un modèle dans le domaine du bonheur au travail. La Fish! Philosophy est née. Elle est maintenant appliquée dans de nombreuses organisations (entreprises, hôpitaux, écoles…) et un organisme de formation à la Fish! Philosophy a même été créé.

La Fish! Philosophy repose sur quatre piliers.

✳ **Choisissez** votre attitude

Chaque jour, ces poissonniers choisissent de travailler avec le sourire, dans la joie et la bonne humeur. Le mot « choisir » est essentiel. C'est un véritable effort, car nous avons naturellement tendance à nous focaliser sur le négatif. Mais apprendre à voir les choses plus positivement nous ouvre de nombreuses possibilités. Il suffit de le décider !

✳ **Soyez présent**

Lorsqu'on effectue des tâches routinières, on peut céder à notre tendance naturelle en nous perdant dans nos pensées, ou alors décider d'être pleinement présent, ici et maintenant, avec ses collègues et ses clients. Là encore, c'est un effort et une décision, qui consiste à systématiquement ramener son attention dans le moment présent.

✳ **Jouez**

Le jeu n'est pas seulement une activité, c'est un état d'esprit, qui apporte de l'énergie, facilite la créativité, l'émergence de nouvelles solutions et la décompression. Le jeu peut rendre ludiques des tâches fastidieuses et nous permettre de les accomplir plus facilement.

✳ **Illuminez** leur journée

Tous les jours, ces marchands de poisson illuminent la journée de dizaines de gens. Ils ont réussi à créer un véritable spectacle, générateur de rires, d'émotions positives, de souvenirs joyeux. Il existe d'innombrables moyens d'illuminer une journée! Il suffit d'ailleurs souvent de surprendre positivement (par exemple avec un acte de gentillesse inattendu).

> *Inspirant!*
>
> La Fish! Philosophy peut être appliquée partout, même dans les contextes les plus difficiles. Dans le service de cancérologie du Medical City Hospital de Dallas, le personnel soignant célèbre le nouvel anniversaire des patients (le jour de leur greffe de cellules-souches). N'est-ce pas une merveilleuse façon d'illuminer le quotidien des patients et de leur famille et de célébrer l'espoir?

DEVENEZ « FISH ! PHILOSOPHE »

Individuellement ou collectivement, posez-vous les questions suivantes :

✔ Comment pourriez-vous appliquer la Fish! Philosophy dans votre travail ?

✔ Quelle attitude souhaitez-vous cultiver au quotidien ?

✔ Comment pourriez-vous mettre plus de jeu dans votre travail ?

✔ Que pourriez-vous faire pour illuminer la journée de vos collègues ou de vos clients ?

Mettez en place au moins un changement concret dès les prochains jours.

Inspirons-nous mutuellement ! Partageons nos idées et nos actions au sein de la Happy Days Family.

→ *Pour encore plus de bonheur*

MUSIQUE
Y'a d'la joie de Charles Trenet, 1938.
Don't Stop me Now de Queen, 1978.
AUTRE RESSOURCE
www.fishphilosophy.com

24

Faire du travail... un jeu !

« Travail et jeu sont des mots utilisés pour décrire la même chose dans des conditions différentes. »
Mark Twain

J'adore jouer ! Pas vous ? C'est un fait, l'être humain aime jouer ! Il a même besoin de jouer. Alors, pourquoi réserver le jeu aux enfants ou au temps de loisirs ? Dans l'imaginaire collectif, « jouer » semble plutôt rimer avec « oisiveté » qu'avec « productivité ». Mais la psychologie positive a démontré que le jeu avait tout à fait sa place dans le monde du travail... Jouer permet de générer des émotions positives, de stimuler la créativité, l'ouverture et la curiosité, de motiver, d'oublier les difficultés, d'apprendre plus facilement, de souder les participants du jeu... Alors pourquoi s'en priver au bureau ? Lenore Terr, professeur de psychiatrie à l'université de Californie et auteur de Beyond Love and Work, explique ainsi que « les gens qui considèrent leur métier comme un jeu réussissent mieux que ceux qui s'enferment dans un travail routinier ». Lors d'une étude menée sur une centaine de personnes pour déterminer les conditions psychologiques qui favorisent le travail, elle a démontré que les « joueurs » étaient plus heureux, plus productifs et plus concentrés que les autres. Il est donc très positif d'adopter un état d'esprit joueur au travail.

Alors comment faire entrer le jeu au travail ? Rappelons-nous simplement des ingrédients clés des jeux de notre enfance : du hasard, des conflits et des choix, des surprises et des rebondissements, des objectifs et des récompenses, un monde imaginaire... Voilà, vous avez tout ce qu'il vous faut !

Voici quelques idées pour bénéficier des bienfaits du jeu au travail.

✳ **Introduisez de la « gamification »** dans votre travail

Instaurez des points et des récompenses, tirez à la courte paille celui qui devra faire une tâche pénible, définissez des règles du jeu amusantes pour une tâche (par exemple placer ou éviter tel mot dans un texte ou un discours).

✳ Adoptez un **esprit joueur**

Par exemple en lançant une mascotte parlante pour vous donner la parole en réunion, en vous lançant des défis, en faisant des surprises à vos collègues ou à votre équipe (aujourd'hui, c'est déjeuner ou séminaire surprise).

✳ **Profitez des pauses** ou déjeuners pour jouer (vraiment !)

Il peut s'agir de jeux vidéo, de jeux collectifs (baby-foot, ping-pong) ou de jeux de société.

✳ **Utilisez de vrais jeux** dans le cadre du travail

Ils vous aideront pour stimuler la créativité, résoudre des problèmes, souder votre équipe, construire une vision, lors de réunions, séminaires, formations… Certains jeux (comme Lego Serious Play par exemple) ont été développés spécifiquement pour le cadre professionnel.

METTEZ PLUS DE JEU DANS VOTRE QUOTIDIEN !

✳

Individuellement ou collectivement, demandez-vous ce que vous pourriez faire pour introduire du jeu dans votre travail !

✔ Listez vos jeux préférés.

✔ Réfléchissez aux moments, aux objectifs et aux tâches pour lesquelles vous pourriez introduire du jeu (réunions, pauses, tâches rébarbatives, motivation personnelle ou collective) et brainstormez pour les rendre plus ludiques.

✔ Expérimentez et observez l'impact sur votre énergie, votre productivité, vos relations…

Pensez aussi à mettre du jeu dans votre vie en dehors du travail !

À vos marques, prêts, jouez !

Inspirant !

Les géants de la Silicon Valley ont bien compris l'importance des jeux : les toboggans et la piscine de balles de Google sont bien connus. D'ailleurs pour l'ancien P.-D.G. de Google Éric Schmidt, « tout dans le futur va se mettre à ressembler à un jeu multijoueur ». Chez Alloresto, une PlayStation et une table de ping-pong permettent aux salariés de décompresser. De plus en plus d'entreprises ont aussi recours au « serious games » pour traiter des problématiques stratégiques. En s'appuyant sur les travaux de chercheurs de l'ImagiLab de Lausanne et du Massachusetts Institute of Technology (MIT), Lego a développé une méthodologie innovante permettant de stimuler la créativité, l'innovation, la prise de décision et l'intelligence collective, mais aussi de favoriser la cohésion des équipes. Le principe ? Un défi est lancé aux participants, puis chaque participant construit sa vision de façon individuelle, avec des Lego. Les participants partagent et expliquent ensuite leurs constructions. Enfin, le groupe, avec l'aide du facilitateur, construit ensemble pour arriver à une solution partagée.

→ *Pour encore plus de bonheur*

LECTURE
Beyond Work and Love – Why adults need to play de Lenore Terr, Prentice Hall & IB, 1999.

25

Prendre un bain de compliments

« Veux-tu vivre gaiement ? Chemine avec deux sacs, l'un pour donner, l'autre pour recevoir. »
Goethe

Voici une de mes expériences préférées. Pour l'avoir mise en place dans de nombreux contextes (en famille, au travail, lors des ateliers que j'anime en entreprise…), je peux vous garantir qu'il s'agit d'un exercice extrêmement puissant, qui a des effets immédiats et durables. C'est d'abord un extraordinaire générateur d'émotions positives. Il permet aussi d'apprendre à pratiquer la gratitude et la reconnaissance, de voir chacun des participants plus positivement, de rebooster la confiance de chacun. Plusieurs déclinaisons sont possibles.

✳ L'exercice de **la « douche chaude »**

Une personne se place au cœur d'un cercle. L'ensemble des participants sont alors chargés de lui dire des choses positives et sincères (merci, félicitations, compliments…). Puis un autre participant se place au cœur du cercle, et ainsi de suite. Cet exercice peut être réalisé, en famille, au travail…

✳ Le jeu du papier

Chaque joueur écrit son nom en bas d'une feuille, puis la donne à son voisin de droite.

Chacun va alors écrire tout le bien qu'il pense de la personne dont le nom est inscrit sur la feuille (en commençant par le haut puis en repliant la feuille sur son commentaire), puis la passer à son voisin de droite, jusqu'à ce que la feuille revienne à son destinataire. Chacun pourra ensuite prendre le temps d'apprécier les messages le concernant!

✳ L'exercice du poncho ou de l'assiette

Voici un autre exercice très simple à mettre en place au travail, et qui peut être facilement inséré dans une réunion, un atelier de travail ou un team-building. Je l'utilise presque systématiquement lors de mes séminaires « Happiness Booster », et il remporte toujours un grand succès, quel que soit le public.

Chaque personne est munie soit d'une grande feuille (type paperboard) dans laquelle elle fait un trou afin de l'enfiler comme un poncho, soit d'une grande assiette en papier qu'elle tient posée contre son dos (suffisant jusqu'à 15 personnes). Chacun dispose également d'un feutre.

Le principe est le suivant: pendant 30 minutes, chacun doit écrire des choses positives (une qualité, un merci, un compliment, des félicitations, un message de sympathie ou d'encouragement...) sur le poncho ou l'assiette de chacun de ses collègues.

Les règles du jeu?
- N'écrire que des choses valorisantes et positives (et en trouver également pour les personnes que l'on n'apprécie pas particulièrement).
- N'écrire que des choses que l'on pense vraiment.
- Écrire autant que possible et sur autant de personnes que possible pour les très grands groupes, y compris sur les gens que l'on ne connaît pas très bien.

À la fin de l'exercice, chacun prend un moment pour lire et savourer ce qui est écrit sur son assiette ou son poncho (qu'il pourra évidemment conserver). Enfin, pour ancrer les bienfaits de cet exercice, chacun prend quelques minutes pour en discuter par binôme, en se posant les questions suivantes:
- qu'ai-je ressenti en faisant cet exercice?

- qu'est-ce qui m'étonne le plus dans ce qui est écrit sur mon poncho (ou mon assiette) ?
- qu'est-ce qui me fait le plus plaisir ?
- qu'est-ce que j'ai appris en faisant cet exercice (sur moi-même, sur la gratitude, etc.) ?

Ce type d'exercice permet de :
- prendre conscience de l'importance et des effets de la valorisation, de la gratitude et de la reconnaissance ;
- prendre conscience des qualités et points forts des participants ;
- développer la cohésion, le sentiment d'appartenance et la bienveillance au sein du groupe ;
- renforcer la confiance en soi des membres du groupe ;
- provoquer des émotions positives très fortes (avec leur cortège d'effets bénéfiques).

ORGANISEZ DES BAINS DE COMPLIMENTS

✔ Proposez cette expérience à votre famille, vos collègues et vos amis.

✔ Identifiez des moments propices (après-midi en famille, soirée, séminaire, atelier, team-building, journée mondiale du compliment le 1er mars) :
- réunissez le matériel nécessaire.
- suivez les consignes expliquées plus haut.

Une merveilleuse façon de construire et de vivre ensemble la confiance, la gratitude et la générosité. Chacun repartira avec ses compliments et… le sourire aux lèvres !

✔ Faites des compliments sincères plus régulièrement.

Souvenez-vous que vos compliments peuvent illuminer une journée et avoir un impact majeur sur votre entourage.

26

La bonne humeur est contagieuse

*« Le bonheur est contagieux :
entourez-vous de visages heureux. »*
Dominique Glocheux

Vous l'avez certainement remarqué, les émotions (positives ou négatives) sont souvent contagieuses. C'est assez manifeste au bureau. Il suffit que votre patron ou un collègue entre en réunion d'une humeur maussade pour que tout le groupe en soit affecté.

À long terme, notre entourage a même un impact très important sur notre niveau de bonheur. C'est ce qu'ont démontré des recherches menées pendant plus de vingt ans par James Fowler et Nicholas A. Christakis, de l'université de Californie à San Diego[1]. L'objectif de cette étude, menée sur plus de 4 739 personnes de 1983 à 2003, dans une ville du Massachusetts, était de comprendre si le bonheur pouvait se répandre d'une personne à l'autre à long terme et même impacter tout un groupe social. Leur conclusion ? « Les gens qui sont entourés par beaucoup de gens heureux [...] ont plus de chance d'être heureux dans le futur. Les statistiques montrent que ces groupes heureux sont bien le résultat de la contagion du bonheur et non seulement d'une tendance de ces individus à se rapprocher d'individus similaires. » Cette contagion dépend de la proximité

---

1. www.bmj.com/content/337/bmj.a2338.full

géographique et sociale. Par exemple, les chances d'être heureux augmentent de 8 % en cas de cohabitation avec une personne heureuse, de 14 % si un proche parent heureux vit dans le voisinage et de 34 % en cas de voisins joyeux. Ce phénomène collectif a tout de même des limites, car d'après cette étude, cette contagion ne s'applique pas aux collègues de bureau : « Les collègues de travail n'affectent pas le niveau de bonheur, ce qui laisse penser que le contexte social peut limiter la propagation d'états émotionnels. » Mais si vos collègues n'ont pas d'impact sur votre bonheur à long terme, ils ont en revanche un impact très fort sur votre humeur au jour le jour. Sigal Barsade, psychologue de Yale, a très bien mis en lumière cet effet domino. Dans le cadre d'une étude[1], il a confié une tâche à des volontaires, puis a demandé en secret à un des membres du groupe de se montrer ouvertement positif. Il a mesuré les émotions de chaque participant avant et après la séquence et évalué la performance individuelle et collective. Les résultats ont été significatifs : quand le sujet « atout positif » entre dans une salle, son émotion positive se répand immédiatement dans le groupe. Cet optimisme améliore la performance individuelle des participants et leur aptitude à contribuer à la tâche collective. Les équipes dont l'un des membres déclenche une contagion positive connaissent moins de conflits, plus de coopération et une meilleure performance collective. Il suffit donc d'une seule personne positive pour influencer les émotions, les comportements et la performance de tout un groupe ! Évidemment, certaines personnes ont plus de facilité que d'autres pour cela, et cette positivité est d'autant plus efficace qu'elle est authentique. Raison de plus pour commencer par booster votre optimisme et vos émotions positives. C'est un cercle vertueux : plus vous propagez le bonheur et les émotions positives dans votre entourage et au travail, et plus vous en recevez en retour.

---

1. «The Ripple Effect: Emotional Contagion and Its Influence on Group Behavior», Sigal G. Barsade, *Administrative Science Quarterly*, 2002.

PROPAGEZ LE VIRUS
DE LA BONNE HUMEUR

- ✔ Décidez consciemment de devenir un « atout positif » et de répandre le virus de la bonne humeur au sein de votre équipe, avec vos clients, vos partenaires, vos proches. Observez les résultats sur l'ambiance, la performance individuelle et collective…

- ✔ Veillez à ne pas répandre et transmettre vos émotions négatives, qui risqueraient de contaminer tout le groupe.

- ✔ Entourez-vous au maximum de gens positifs (au travail et en dehors).
  Faites la liste des gens positifs dans votre entourage (collègues, amis, parents, etc.) et essayez de les côtoyer davantage. Pensez-y aussi lors d'éventuels recrutements, ou si vous avez la possibilité de choisir vos clients ou vos partenaires.

→ *Pour encore plus de bonheur*

LECTURE
Comment devenir un optimiste contagieux de Shawn Achor, Belfond, 2012.

Apprivoisez le stress et les émotions négatives

« Zen, soyons zen ! »

27

Décrypter les messages de son corps

« Les cris du corps sont des messages de l'âme. »
Michel Oudoul

Vous connaissez probablement le panneau « Attention chutes de pierres ». Que se passe-t-il lors d'une chute de pierres ? Une pierre se détache, puis elle entraîne d'autres pierres en tombant, qui elles-mêmes en entraînent d'autres, etc. C'est ainsi que la chute d'une seule pierre peut finalement avoir des conséquences désastreuses et faire de nombreux dégâts. Mais si on avait arrêté tout de suite cette première pierre, tout cela aurait pu être évité.

C'est exactement la même chose avec les émotions négatives. La première clé pour bien gérer ces émotions, c'est de les identifier le plus tôt possible. Quand on remarque l'émotion au moment où elle naît, on a beaucoup plus de chance de réussir à la gérer. De cette façon, on l'empêche de devenir trop intense et de nous pousser à agir de façon inappropriée (et probablement d'empirer le problème).

Mais comment faire pour détecter le plus rapidement possible ces émotions négatives ? Pour cela, on peut s'appuyer sur nos sensations. Comme l'ont démontré de nombreux chercheurs spécialistes des émotions, dès qu'une émotion négative apparaît (colère, tristesse, anxiété…), elle s'accompagne de sensations désagréables dans le corps (boule dans le ventre, gorge serrée, souffle coupé, etc.). Des chercheurs finlandais ont même établi une «carte corporelle des émotions», publiée fin décembre 2013 dans les Comptes rendus de l'Académie des sciences américaine[1]. Leurs travaux montrent notamment que les principales émotions humaines sont ressenties de la même façon chez tous les individus, quelle que soit leur culture. Ainsi chaque émotion correspond à une combinaison précise de sensations. Les émotions ont tendance à activer ou à réduire l'activité de certaines zones du corps. La colère ou la peur sont par exemple associées à une augmentation de l'activité au niveau de la poitrine, qui correspond notamment à une augmentation des rythmes cardiaques et respiratoires.

Ces manifestations physiques sont souvent plus faciles à détecter que les émotions en elles-mêmes, qui sont beaucoup plus abstraites.

SOYEZ À L'ÉCOUTE DE VOS ÉMOTIONS ET SENSATIONS

Dès que vous percevez une émotion négative ou une sensation désagréable (boule dans le ventre, sentiment d'oppression, chaleur excessive, etc.), prenez quelques instants et posez-vous les questions suivantes:

- ✓ Quelle est l'émotion que je ressens ?

- ✓ Qu'est-ce que cela fait dans mon corps ? Autrement dit, quelles sont la zone concernée et la nature de la sensation?

- ✓ Qu'est-ce qui a déclenché cette émotion?

Je vous recommande également de noter ces éléments dans votre journal de bord, pendant les 15 prochains jours. En vous posant ces questions, vous faites déjà un grand pas dans la gestion de vos émotions négatives. Vous pourrez ensuite utiliser les méthodes décrites dans les expériences suivantes.

---

1. www.pnas.org/content/111/2/646.abstract

28

Détecter ses stresseurs ou « boutons d'alarme »

> « Donnez-moi la sérénité,
> d'accepter les choses que je ne puis changer,
> Le courage, de changer les choses que je peux,
> Et la sagesse, d'en connaître la différence. »
> Marc Aurèle, Prière de la sérénité

Si vous vous entraînez à identifier vos émotions négatives dès qu'elles apparaissent, vous allez pouvoir identifier vos « boutons d'alarme » ou stresseurs, autrement dit ce qui déclenche ces émotions négatives et vous fait passer d'un état calme à un état agité. Nous sommes tous vulnérables par rapport à certaines situations ou certaines personnes. Il est important d'en avoir conscience pour pouvoir les anticiper et mettre en place une stratégie adéquate.

Les boutons d'alarme peuvent être de natures différentes et avoir un effet plus ou moins important sur vous. Il peut notamment s'agir :

- de personnes ;
- d'interactions ;
- d'actions, de situations ou d'événements (ou rappels de situations passées) ;
- de paroles ou commentaires négatifs ;
- de pensées ;
- de sujets de discussion ;

- de changements ;
- et globalement de tout élément que nous interprétons comme négatif ou dangereux.

On distingue les stresseurs absolus (ou objectifs), qui auront quasiment le même effet sur tout le monde, et les stresseurs relatifs (ou subjectifs), qui causent des réactions différentes en fonction des individus.

Le simple fait d'identifier vos stresseurs va vous aider à mieux gérer votre stress et vos émotions négatives. Cela va vous permettre d'agir de différentes manières :
- si vous identifiez des personnes et situations réellement (et objectivement) toxiques, vous pouvez faire le maximum pour les éviter ou les faire évoluer ;
- si vous identifiez un décalage entre la situation et l'émotion générée, c'est peut-être que cela réveille chez vous de vieilles blessures (traumatismes plus ou moins importants, peurs...) et des conflits émotionnels non résolus. Dans ce cas, vous avez probablement intérêt à faire un travail sur vous-même et votre façon de penser (nous évoquerons plusieurs méthodes efficaces dans les prochaines expériences).

La Prière de la sérénité (dont l'origine est discutée, mais souvent attribuée à l'empereur romain Marc Aurèle, adepte du stoïcisme) nous propose de faire la différence entre ce que l'on peut changer et ce que l'on ne peut pas changer. Aujourd'hui, les psychologues spécialisés dans la gestion du stress nous proposent d'avoir la même attitude à l'égard de nos stresseurs.

ANALYSEZ VOS STRESSEURS

Durant les quinze prochains jours, dès que vous sentez qu'une émotion négative est en train de naître (avec une sensation désagréable dans votre corps), prenez-en conscience et posez-vous les questions suivantes :

✔ qu'est-ce qui a déclenché cette émotion ?

✔ ma réaction semble-t-elle justifiée ou disproportionnée ?

- ✔ à quelle catégorie ce stresseur appartient-il ? Peut-il être modifié ou dois-je l'accepter ?

- ✔ quelles actions pourrais-je mettre en place pour agir sur ce stresseur ou ma réaction à ce stresseur ?

Vous pouvez notamment :

- ✔ réduire ou éviter certains stresseurs en résolvant les problèmes qui peuvent l'être ;

- ✔ apprendre à gérer vos émotions négatives et à faire un travail de fond pour réduire l'impact émotionnel des stresseurs.

Les expériences qui suivent vous y aideront !

29

Gérer les émotions négatives au fil de l'eau

« L'apaisement réside en chacun de nous. »
Le dalaï-lama

Les émotions négatives font partie de la vie. Colère, angoisse, tristesse, haine, culpabilité... il est normal (et même essentiel) de ressentir ces émotions de temps à autre. La psychologie positive nous invite simplement à veiller à notre « ratio émotionnel ». Les psychologues américains Robert Schwartz et Grégory Caramoni ont cherché à identifier le ratio idéal entre pensées positives et pensées négatives[1]. Pour cela, ils ont analysé les données issues de 27 études afin de faire un lien entre pensées positives, pensées négatives et santé mentale. D'après leurs recherches, le rapport optimal est 62 % de pensées positives et 38 % de pensées négatives. Un ratio de 50-50 correspond à un état d'anxiété ou de dépression légère, tandis qu'un ratio 100 % négatif ou 100 % positif correspond à un état d'euphorie ou de dépression profonde, tous les deux dangereux. Pour retrouver ou maintenir un bon équilibre émotionnel, il est d'abord essentiel de prendre conscience de la nature de ses pensées et de ses émotions, mais aussi de leur durée, de leur intensité et de leur pertinence. Les émotions négatives sont

---

1. www.sciencedirect.com/science/article/pii/0272735889900585

problématiques quand elles durent trop longtemps, qu'elles sont trop intenses ou qu'elles ne correspondent pas à la situation. Le travail sur la gestion de ces émotions problématiques est essentiel pour notre équilibre psychologique et notre santé physique. L'important n'est pas de les éviter ou de les repousser (ce qui serait contre-productif, essayez de ne pas penser à un ours blanc et vous verrez que c'est la meilleure façon d'y penser), mais d'apprendre à les gérer, et à s'en remettre. Il existe plusieurs méthodes pour gérer ces émotions négatives, principalement issues des thérapies cognitivo-comportementales.

DÉTENDEZ-VOUS, ÇA VA PASSER...

Pendant plusieurs jours, expérimentez les méthodes ci-dessus dès que vous sentez une émotion négative trop intense. Observez les résultats : quelle est la méthode la plus efficace sur vous ? Comment pourriez-vous lui faire une place dans votre quotidien ?

La méthode « Anitya »

(Prononcez anitcha.) Identifier – Accepter – Laisser passer.

Anitya signifie « impermanence » en sanskrit. Issue de la tradition bouddhiste, cette méthode consiste simplement à identifier, accepter et laisser passer l'émotion. Le simple fait de se dire que « ça aussi, ça va passer » permet de cesser d'alimenter l'émotion négative, de rester rationnel et d'agir de façon appropriée.

La relaxation

La relaxation est incompatible avec l'activation des émotions négatives. Il vaut mieux la mettre en place rapidement, dès que vous sentez l'émotion négative monter, pour vous calmer et retrouver vos esprits. Il existe de nombreuses méthodes de relaxation *(cf. fiche 30)* : yoga, cohérence cardiaque, exercices de respiration, relaxation progressive du corps, exercices de visualisation...

La distraction

La distraction consiste à détourner notre attention de ce qui a déclenché une émotion négative, pour simplement laisser passer cette émotion négative et ne pas l'amplifier. Vous pouvez par exemple pratiquer un sport, faire quelque chose pour les autres, cultiver l'émotion opposée (par exemple, si vous êtes en colère ou angoissé, faites une activité qui vous calme), penser à quelque chose qui vous fait du bien ou chercher à ressentir des émotions intenses (par exemple, prendre un glaçon dans votre main et vous concentrer sur cette sensation).

L'auto-apaisement *via* les 5 sens

Une autre technique proche de la distraction est d'utiliser vos cinq sens pour accéder à des choses qui vous calment. Si le fait de voir de la nature vous calme, vous pouvez aller passer un peu de temps dans un parc. Si certaines musiques vous apaisent, vous pouvez écouter cette musique.

S'il y a quelque chose que vous aimez manger et qui vous fait du bien, vous pouvez vous faire plaisir…

Ces méthodes vous permettent de gérer les émotions négatives au fur et à mesure, pour éviter qu'elles ne s'amplifient et qu'elles ne prennent toute la place. Il est aussi utile de les pratiquer régulièrement pour un effet durable et préventif.

→ **Pour encore plus de bonheur**

LECTURE
Se libérer des émotions négatives de Latifa Gallo, Larousse, 2015.
FILM
Vice-Versa de Pete Docter et Ronnie Del Carmen (Disney/Pixar), 2015
MUSIQUES
Dans la vie faut pas s'en faire de Maurice Chevalier.
Don't worry de Bobby McFerrin, 1988.

30

Trouver ses « déstresseurs » express

*« Le stress n'est pas ce qui nous arrive.
C'est notre réponse à ce qui nous arrive,
et nous avons le pouvoir de choisir notre réponse. »*
Maureen Killoran

Vous avez tendance à stresser trop rapidement ou trop fréquemment (voire en permanence)? Il est temps de partir à la découverte de vos déstresseurs express. Rappelons brièvement comment fonctionne le stress. Il s'agit d'un mécanisme inévitable et universel, ancré dans l'homme depuis la préhistoire. C'est un système d'alarme personnel qui prépare le corps à la fuite ou au combat. Quand une menace est identifiée, le système nerveux sympathique est activé et provoque une série de réactions qui permettent de préparer le corps au combat : les muscles se tendent, le cœur bat plus vite, le corps sécrète de l'adrénaline, le taux de cholestérol augmente, la respiration s'accélère et devient superficielle, la digestion ralentit…

Normalement, lorsque le danger est éloigné, le système nerveux parasympathique s'active et « éteint » le système nerveux sympathique pour qu'on puisse se détendre et recharger les batteries. De la même façon qu'il existe une « réaction de stress », il existe donc une « réaction de détente » ou « mécanisme de relaxation ». Le problème, c'est que de nos jours les stresseurs sont multiples, et parfois permanents, ce qui fait que notre système nerveux parasympathique a souvent du mal à s'activer. Résultat : un stress et un malaise permanents s'installent, et rien ne vient contrecarrer les effets néfastes du stress. La très très bonne nouvelle (si, si !), c'est que nous pouvons donner un coup de pouce à notre système parasympathique, et en faire notre meilleur ami. S'il est difficile d'empêcher le stress de nous gagner, nous pouvons en revanche apprendre à activer notre système nerveux parasympathique pour déclencher rapidement une réponse de relaxation et « éteindre le stress ». Il existe différentes techniques dont l'efficacité a été démontrée scientifiquement :

- faire des exercices de respiration.
- ou simplement respirer profondément. Vous pouvez aussi opter pour la cohérence cardiaque qui mêle respiration et visualisation (l'application Respi Relax peut vous y aider) ;
- pratiquer la « Réponse de relaxation » : il s'agit d'une forme de respiration méditative développée dans les années 1970 par le Dr Herbert Benson de l'université Harvard. Installez-vous dans un endroit calme, fermez les yeux et respirez calmement par le nez. Relaxez l'ensemble de vos muscles. À chaque expiration, répétez mentalement un mot ou une expression agréable (exemples : paix, calme...) pendant 5 minutes. Lorsque vous détectez une pensée, observez-la simplement et revenez à votre exercice ;
- pratiquer une activité physique énergique (marche rapide, jogging, vélo, danse).
Pour activer une réponse de relaxation, l'idéal est de faire une session de 30 minutes, mais 5 à 10 minutes d'exercices peuvent déjà être très bénéfiques. Pensez à faire quelques étirements après l'exercice pour marquer le retour au calme.
- faire du yoga.
En combinant posture, exercices de respiration, méditation et pleine conscience, le yoga apporte un bien-être immédiat. Là encore quelques minutes peuvent suffire.
- pratiquer la relaxation musculaire progressive.
Commencez par contracter l'ensemble de votre corps pendant quelques secondes puis relâchez tout d'un coup. Ensuite, contractez autant que possible les muscles du pied, puis relâchez-les. Remontez en contractant et en relâchant chaque muscle jusqu'à finir avec votre visage.

- utiliser une technique mentale de relaxation.
  Il en existe beaucoup, parmi lesquelles : l'auto-hypnose, le training autogène, la sophrologie, des exercices de visualisation... Vous pouvez vous former auprès d'un professionnel, ou *via* des ouvrages et sites spécialisés.
- pratiquer l'auto-massage (ou se faire masser !).
  Vous pouvez par exemple apprendre la méthode du Do-in auto-massage (issue du shiatsu), ou quelques gestes de réflexologie. Les effets se font ressentir en quelques minutes.
- écouter une musique apaisante.
- lire un livre pendant quelques minutes.
- rire.
- faire des travaux manuels répétitifs.
  La répétition d'un mouvement (dans le tricot, par exemple) permet de se focaliser pleinement sur la tâche.
- faire une sieste.
- utiliser les huiles essentielles, connues pour leur effet rapide.
  Consultez un aromathérapeute pour bien les utiliser.
- mâcher un chewing-gum.
  Des études récentes ont montré que cette pratique était associée à une diminution du stress et de l'anxiété[1].

Comme vous le voyez, les moyens de déstresser ne manquent pas !

RELAXEZ-VOUS...

✔ Pendant une semaine, dès que vous sentez que le stress s'emballe (ou régulièrement), expérimentez une des techniques proposées ci-dessus (pensez à utiliser les vidéos bonus et à jeter un œil aux autres expériences en lien avec la relaxation !)

✔ Évaluez les différents destresseurs pour ne conserver que les plus efficaces pour vous.

---

1. www.medicalnewstoday.com/releases/119826.php

TROUVER SES « DÉSTRESSEURS » EXPRESS

→ **Pour encore plus de bonheur**

MUSIQUE
Weightless de Marconi Union, 2012.
Relax, Take it easy de Mika, 2007.
No stress de Laurent Wolf, 2008.

APPLI
RespiRelax (cohérence cardiaque)

Découvrez différents exercices de relaxation express en vidéo sur le site www.sundaymondayhappydays.com

31

Résoudre les problèmes (qui peuvent l'être)

« Dans la vie, il n'y a pas de problèmes et d'obstacles ; il n'y a que des défis et des épreuves. »

Michel Bouthot

Pour être heureux et épanouis, nous avons besoin de muscler notre résistance à l'adversité et notre capacité à résoudre des problèmes. Que nous apprend la psychologie positive à ce sujet ? Tout d'abord que les émotions positives améliorent significativement notre capacité à résoudre des problèmes. Lors d'une étude réalisée par Robert Emmons en 2008, il a été demandé à des internes en médecine de faire un diagnostic et de proposer un traitement à partir de cas hypothétiques présentés par écrit. Au début de l'étude, la moitié des internes recevait un petit cadeau (inducteur d'émotions positives), tandis que l'autre moitié ne recevait rien. Les résultats ont démontré que les internes ayant reçu un présent avaient réalisé des diagnostics plus exacts et proposé des traitements plus adaptés et plus variés que ceux qui n'avaient rien reçu. Ce résultat est cohérent avec les différentes études qui démontrent que les émotions positives élargissent l'attention et améliorent la créativité et la flexibilité de la pensée. Donc, même si votre problème génère des émotions négatives, veillez à booster vos émotions positives avant de vous attaquer à sa résolution.

Pour résoudre vos problèmes, voici la méthode recommandée par les experts en psychologie positive. Rien d'extrêmement innovant, mais veillez aux détails « positifs » qui font toute la différence.

Tout d'abord, planifiez un moment dédié pour réfléchir au problème, plutôt que de ruminer et d'y penser en permanence. Suivez ensuite les étapes ci-dessous.

✻ **Définissez et formulez positivement le problème,** en utilisant le « je »

Quel est le problème ? Qui est concerné ? Où, quand et comment se manifeste-t-il ? Combien me coûte-t-il (notamment en termes de qualité de vie) ? Pourquoi ai-je ce problème ?

Cette étape est essentielle car elle permet de prendre du recul et de dédramatiser le problème. Il est important de formuler le problème en utilisant le « je » et de façon positive. Cela permet de l'aborder comme un objectif ou un défi plutôt que comme un problème. Par exemple, au lieu de dire : « Mon chef ne m'écoute jamais », dites plutôt : « Comment puis-je faire pour que mon chef m'écoute davantage ? ».

✻ **Explorez les solutions possibles** (seul ou à plusieurs)

À ce stade, l'objectif est de « brainstormer » sans se limiter et d'ouvrir au maximum la réflexion. Imaginez toutes les solutions possibles, même les plus folles ! L'intelligence collective (entre personnes de confiance) peut apporter une aide précieuse à ce stade, en apportant des idées, conseils, exemples inspirants, retours d'expérience…

✻ **Choisissez** la solution optimale

Définissez clairement vos critères de décision (exemples : impact sur mon bien-être global, sur celui de ma famille, sur ma carrière, temps et efforts requis pour la mise en œuvre, coût…), puis évaluez chacune des options selon ses critères afin d'identifier la solution optimale.

✷ **Prenez une décision** en identifiant les ressources et les freins

Une fois la meilleure solution identifiée, il s'agit de préparer l'action en identifiant les ressources sur lesquelles vous pouvez vous appuyez et les freins ou obstacles qui pourraient se présenter. Levez ces freins avant de vous lancer dans l'action. Par exemple, répétez la discussion avec votre boss avant de la vivre.

✷ **Mettez en œuvre** la solution

Pensez à définir en amont les critères de réussite et l'échéance à laquelle vous évaluerez vos résultats.

✷ **Évaluez** les résultats

Si le résultat est satisfaisant, le problème est résolu !

Si ce n'est pas le cas, identifiez à quel niveau ça a coincé (la solution a-t-elle vraiment été mise en œuvre ? Si oui, pourquoi n'a-t-elle pas fonctionné ?) et reprenez le cycle à ce stade.

Cette méthode est très puissante si elle est appliquée avec soin, et elle peut s'adapter à quasiment toutes les problématiques liées à votre vie personnelle ou professionnelle.

AFFRONTEZ VOS DIFFICULTÉS

✔ Choisissez un problème qui vous gâche la vie en ce moment, planifiez un moment dédié et appliquez cette méthode.

Pensez à commencer par trouver des sources d'émotions positives pour aborder le problème dans de bonnes conditions.

✔ Dès qu'un problème ou un irritant survient, répertoriez-le sur une liste pour pouvoir le traiter dès que vous en aurez le temps.

32

Gérer positivement les situations non contrôlables

« La vie, ce n'est pas d'attendre que les orages passent, c'est d'apprendre à danser sous la pluie. »
Sénéque

Nous sommes tous confrontés par moments à des situations difficiles, qui sont hors de notre contrôle, et que nous ne pouvons pas changer (du moins pas facilement). Ces situations peuvent être de natures très différentes : des « petits » problèmes du quotidien (incompatibilité avec votre collègue de travail, grippe qui nous cloue au lit, train manqué…) aux problèmes plus sérieux (maladie grave, deuil, etc.).

Dans tous les cas, la première étape indispensable est l'acceptation. C'est un concept clé en psychologie positive. Accepter, c'est lâcher prise, c'est reconnaître que nous ne pouvons pas changer la situation, c'est se rappeler que nous sommes des êtres humains, avec nos faiblesses et nos failles, et que tous les problèmes que nous rencontrons sont bien souvent universels. Cela ne veut pas dire « être d'accord et se résigner ». Le fait d'accepter vous permet d'être plus serein, de prendre du recul et de prendre de meilleures décisions. Accepter le fait que vous êtes stressé ou déprimé ne signifie pas non plus se résigner. Mais cela vous permet de vous dire : « OK, c'est un fait, je suis stressé. Ça arrive à tout un chacun. Maintenant que le constat est fait, qu'est-ce que je peux faire pour améliorer ma situation ? » Comme l'explique Barbara Rothbaum, même si vous n'avez pas de contrôle « primaire » sur une situation (vous ne pouvez pas changer directement la réalité existante), vous avez un contrôle « secondaire » (vous pouvez vous accommoder à cette situation et réduire son impact négatif sur votre bien-être). Différentes stratégies peuvent être mises en place pour exercer ce contrôle : adapter vos désirs et vos besoins aux contraintes de l'environnement, vous désengager de certains buts, réévaluer positivement les événements, réduire les effets négatifs de la situation, vous comparer à certaines personnes qui sont dans des situations plus difficiles que la vôtre… Il s'agit donc d'un processus cognitif et proactif. Mise en situation : vous avez raté votre train et vous savez que vous allez manquer une réunion très importante. Vous pouvez : soit paniquer, stresser, maudire votre réveil ou votre conjoint qui vous ont mis en retard et nourrir encore votre stress, soit accepter cette situation (« C'est OK, ça peut arriver à tout le monde, il n'y a pas de quoi me rendre malade, et de toute façon je ne peux plus rien faire pour arriver à l'heure ») et adopter une attitude plus positive : accepter votre stress (simplement en vous disant : « J'accepte d'être stressé »), faire quelques respirations pour vous calmer, appeler votre responsable pour le prévenir, vous excuser et voir s'il n'est pas possible de modifier l'heure de la réunion, etc.

Une autre stratégie efficace consiste à trouver du sens dans les épreuves que nous rencontrons et à voir ce que cela nous apporte de positif (« OK, je me suis fait larguer, mais finalement est-ce que le meilleur n'est pas à venir ? »).

CHANGEZ DE REGARD SUR VOTRE SITUATION

✔ Pensez à quelque chose que vous n'acceptez pas et observez les effets en vous ; idem avec quelque chose que vous acceptez pleinement, qui vous fait du bien.

- ✓ À présent, considérez cette situation que vous n'acceptez pas et suivez les étapes suivantes :
  - décidez d'accepter cette situation et formulez ce que vous acceptez (exemple : j'accepte d'être stressé, ou d'avoir peur, ou d'avoir échoué, etc.)
  - tentez d'identifier des stratégies de contrôle secondaire : quels sont les aspects contrôlables de cette situation ? Que pourriez-vous faire pour réduire l'impact négatif de cette situation ?
  - posez-vous la question du sens et des bénéfices : qu'est-ce que cette situation ou cette épreuve peut vous apporter de positif ?

→ *Pour encore plus de bonheur*

FILMS
Intouchable de Olivier Nakache et Éric Toledano, 2011.
The Fundamentals of Caring de Rob Burnett, 2016.
Beauté cachée de David Frankel, 2016.

33

Affronter ses peurs

« Exposez-vous à vos peurs les plus profondes et après cela, la peur ne pourra plus vous atteindre. »
Jim Morrison

Comme toutes les émotions, la peur a un rôle important. C'est une émotion de « repli », qui nous avertit d'un danger et nous prépare à le recevoir. Elle nous permet également d'évaluer notre capacité à faire face à ce danger. Mais quand la peur devient trop présente ou se déclenche de façon irrationnelle, elle peut devenir sérieusement handicapante, et même nous empêcher de réussir notre vie. Peur de l'échec, peur de décevoir, peur du changement, peur du chômage, peur de parler en public, peur de la maladie… Nous avons tous nos peurs ! Le tout est de ne pas devenir leur esclave. Dans *Psychologie de la Peur*, Christophe André nous livre les conseils issus des thérapies cognitivo-comportementales (TCC) pour sortir de la tyrannie de la peur.

✳ **Désobéissez** à vos peurs

Autrement dit, faites ce que vos peurs nous interdisent. C'est ce qu'on appelle la « thérapie d'exposition ». Vous avez peur de l'avion ? Prenez-le souvent et cette peur sera de moins en moins forte. Idem avec la prise de parole en public, par exemple. Si l'idée vous est vraiment insupportable, faites-vous accompagner par un spécialiste en TCC, qui vous aidera à vous y exposer graduellement (par exemple, en visualisant ce qui vous fait peur avant de vous y exposer réellement). Pour que cela fonctionne, l'exposition doit suivre des règles précises : elle doit être longue (au moins 45 minutes), complète (pas d'évitement subtil), répétée (idéalement quotidiennement) et progressive (les actions entreprises doivent être de plus en plus difficiles). Pour vous exposer, vous pouvez aussi imaginer le pire scénario possible : que se passerait-il si vos peurs se réalisaient ? Sur quelles ressources pourriez-vous vous appuyer pour rebondir ?

✳ **Informez-vous** sur vos peurs

Cherchez des éléments factuels, voire scientifiques. Vous redoutez un plan social ? Renseignez-vous sur ce que cela signifie vraiment et sur ce que vous pourriez obtenir. Vous craignez un accident d'avion, renseignez-vous sur les statistiques et sur le fonctionnement d'un avion. Lisez des articles ou ouvrages, regardez des reportages…

✳ **Acceptez vos peurs** et cultivez l'autocompassion

Verbalisez votre ressenti sans dramatiser. Nous l'avons vu, l'acceptation est toujours la première étape, et cela ne signifie pas que vous n'allez rien faire ! Ne vous étiquetez pas comme peureux, considérez que vous êtes dans un processus actif et dynamique pour vous libérer de la peur. Demandez aussi à votre entourage d'accepter et de respecter cela.

✳ **Modifiez votre vision du monde** et de vous-même

Prenez conscience que le monde n'est pas si dangereux, et que beaucoup de choses se passent bien. Prenez aussi conscience que vos interprétations de la réalité ne sont que… des interprétations. Prenez enfin conscience des ressources dont vous disposez pour faire face au danger.

✳ **Réfléchissez** à votre peur

Quelle est sa fonction, sa source, comment s'est-elle consolidée ? Cela peut vous permettre de changer de perspective.

✳ **Privilégiez des activités** et une alimentation antistress

Le stress a tendance à amplifier nos peurs. Vous pouvez commencer simplement, avec des oméga-3, trois fois 30 minutes de marche rapide ou de jogging par semaine, et des exercices de relaxation réguliers.

Persévérez ! À l'usure, vous gagnerez le combat.

DÉFINISSEZ VOTRE PLAN DE COMBAT !

✔ Quelles sont les peurs excessives ou invalidantes chez vous ?

✔ En vous appuyant sur les conseils ci-dessus, lancez-vous un défi pour affronter vos peurs.

Vous pouvez vous exposer à la prise de parole en public plusieurs jours de suite, prendre l'avion au lieu du train, faire l'exercice du pire scénario possible, bousculer vos habitudes…

✔ Suivez le conseil de l'ex-première dame des États-Unis, Eleanor Roosevelt : faites chaque jour une chose qui vous fait peur…

→ *Pour encore plus de bonheur*

LECTURE
Psychologie de la peur : Craintes, angoisses et phobies de Christophe André, Odile Jacob Poche, 2005.

FILMS
Le Discours d'un roi de Tom Hooper, 2011.
Supercondriaque de Dany Boon, 2014.
N'aie pas peur de Montxo Armendariz, 2012.

MUSIQUE
N'aie plus peur d'Yves Duteil, 1997.

34

Constituer sa « support team »

> *« Vous n'êtes jamais assez fort pour ne pas avoir besoin d'aide. »*
> César Chavez

Nous avons déjà parlé de l'importance de trouver des compagnons de route pour changer et faire bouger les choses. Ces compagnons cheminent avec vous sur la route du bonheur. Mais vous avez aussi tout intérêt à vous créer une « support team », constituée de professionnels qui vous proposeront des solutions personnalisées, vous aideront à traverser les périodes difficiles, mais aussi à prévenir le stress, l'anxiété, la dépression, le surmenage... Ils pourront également vous aider à faire un travail de fond et à résoudre vos problèmes. Les modèles de gestion du stress montrent que l'on peut agir sur le stresseur, la réponse au stress (en apprenant à activer rapidement la réponse de relaxation), mais aussi sur notre capacité de résistance au stress (plus ou moins développée selon les individus). Votre support team peut vous aider sur ces différents points.

Tous les sportifs de haut niveau ont leur « support team ». Pourquoi pas vous ?

Votre support team peut par exemple comprendre :
- votre médecin généraliste. À consulter pour tous vos problèmes de santé, mais aussi en cas de stress prolongé, d'insomnie...

- un psychologue ou psychiatre. En particulier, les thérapies cognitivo-comportementales (TCC) qui sont particulièrement efficaces pour le traitement des troubles anxieux, de la dépression, des addictions, des phobies…
- un acupuncteur. Issue de la médecine chinoise, l'acupuncture vise à rétablir une bonne circulation de l'énergie vitale dans le corps. Elle a même fait son apparition dans les facultés de médecine françaises. Elle est utile pour travailler sur les émotions négatives (angoisse, colère), les douleurs, l'insomnie ;
- un réflexologue. La réflexologie est une technique de massage qui intervient sur les points réflexes du pied. Chaque point correspond à une zone du corps. La réflexologie vise à améliorer le bien-être et peut être utilisée préventivement pour éviter que des déséquilibres ne s'installent ;
- un naturopathe. Le naturopathe peut vous aider à améliorer votre alimentation et vous recommander des solutions naturelles pour les difficultés que vous rencontrez. Il pourra par exemple vous recommander des complémentations (magnésium, oméga-3, plantes), ou des plantes adaptogènes qui vous aideront à vous adapter plus facilement à une situation stressante et à lutter contre les effets néfastes du stress ;
- un masseur. Les bienfaits des massages sont réels et démontrés. Une étude menée en 2010 par le Cedars-Sinai Medical Center a démontré qu'un véritable massage de 45 minutes diminuait de façon importante la sécrétion de cortisol (l'hormone du stress) ;
- un ostéopathe. L'ostéopathie, qui agit par différents types de manipulation, est utile pour traiter les problèmes musculo-squelettiques ou articulaires, les migraines, les problèmes digestifs, les troubles du sommeil, du stress et de l'anxiété…
- un praticien EFT *(Emotional Freedom Technique)*. L'EFT est une technique de libération émotionnelle qui allie parole et stimulation de points d'acupressure. Les études menées par le Dr Dawson Church montrent une diminution du taux de cortisol de 24 % après une heure d'EFT (soit une diminution deux fois plus élevée que dans les thérapies utilisant uniquement la parole).

Cette liste est évidemment non exhaustive !

ACCEPTEZ D'ÊTRE AIDÉ

✔ Identifiez des professionnels de qualité.

Pour cela, le bouche-à-oreille est souvent le meilleur conseil. Vous pouvez aussi miser sur les forums ou des sites proposant des avis et recommandations. Et sur la Happy Days Family (n'hésitez pas à poser vos questions au groupe).

✔ Planifiez vos premières séances dès maintenant.

✔ Adoptez une approche préventive plutôt que curative.

✔ Planifiez des rendez-vous réguliers. Intégrez-les dans votre emploi du temps, en définissant la fréquence qui vous semble la plus adaptée.

Profitez d'une séance d'initiation à l'EFT en vidéo sur : www.sundaymondayhappydays.com

35

Apprendre à pardonner

« Le pardon tombe comme la pluie douce du ciel à la terre. Double bienfaisance, il bénit ce qui le crée et ce qui le reçoit. »
William Shakespeare

Il est fréquent que nous nous sentions blessés, agressés, trahis par les comportements et les paroles des autres (au travail ou ailleurs). Résultat : colère, haine, rancœur et ressentiment envahissent notre quotidien. Et il faut bien le dire, c'est d'abord à nous que nous faisons du mal en entretenant ces émotions négatives. Pour dépasser tout cela, nous devons apprendre à… pardonner.

Le pardon est un élément clé dans l'amélioration de nos relations, mais aussi dans la gestion du stress et des émotions négatives. En pardonnant, nous pouvons nous libérer de cet esclavage, de la douleur et de tous les effets négatifs du ressentiment.

Mais pardonner, ça veut dire quoi au juste ? Dans son livre *Forgiveness is a choice*, Robert Enright, un des leaders de la recherche sur le pardon, reprend la définition proposée par la psychologue Joanna North : « Lorsque nous sommes injustement blessés par quelqu'un, nous pardonnons quand nous allons au-delà de notre ressentiment envers l'offenseur, non pas en niant notre droit au ressentiment, mais en nous efforçant d'offrir à la place de la compassion, de la

bienveillance et de l'amour au coupable. » Pour Enright, cette définition met en lumière trois aspects importants :
- il y a eu une offense et une souffrance qui doivent être prises au sérieux ;
- la victime a un « droit moral » à la colère et au ressentiment ;
- pour que le pardon ait lieu, il est nécessaire de laisser partir graduellement son hostilité envers son offenseur, en ressentant plus de compassion. Progressivement, l'envie de vengeance et de punition diminue, ainsi que le désir d'éviter l'offenseur.

La « science du pardon » démontre les nombreux bienfaits psychologiques et physiologiques du pardon[1] :
- une diminution du stress psychologique et de la dépression ;
- une augmentation de l'optimisme, de l'espoir, de la compassion ;
- une plus grande satisfaction dans les relations et une meilleure gestion des conflits ;
- une diminution de la colère et de l'amertume ;
- une amélioration de la santé et de la vitalité physique (réduction de la tension artérielle, de la fréquence cardiaque...).

Mais comment pardonner ? Le pardon est souvent un processus long et difficile. C'est un choix, mais aussi un véritable défi ! Robert Enright a même élaboré un processus en quatre grandes étapes que je vous propose d'expérimenter dès maintenant !

PARDONNEZ PAS À PAS

✔ 0. Préliminaires :
- faites la liste des gens qui vous ont blessé ;
- considérez une offense faite par la première personne de la liste et pensez à son impact sur votre vie. Repensez au contexte et aux circonstances. Comment avez-vous réagi ?

✔ 1. Libérez vos émotions négatives.

---

1. greatergood.berkeley.edu/article/item/the_new_science_of_forgiveness

Posez-vous les questions suivantes :
- comment avez-vous géré ces émotions ?
- ont-elles pu s'exprimer ?
- quel impact ont-elles eu (sur votre santé, votre vie, votre vision du monde) ?

✔ 2. Quand vous êtes prêt, prenez la décision de pardonner.

✔ 3. Travaillez sur le pardon :
- essayez de comprendre cette personne : son histoire, ses propres blessures, ses difficultés…
- observez la naissance du sentiment de compassion envers cette personne ;
- pensez à un cadeau que vous pourriez offrir à la personne que vous pardonnez ;
- acceptez la douleur liée à l'offense.

✔ 4. Essayez de trouver du sens dans toute cette expérience et de ressentir la liberté que procure le pardon.

Lorsque vous êtes en faute, demandez pardon et expliquez le contexte personnel qui vous a poussé à agir, vous faciliterez ainsi le processus d'empathie et le retour à une relation normale ou positive.

→ *Pour encore plus de bonheur*

LECTURES
Un doux pardon de Lori Nelson Spielman, Cherche midi, 2015.
Forgiveness is a Choice de Robert Enright, American Psychological Association, 2001.

AUTRES RESSOURCES
Le modèle d'Enright en détail : internationalforgiveness.com/files/EnrightForgivenessProcessModel.pdf

Boostez votre vitalité

« Born to be alive ! »

36

À chacun son rythme

> « Le rythme est dans le temps ce que la symétrie est dans l'espace. »
> Eugène d'Eichtal

Vous l'avez certainement remarqué, votre niveau d'énergie varie de façon importante au cours de la journée. Et avec lui votre vigilance, votre performance et votre créativité, votre façon de penser, d'agir et d'interagir… Les chercheurs en chronobiologie s'intéressent particulièrement à ce phénomène, et nous recommandent de synchroniser notre emploi du temps avec notre rythme biologique (autant que possible!). En effet, de nombreux travaux prouvent que le non-respect de nos rythmes biologiques peut être source d'inefficacité, mais aussi de stress, de fatigue chronique, et de nombreuses maladies (notamment cardiovasculaires…).

À quoi ressemble le rythme d'un adulte « type » ?

Concernant le lever et le coucher, il existe plusieurs types d'individus. Vous savez probablement à quelle tribu (ou « chronotype ») vous appartenez : les « coqs » ou lève-tôt (qui ont tendance à se lever et à se coucher tôt, et à être plus productif le matin) ou les « hiboux » ou lève-tard (qui se lèvent et se couchent tard, démarrent plus lentement, et sont à leur « top » dans la soirée). Les hiboux seraient d'ailleurs deux à trois fois plus nombreux que les coqs !

Pour les hiboux, il est bien difficile, voire contre-productif, de commencer tôt le matin! Dans tous les cas, mieux vaut éviter les sports intenses avant 10 heures du matin, car les risques d'infarctus et d'AVC sont plus importants sur ces plages horaires.

Que se passe-t-il ensuite? La vigilance devient optimale vers 10 heures, et la matinée est le meilleur moment pour effectuer des tâches intellectuelles qui demandent beaucoup d'attention. Profitez-en pour avancer sur vos priorités, régler des problèmes importants, réfléchir, produire... Pendant cette phase, il vaut mieux éviter les aliments sucrés, qui provoquent un bref sursaut d'énergie suivi d'un coup de fatigue.

Après le déjeuner (entre 13 heures et 14 h 30 environ), la digestion provoque une phase de somnolence. Le cerveau tend à diminuer son activité pendant cette phase. Mieux vaut profiter de cette phase pour se détendre, faire une sieste, ou si vous tenez vraiment à travailler, faites des tâches simples demandant peu de concentration (par exemple, ranger des dossiers). À partir de 15-17 heures environ, hop ça repart! La vigilance et l'énergie musculaire sont au top, et on peut à nouveau se consacrer à des tâches demandant un effort physique ou intellectuel soutenu. C'est un moment idéal pour les interactions sociales, et pour le sport! Les plus grandes performances sportives ont d'ailleurs souvent lieu entre 17 et 19 heures. Bref, l'idéal pour le sport: entre 15 et 19 heures. La fin de journée est aussi un bon moment pour laisser venir des idées ou réfléchir à un projet.

Nous sommes faits pour dormir autour de 23 heures (plus ou moins une heure), au moment où la température du corps s'abaisse. Si l'on tarde trop, on rate le train du sommeil et l'endormissement est plus difficile.

La nuit enfin, la vigilance et la performance baissent, et mieux vaut éviter de prendre des décisions à ce moment-là, car vous risqueriez de le regretter.

TROUVEZ LE BON TEMPO ET FAITES-LE RESPECTER

✔ Pendant une semaine, dessinez votre courbe d'énergie au cours de la journée.

Notez aussi vos heures de réveil, et de repas. Notez la facilité avec laquelle vous menez vos différentes activités.

✔ Quelles conclusions en tirez-vous ?

Comment pourriez-vous adapter davantage votre emploi du temps et votre alimentation à cette courbe (vous coucher plus tôt, retarder votre réveil, faire une sieste après le déjeuner, supprimer la pause-soda du matin, changer votre planning). Observez-vous des différences importantes entre les jours de la semaine (fatigue plus élevée le lundi) ? Que pouvez-vous en tirer ?

✔ Partagez vos conclusions avec votre entourage en leur demandant de respecter vos besoins.

→ *Pour encore plus de bonheur*

LECTURES
Quand ? de Dr Michael Breus, Belfond, 2017.
« Trouver son rythme et l'imposer » : www.cairn.info/magazine-sciences-humaines-2015-11-page-30.htm

37

Les pauses
s'imposent!

« Même Dieu a eu besoin d'un jour de repos. C'est un message important pour nous humbles mortels. »
Tal Ben-Shahar

Le stress est tellement répandu à travers le monde que l'OMS parle de « pandémie » (bref, si vous êtes stressé, vous n'êtes pas seul!) Mais doit-on pour autant le voir comme une fatalité ou un ennemi juré? Comme l'explique Tal Ben-Shahar, le stress est une réponse normale de l'organisme qui a toujours existé. La différence, c'est que nos stresseurs des temps modernes ne sont plus des bêtes sauvages qui menacent de nous dévorer, mais des rapports trimestriels, des projets à lancer, des meetings à préparer. Le stress en lui-même n'est pas le problème. Le problème, c'est le manque de récupération. C'est exactement comme lorsque l'on fait travailler ses muscles en faisant du sport tous les jours. Si on prend le temps de récupérer entre chaque séance, ce travail est positif, et nous rend plus forts, plus sains. Mais si nous y allons trop fort, sans répit, nous nous blessons.

Les études réalisées en psychologie positive montrent que les gens heureux, épanouis et en bonne santé connaissent aussi des moments de stress, comme tout le monde. Mais ce qui les différencie de la moyenne, c'est qu'ils savent s'aménager des vrais temps de récupération, de répit, de repos! Et ils n'attendent pas d'être au bout du rouleau pour cela.

Et si vous culpabilisez quand vous prenez des pauses, sachez que, comme l'explique Alex Soojung-Kim Pang, dans son livre *Rest: Why You Get More Done When You Work Less*, ces moments de repos ont un impact très positif sur notre productivité et notre créativité. Une étude suédoise[1] a par exemple prouvé que, parmi plusieurs groupes, les meilleurs étaient ceux qui ne travaillaient pas plus de 90 minutes d'affilée. Une courte pause de 5 à 10 minutes peut suffire pour être à nouveau efficace. Une autre étude menée par New Century Global[2] a démontré que les salariés qui mettent en place des systèmes d'alerte pour prendre des pauses sont 13 % plus performants que les autres. C'est aussi ce qu'affirme la loi l'Illich : passé un certain seuil, l'efficacité humaine décroît, voire devient négative. Cette loi nous incite à faire des pauses toutes les 90 minutes maximum.

Mais les pauses plus importantes (week-end, vacances) sont aussi essentielles pour recharger les batteries.

METTEZ-VOUS EN MODE « PAUSE »

Choisissez des pauses parmi les exemples ci-dessous et intégrez-les dans votre quotidien.

Écoutez vos envies et vos besoins du moment (repos, relaxation, amusement, sport...). Ces moments de récupération doivent être réguliers et suffisamment nombreux (que l'on travaille cinq heures ou douze heures dans la journée), pour prévenir le stress et contrecarrer ses effets sur notre organisme !

✔ Des micro-pauses très fréquentes, par exemple :
- quelques respirations profondes à chaque changement de tâche ;
- quelques étirements ou changements de position.

✔ Des mini-pauses régulières, par exemple :
- 2 minutes de respiration abdominale 3 fois par jour ;
- 5 minutes de danse, de yoga ou de méditation une fois par jour ;

---

1. *Psychological Review*, 1993, vol. 100, n° 3, p. 363-406.
2. www.theatlantic.com/business/archive/2012/08/the-case-for-vacation-why-science-says-breaks-are-good-for-productivity/260747/?single_page=true

- faire quelques pas. Une étude[1] récente prouve que faire 15-20 pas toutes les 30 minutes permet d'augmenter notre niveau d'énergie.

✔ De vraies pauses plusieurs fois par jour :
- des pauses-café (ou tisane !) ;
- des pauses sportives, par exemple 30 minutes de sport 3 fois par semaine (les études montrent que cette dose « magique » est aussi efficace que les anxiolytiques et antidépresseurs les plus puissants) ;
- des pauses « vertes » (par exemple, une marche au parc) ;
- des pauses « soleil » (en s'exposant pendant 15 minutes pour faire le plein de vitamine D)
- des pauses « loisirs » (danse, chant…) ;
- des pauses « méditation » ;
- des pauses « sieste » ;
- des pauses « goûter » ;
- des pauses « culturelles » ou « artistiques ».

✔ Des moments de décompression après le travail
- des activités apaisantes (marche, yoga, méditation) ;
- des activités sociales (moments en famille, pot entre amis – ou avec des collègues sympas !) ;
- des activités des loisirs ;
- des moments de rire (par exemple, en regardant une bonne comédie) ;
- des courses et la préparation d'un bon repas ;
- un bain chaud.

✔ Des journées ou demi-journées de repos (au moins de temps en temps).

✔ De vrais week-ends (sans consulter ses e-mails).

---

1. www.smh.com.au/national/health/lightintensity-walk-every-30-minutes-could-increase-energy-levels-study-finds-20160302-gn86gf.html

✔ De vraies vacances, bien réparties dans l'année.

Ces moments de repos et de récupération doivent être réguliers et variés pour répondre à vos différents besoins. N'hésitez pas à programmer des alertes pauses pour ne pas les oublier !

→ *Pour encore plus de bonheur*

LECTURES
Rest – Why You Get More Done When You Work Less de Alex Soojung-Kim Pang, Penguin Life, 2017.
Pause – Harnessing the Life-Changing Power of Giving Yourself a Break de Rachael O'Meara, TarcherPerigee, 2017.

38

Manger sainement et en conscience

« Nous sommes ce que nous mangeons. »
Jane Goodall

Il n'est pas toujours facile d'adopter une alimentation saine (encore moins au boulot !). Sandwichs avalés en quelques minutes devant l'ordinateur, sorties au restaurant, cantine peu ragoûtante, tentations et pulsions sucrées… Même lorsqu'on veut bien faire, tout semble jouer contre nous ! Pourtant, notre alimentation a un impact essentiel sur notre santé, notre humeur, notre stress et notre niveau d'énergie. C'est aussi un enjeu majeur pour les entreprises. En effet, comme le rappelle l'Organisation internationale du travail, une alimentation saine permet de gagner en productivité, d'améliorer le moral des travailleurs, de prévenir les accidents et les morts prématurées, de réduire les dépenses de santé… Il est temps de mettre en place de bonnes habitudes alimentaires, pour votre bien, celui de votre boîte, et la société tout entière.

CHANGEZ VOS HABITUDES ALIMENTAIRES

✔ Mangez un petit-déjeuner équilibré.

Ce repas est essentiel car il permet à votre corps de fonctionner correctement pendant la matinée, et de ne pas vous ruer sur le déjeuner. Si vous n'avez pas le temps de le prendre avant de partir, emmenez-le avec vous. Pour un petit-déjeuner sain, misez sur les fruits, les noix et amandes, les céréales complètes…

✔ Prévoyez des collations saines pour la journée.

Stockez dans votre bureau des oléagineux (noix, amandes, noisettes, pistaches), des fruits secs (raisins, figues, dattes), du chocolat noir (à 70 % de cacao au minimum). Ces aliments sont des trésors nutritionnels, qui vous permettront de résister aux petits coups de mou et de réduire votre niveau de stress. Les fruits sont aussi d'excellentes collations, d'autant qu'ils sont mieux digérés si on les consomme en dehors de repas.

✔ Buvez suffisamment d'eau.

Souvenez-vous qu'il est conseillé de boire environ deux litres d'eau par jour. Un manque d'hydratation peut causer différents problèmes : fatigue, sautes d'humeur, crampes, constipation, difficulté de concentration… N'attendez pas d'avoir soif. L'eau est la seule boisson essentielle, mais vous pouvez aussi opter pour du thé ou du café en quantité raisonnable, des infusions, des jus de fruit (à limiter car riches en sucres) ou de légumes (s'ils sont frais, c'est le top du top !).

✔ Pour vos repas, gardez en tête les recommandations suivantes, qui valent aussi au bureau :
- inclure dans chaque repas deux ou trois variétés de légumes, des féculents et des protéines (animales ou végétales);
- réduire le sucre, les farines blanches (et donc le pain blanc), les graisses hydrogénées, l'alcool, la viande rouge, le sel ;
- augmenter les sources d'oméga-3 (huile de colza et de lin…), les fruits et légumes, les sources de magnésium (notamment

oléagineux), les céréales complètes et mélangées, les épices et aromates ;
- miser sur la diversité.

✔ **Apportez vos repas de temps en temps.**

Vous pouvez suivre la mode du « meal prep », qui consiste à établir tous vos menus de la semaine et à préparer vos repas du midi en avance (par exemple des « bentos » à la japonaise). Vous pouvez aussi simplement prévoir une quantité plus importante lorsque vous préparez le dîner pour emporter les délicieux « restes » au boulot.

✔ **Manger lentement, en pleine conscience le plus souvent possible (cf. fiche 10).**

Les gens qui pratiquent le fait de manger en pleine conscience se déclarent moins stressés, ils prennent plus de plaisir à manger et cette pratique a aussi des effets très bénéfiques en termes de régulation du poids.

✔ **Faites du repas une vraie pause.**

Profitez-en pour échanger avec collègues, plaisanter et déconnecter. Évitez de manger devant votre ordinateur.

✔ **Arrêtez-vous quand vous sentez que votre estomac est plein à 80 %** (c'est la devise des centenaires d'Okinawa).

→ Pour encore plus de bonheur

LECTURE
Manger Santé – La diète du mieux-être de Kris Carr, Un monde différent, 2015.
Mes petits bentos - sains et gourmands de Laure Kié, Marabout, 2009.
FILM
La santé dans l'assiette de Lee Fulkerson, 2011.

39

Et si on bougeait ?

« Prenez soin de votre corps pour que votre âme ait envie d'y rester. »
Proverbe hindou

Nous savons tous qu'il faut faire de l'exercice. Avec la nutrition et le sommeil, l'exercice physique est en effet un des piliers d'une bonne hygiène de vie. Chaque semaine, de nouvelles études prouvent que l'activité physique permet de prévenir de nombreuses pathologies (diabète, obésité, cholestérol, problèmes cardiaques, AVC, certains cancers...). Elle a aussi un impact très positif sur notre forme, notre silhouette, notre sommeil et notre vie sexuelle. Elle agit enfin sur notre mental et notre humeur : diminution du stress, de l'anxiété et de la dépression, amélioration des capacités cognitives, sentiment de valorisation, vision plus positive de la vie, sensation de plaisir et de bien-être (grâce à la sécrétion des « hormones du bonheur » comme la dopamine et les endorphines). Et il suffit souvent de quelques semaines pour obtenir des effets très bénéfiques. En particulier, l'effet anxiolytique et antidépresseur de l'activité physique est encore à mon sens largement inexploité. Une étude réalisée en 2000 sur 156 personnes atteintes de dépression[1] a cherché à comparer l'effet des médicaments et du sport. Parmi les participants, un tiers ont été soignés par antidépresseurs, un tiers avec trois fois trente minutes de sport par semaine et

---

1. Exercise Treatment for Major Depression de Babyak et al., in *Psychosomatic Medicine*, 2000.

un tiers avec des antidépresseurs et du jogging. Les trois groupes ont obtenu des améliorations semblables, même si cela a pris un peu plus de temps pour le groupe « jogging ». Et dix mois plus tard, le groupe jogging est celui qui comptait le moins de rechutes !

Une autre étude réalisée en 2008 par l'université de Bristol a démontré que les personnes qui font de l'exercice pendant les jours de travail sont de meilleure humeur après le sport, mais aussi plus productives et mieux équipées pour gérer le stress de leur journée.

Mais que faire exactement et à quelle fréquence pour avoir l'impact le plus positif possible sur notre santé et notre bien-être ?

Voici les recommandations de l'Organisation mondiale de la santé et des experts les plus renommés sur le sujet.

✳ **30 minutes d'activité cardio** d'intensité modérée 5 fois par semaine

Concrètement, cela signifie que vous devez vous sentir un peu essoufflé, mais pouvoir tenir une conversation quand même. Vous pouvez par exemple : marcher à un rythme soutenu (5 à 6,5 km/h), faire un jogging à un rythme lent ou modéré, faire du vélo sur un terrain plat, nager à un rythme lent ou modéré, faire de l'aquagym, faire une séance d'aérobic... Le mieux est d'avoir des séances d'au moins 30 minutes (en particulier pour bénéficier des effets anxiolytiques et anti-dépresseurs évoqués précédemment), mais si vous n'y arrivez pas vous pouvez diviser en 3 x 10 minutes par jour par exemple.

✳ **Des exercices de résistance** au moins 2 fois par semaine

L'objectif est de renforcer vos os et vos articulations (la durée est moins importante ici) Pour cela vous pouvez notamment : faire des exercices avec des poids ou des élastiques, faire du yoga, des abdos-fessiers, du gainage, des tractions...

✴ **Être physiquement actif**
au moins 7 heures par semaine

Les études montrent que les personnes qui sont physiquement actives 7 heures par semaine ont 40 % de risque en moins de mourir prématurément par rapport à celles qui font moins d'une demi-heure d'activité physique par semaine[1]. Souvenez-vous que le trajet pour aller au travail ou emmener les enfants à l'école, le ménage, le jardinage, les courses, etc. sont aussi comptabilisés comme des moments « actifs ».

En agissant sur la santé, l'énergie, l'humeur, la résistance au stress, la prévention du burn-out, l'exercice physique favorise donc réellement le bien-être global (et au travail). Les entreprises ont aussi tout intérêt à s'intéresser au sujet et à faire entrer le sport au bureau.

AUGMENTEZ VOTRE DOSE D'EXERCICES PHYSIQUES

✔ Listez les autres activités que vous souhaiteriez faire pour bouger davantage au quotidien.

Ne concentrez pas toutes les activités sur le week-end ! Notre corps ne peut pas rester inactif du lundi au vendredi. Profitez aussi des pauses (déjeuner ou autre), du trajet pour aller au travail, des moments avant ou après le travail, pour bouger.

✔ Dès aujourd'hui, faites un petit pas qui vous permettra de faire plus d'exercice physique.

Exemples : acheter des baskets ou un vélo, trouver un cours de zumba...

---

1. www.online.pitt.edu/programs/massive-online-open-courses-mooc/nutrition-and-physical-activity-for-health/

- ✔ Lancez-vous un challenge sportif pour les prochaines semaines et annoncez-le à vos proches (exemple : marchez au moins 10 000 pas par jour pendant quatre semaines).

- ✔ Trouvez-vous des compagnons sportifs. C'est toujours plus facile de se motiver à plusieurs.

  Pourquoi ne pas lancer une équipe de foot ou de running dans votre boîte ?

- ✔ Parallélisez au maximum.

  Contractez vos muscles dans le métro, faites des squats en surveillant vos enfants, faites la cuisine sur la pointe des pieds… Vous voyez, finalement, vous en avez du temps !

40

Danse, chante (et prends ton bouquin!)

« Bien chanter et bien danser. Voilà ce qu'est être éduqué. »
Platon

Certains loisirs sont particulièrement bénéfiques pour notre bien-être physique et émotionnel, et il serait dommage de ne pas les intégrer dans notre quotidien (au travail aussi!).

Commençons par la danse. La danse a évidemment des effets positifs sur notre corps (augmentation de notre niveau d'énergie, de notre santé cardio-vasculaire, de notre souplesse et de notre endurance). Elle est également très bénéfique pour notre cerveau : elle renforce la mémoire et les capacités cognitives[1]. Des chercheurs du Albert Einstein College of Medecine[2] se sont aperçus que c'est une des rares disciplines qui améliorent l'acuité mentale, en renforçant la plasticité neuronale (capacité des neurones à se remodeler et à se reformer tout au long de la vie). Elle permet de créer de nouvelles connexions nerveuses et de retarder le vieillissement du cerveau... Ce n'est pas tout! D'après les études

---

1. www.psychologicalscience.org/news/releases/going-through-the-motions-improves-dance-performance.html
2. socialdance.stanford.edu/syllabi/smarter.htm

menées par Peter Lovatt responsable du Dance Psychology Lab de l'université de Hertfordshire, quelques minutes de danse, en plus d'améliorer notre humeur de façon significative, peuvent aussi améliorer notre capacité à résoudre des problèmes : « Nous savons que quand les gens s'engagent dans des danses improvisées, ils augmentent leur capacité à résoudre des problèmes divergents (dans lesquels plusieurs solutions sont possibles). Tandis que lorsqu'ils s'engagent dans une danse très structurée, cela améliore leur pensée convergente (trouver la seule solution d'un problème). » Donc, la prochaine fois que vous avez une réflexion importante à mener, pensez à commencer par quelques minutes d'impro !

Enfin, la danse impacte fortement notre état affectif, en créant des émotions positives, en réduisant le stress et la dépression, en augmentant la confiance et l'estime de soi… Elle nous permet aussi de créer des liens si l'on danse en groupe.

Autre activité ultra-bénéfique à l'effet scientifiquement prouvé : le chant ! Oxygénation et amélioration des capacités respiratoires (la respiration abdominale s'effectue automatiquement quand on chante), sécrétion d'endorphine (les hormones du bien-être, dont l'effet se prolonge pendant plusieurs heures), musculation en douceur, détente, massage corporel vibratoire, le chant est en fait un sport complet ! Il permet aussi de gagner en assurance, de lâcher prise, d'exprimer ses émotions. D'après une étude réalisée en 2004 par l'Institut musical de l'université de Francfort[1], chanter dans une chorale renforcerait le système immunitaire. Des prélèvements de sang effectués sur les membres d'une chorale ont en effet montré que le taux d'immunoglobulines A, impliqués dans la protection contre les infections, était beaucoup plus élevé après qu'avant une répétition. Le chant en chorale permet aussi de renforcer le sentiment de connexion.

La lecture, enfin, a des aussi des effets insoupçonnés ! Sur le cerveau d'abord : lire régulièrement aiderait à réduire la détérioration cognitive de 32 %[2] et diminuerait légèrement les risques d'Alzheimer. La lecture de fictions permettrait également de développer notre empathie, en nous incitant à nous mettre dans la peau des personnages[3]. La lecture réduit considérablement le stress. Selon une étude menée par l'université de Sussex en 2009, 6 minutes de lecture suffisent à réduire le stress de 68 %[4] ! En comparaison, écouter de la musique réduit le stress de 61 %, prendre une tasse de thé ou de café de 54 %, et marcher de 42 %.

---

1. www.ncbi.nlm.nih.gov/pubmed/15669447
2. www.huffingtonpost.com/2013/10/12/health-benefits-reading_n_4081258.html
3. science.sciencemag.org/content/342/6156/377
4. www.telegraph.co.uk/news/health/news/5070874/Reading-can-help-reduce-stress.html

Pour le Dr David Lewis, en charge de ladite étude, la lecture est la « relaxation ultime ». Quel que soit le livre que l'on choisit, s'absorber dans sa lecture permet d'échapper à nos soucis quotidiens.

Il existe évidemment bien d'autres activités bénéfiques, mais celles-ci me semblent mériter leur place sur le podium des loisirs favorisant le bien-être. Dans tous les cas, le plus important est de prendre du plaisir dans une activité, sinon vous ne la maintiendrez pas sur la durée.

INVENTEZ-VOUS DES OCCASIONS

Vous pouvez par exemple :

- ✔ prendre des cours de danse ou de chant ;
- ✔ rejoindre une compagnie de danse ou une chorale ;
- ✔ pousser la chansonnette sous la douche ;
- ✔ danser chez vous ou dans votre bureau (personne ne vous regarde !) ;
- ✔ proposer ou mettre en place un cours de danse ou de chant au bureau ;
- ✔ organiser une soirée karaoké ;
- ✔ lire quelques minutes par jour (dans la journée quand le stress monte ou comme un rituel pour favoriser l'endormissement).

Observez les effets que ces activités produisent en vous.

→ *Pour encore plus de bonheur*

FILMS
Happiness Therapy de David O. Russell, 2012.
Dirty Dancing d'Emile Ardolino, 1987.
Grease de Randal Kleiser, 1978.
Hairspray de Adam Shankman, 2007.
Sister Act d'Emile Ardolino, 1992.
Mamma Mia! de Phyllida Lloyd, 2008.
One more page (Une page de plus), de TigerBoxStudios, 2015.

MUSIQUES
En chantant de Michel Sardou, 1978.
Musique de France Gall, 1977.
Let's dance de David Bowie, 1983.
Chante, danse (et mets tes baskets) des Forbans, 1982.
Chante la vie chante de Michel Fugain, 1993.

41

Votre chaise n'est pas (du tout) votre meilleure amie

> *« Sitting is the new smoking. »*
> Dr James Levine

Nous sommes nombreux à passer beaucoup, beaucoup de temps assis (en réunion, devant notre ordinateur, durant les repas, devant la télévision…). D'après la Harvard Business Review, nous passons en moyenne 9,3 heures par jour assis.

Mais où est le problème ? Être assis ne semble pas être une action particulièrement dangereuse. Et pourtant…

De nombreuses études montrent que rester assis aussi longtemps (et sans interruption) au quotidien est extrêmement mauvais pour notre santé. Cette mauvaise habitude augmente en effet significativement les risques d'obésité, de diabète et autres maladies métaboliques, de maladies cardiaques, de cancers, de dépression, de problèmes posturaux et articulaires… Certains experts, comme le Dr James Levine (à l'origine du mantra « *Sitting is the new smoking* »), vont jusqu'à affirmer que rester assis aussi longtemps chaque jour équivaut à fumer plus d'un paquet de cigarettes quotidiennement, et ce même si on fait de l'exercice par ailleurs (par exemple, un jogging tous les matins). Pour le professeur François

Carré, cofondateur de l'Observatoire de la sédentarité, « la sédentarité croissante est liée à la mauvaise utilisation que l'on fait du progrès. [...] Plus le temps journalier passé en position assise est élevé et plus courte est l'espérance de vie[1] ». Aïe !

Mais comment faire quand on travaille dans un bureau, et qu'on n'envisage pas de devenir berger dans le Larzac ?

Heureusement, il est plus facile de réduire le temps passé assis que d'arrêter de fumer. Voici quelques idées faciles à mettre en œuvre pour rester moins assis dans la journée, notamment dans le cadre du travail :

- aller au travail en marchant (ou descendre un arrêt de bus ou de métro plus tôt pour finir à pied) et/ou rester debout dans les transports ;
- se lever régulièrement (au minimum 2 minutes toutes les heures). On peut en profiter pour marcher, s'étirer, etc. ;
- réfléchir ou brainstormer en marchant (la recherche montre les bénéfices de la marche pour le cerveau et la créativité) ;
- prendre l'habitude de téléphoner debout (ou en marchant avec un kit main libre) ;
- faire des réunions en marchant (ou *a minima* debout) ;
- faire des petites marches dans la journée (par exemple, pour aller déjeuner) ;
- se déplacer le plus possible (par exemple, en n'allant pas aux toilettes les plus proches de vous, en prenant les escaliers plutôt que les ascenseurs ou escalators) ;
- avoir des bureaux modulables, permettant de travailler debout de temps en temps (déjà largement adoptés par les géants de la Silicon Valley). Plusieurs études suggèrent que les *standing desks*, qui nous font adopter une attitude plus dynamique, boostent même notre productivité d'environ 20 % ! Si vous ne voulez pas investir dans un bureau modulable, vous pouvez acquérir un *standing desk* en carton à déposer sur votre bureau ;
- faire une marche de 10 minutes après le déjeuner ;
- travailler assis sur un ballon plutôt que sur une chaise ;
- faire des pauses sportives (baby-foot, ping-pong, danse, etc.) ;
- alterner les positions lorsque vous êtes assis : levez vos pieds, étirez-vous.

---

1. www.lemonde.fr/sante/article/2014/01/24/la-sedentarite-tue-plus-que-le-tabac_4354073_1651302.html

LÂCHEZ VOTRE CHAISE !

- ✔ Sur une journée type, calculez le nombre d'heures que vous passez assis dans la journée.

    Oui, ça peut faire peur, mais au moins vous pourrez mesurer vos progrès.

- ✔ Sensibilisez vos proches et vos collaborateurs aux effets néfastes de la position assise prolongée.

- ✔ Définissez une liste d'action que vous pouvez mettre en place pour réduire le temps passé assis dans une journée type (avec plus de mouvement et plus d'exercice) et intégrez-les dans votre routine quotidienne.

- ✔ Si nécessaire, programmez une alarme (en vibreur) toutes les heures pour vous inciter à bouger.

- ✔ Après quelques jours ou semaines, mesurez vos progrès, et célébrez-les !

So stand-up and be happy !

Inspirant !

Emiliya Zhivotovskaya, fondatrice du Florishing Center et du « Certificate in Applied Positive Psychology » est convaincue que bouger plus est essentiel pour améliorer sa vitalité et s'épanouir. Elle a commencé par adopter un standing desk. Mais ça ne lui a pas suffi ! Elle s'est ensuite acheté un tapis roulant bon marché, sur lequel elle peut marcher en travaillant. Elle fait toutes ses réunions téléphoniques en bougeant et prend régulièrement des mini-pauses pour faire de la gymnastique suédoise, du yoga, et même de la pole dance ! **Nilofer Merchant**, auteur et serial entrepreneur, explique qu'elle organise maintenant quatre « walking-meetings » par semaine, et que cela lui a changé la vie. Elle a calculé qu'elle faisait ainsi de 30 à 50 kilomètres à pied par semaine, juste grâce à ses meetings ! Mais elle a aussi observé de nombreux avantages : une meilleure écoute, pas d'interruption, plus de créativité…

→ *Pour encore plus de bonheur*

LECTURE
Get Up! Why Your Chair Is Killing You and What You Can Do About It, James Levine, 2014.

RESSOURCES
okinawadesk.com (pour trouver votre standing desk)
pupitre.co (pour un standing desk cartonné)

42

Prendre un bain de nature

> « *La nature n'est qu'un spectacle de bonté.* »
> Arthur Rimbaud

Les Japonais ont bien compris l'importance et les bienfaits du temps passé dans la nature. Le shirin-yoku, ou « bain de forêt », est d'ailleurs un des piliers de la médecine préventive japonaise. Plusieurs études ont démontré les bienfaits de cette pratique. En 1995, Miyazaki et Motoasho ont démontré que les sujets qui passaient 40 minutes dans la forêt le matin et l'après-midi connaissaient une diminution de leur score en termes de stress, tension, dépression, anxiété, fatigue et confusion. D'autres études ont prouvé que cette pratique renforçait le système immunitaire, et que les bénéfices identifiés perduraient pendant une semaine après le « bain de forêt ». Globalement, comme l'expliquent Eva Selhub et Alan Logan dans *Your Brain on Nature*, s'immerger dans la nature a des effets très positifs sur notre mental, et notre corps. Pas besoin de se promener dans une forêt millénaire pour en bénéficier ! Un écran de veille avec un beau cadre naturel a déjà un impact positif sur notre attention et nos fonctions cérébrales. Le fait d'être exposé quotidiennement à des plantes réduit le stress, la colère, l'anxiété et la fatigue de 40 % en trois mois ! Sur la même période, le fait d'être privé de plantes augmente le stress de 20 % (l'absence de nature a donc en elle-même un effet stressant). Pourtant, selon un rapport mondial réalisé par Human Space, les plantes sont totalement absentes dans 58 % des espaces de travail !

Par ailleurs, les études ont démontré qu'une balade dans la nature suffisait à améliorer notre humeur, à réduire notre stress et à booster notre créativité. Jardiner a aussi des effets très positifs, notamment sur le stress (réduction du niveau de cortisol). Passer du temps dans la nature pourrait même nous rendre plus généreux et plus altruistes !

Comment expliquer ces effets puissants ? Il y a encore débat sur ce point, mais les experts en psychologie positive avancent plusieurs arguments. La nature nous procure un sentiment de revitalisation et de relaxation. Elle nous permet de faire une pause, de réduire les stimulations. C'est aussi l'éloge du calme et de la lenteur. Elle nous permet de cultiver un sentiment très positif d'admiration et de révérence envers sa beauté et sa grandeur (un vrai antidote aux émotions négatives). Elle peut contribuer à réduire notre ego, en nous rappelant qu'on est peu de chose face à cette nature éternelle et impressionnante.

CRÉEZ VOTRE VERSION DU « BAIN DE FORÊT »

Vous l'avez compris, tous les moyens sont bons pour mettre de la nature dans votre vie (et dans vos journées de travail).

- ✔ Affichez des images de nature (autour de vous, sur votre fond d'écran…).

- ✔ Mettez des plantes dans vos espaces de vie et de travail. Achetez-les aujourd'hui !

- ✔ Prenez des bains de nature dès que possible.

    Promenez-vous dans une forêt, dans un parc, ou simplement dans une allée verdoyante. Faites de l'exercice dehors plutôt qu'à l'intérieur. Et vivez ces moments en pleine conscience !

- ✔ Si vous avez un balcon, une terrasse ou un jardin, passez du temps à jardiner régulièrement.

✔ Si vous le pouvez, travaillez ou vivez dans un lieu qui vous permet de contempler la nature à travers la fenêtre.

La vue sur l'océan, c'est le rêve, mais si vous voyez quelques arbres, c'est déjà très bien !

Je ne sais pas vous, mais moi j'irai écrire mon prochain chapitre au parc !

→ *Pour encore plus de bonheur*

LECTURES
Your Brain on Nature d'Eva Selhub et Alan Logan, Collins, 2014.
Un article présentant des études étonnantes : « Comment la nature nous rend plus heureux, créatif et intelligent » – www.windtopik.fr/nature-heureux-creatif-intelligent/
FILMS
Un jour sur Terre de Alastair Fothergill, 2007.
Océans de Jacques Perrin, 2009.
Il était une forêt de Luc Jacquet, 2013.

43

Personnaliser son espace de travail

« La beauté d'une chose existe dans les yeux de celui qui la regarde. »
David Hume

D'après une série d'études menées par le psychologue Craig Knight à l'université d'Exeter, le fait de personnaliser son espace de travail a un impact très positif sur la santé, l'épanouissement et la productivité. Il est temps de remettre en question le paradigme des bureaux froids et purement fonctionnels, qui ne laissent pas de place à la personnalisation ! Un environnement de travail confortable, chaleureux, et dans lequel on se reconnaît peut avoir un impact très important sur le bonheur au travail et la productivité[1]. Cette recherche menée sur plus de 2 000 salariés a notamment montré que plus les salariés ont de contrôle sur leur environnement de travail, plus ils sont heureux, motivés, satisfaits de leur job en général. Ils s'identifient également davantage à leur employeur. Pour un niveau de contrôle maximal, les salariés devraient avoir leur mot à dire concernant l'aménagement global, le design, la décoration (art, plantes...)... Ils devraient aussi pouvoir personnaliser leur propre bureau comme ils l'entendent.

Vous manquez d'inspiration pour aménager votre espace de travail ?

---

1. www.exeter.ac.uk/news/featurednews/title_98638_en.html

Tout d'abord, vous pouvez miser sur les plantes. D'après une autre étude menée par les chercheurs de l'université d'Exeter[1], les plantes permettraient d'améliorer le bien-être au travail de 47 %! Et en permettant aux employés de faire des choix de décoration avec des plantes, leur créativité augmenterait de 45 % et leur productivité de 38 %. Ça vaut le coup d'essayer, non ?

Vous pouvez vous appuyer sur la tradition feng shui, une discipline chinoise qui a pour objectif de favoriser l'harmonie, la santé, la vitalité, la sérénité, la prospérité... Les règles à respecter pour un bureau feng shui sont les suivantes :
- ayez un bureau propre, rangé et organisé. Aérez régulièrement et évitez les dossiers qui s'entassent au sol ;
- veillez à l'orientation de votre bureau : évitez d'être assis dos à la porte ou dos à la fenêtre. L'idéal est d'avoir un œil sur les portes et fenêtres, et d'être placé dos au mur, avec un espace dégagé devant vous ;
- entourez-vous d'objets inspirants. Vous pouvez par exemple accrocher au mur des photos de proches, des citations ou slogans inspirants, des images qui symbolisent ce que vous souhaitez accomplir...
- choisissez des couleurs qui auront un impact positif sur vous (en fonction de l'effet recherché). Les couleurs neutres et claires (beige clair, gris clair, rosé, jaune clair) sont souvent recommandées pour leur pouvoir apaisant, mais les couleurs vives ont aussi des atouts. Le jaune favorise l'optimisme et la concentration, le vert est dynamisant et propice à l'abondance, le rose apaise, le bleu augmente la créativité, etc. ;
- évitez les formes trop agressives pour les meubles et la décoration. Entourez-vous autant que possible de formes douces et arrondies ;
- installez des plantes (on y revient) ! Synonymes de santé, les plantes favorisent le bien-être et diminuent le stress, la fatigue... Dans la tradition feng shui, on évite les cactus, bonsaïs et plantes à feuilles pointues.

Inspirant !

Des chercheurs de l'université de Sussex ont découvert que le fait d'être confronté à la couleur bleue avait des effets très bénéfiques sur l'être humain. D'après eux, cette couleur « développe l'estime de soi, réduit le stress et stimule le bonheur ». Faisons entrer le bleu dans nos espaces de vie et de travail.

---

1. www.exeter.ac.uk/news/research/title_306119_en.html

REPRENEZ LE CONTRÔLE AU BUREAU

Prenez le temps de réfléchir à l'aménagement de votre propre espace de travail, et de l'améliorer (en fonction de ce qu'il vous est possible de faire). Trouvez des exemples inspirants, achetez ou fabriquez les éléments nécessaires et façonnez votre bureau à votre image. Acceptez de consacrer un peu de temps à cette activité, la science a démontré que vous ne le regretterez pas.

→ *Pour encore plus de bonheur*

LECTURE
Feng shui de Richard Creightmore, Marabout, 2016.

44

Musique!

« La musique met l'âme en harmonie avec tout ce qui existe. »
Oscar Wilde

Comment peut-on utiliser la musique pour mieux vivre et mieux travailler ? Plusieurs chercheurs en psychologie cognitive et neurosciences ont analysé l'impact de la musique sur la performance et le bien-être au travail. Leur conclusion est que la musique peut avoir un impact positif, mais seulement si elle est bien utilisée!

Pour Daniel Levitin, musicien et chercheur en psychologie cognitive, auteur de *This is Your Brain in Music,* la musique peut perturber l'activité de notre cerveau lorsque l'on est amené à utiliser nos fonctions cognitives (lire, écrire, communiquer). En revanche, pour les tâches un peu répétitives et monotones, qui ne demandent pas spécialement de concentration, la musique devient stimulante : elle améliore la mémorisation et réduit la sensation de fatigue. Elle permet aussi de réduire le « vagabondage mental », ainsi que le stress et l'anxiété. Elle nous ramène dans l'instant présent, tout simplement.

Mais les chercheurs s'accordent à dire que ces impacts positifs ne peuvent être constatés que si chacun choisit une musique qui lui plaît, et que certaines personnes sont plus sensibles aux bienfaits de la musique. En revanche, l'écoute d'un morceau familier et apprécié déclenche chez tous les individus un sentiment de bien-être. Comme l'explique Hervé Platel, professeur de neuropsychologie, « la musique qui nous plaît stimule les circuits de la récompense dans notre cerveau. En résulte la production de la dopamine, neurotransmetteur responsable du sentiment de bien-être[1] ». Et cet état de bien-être a à son tour un effet positif sur la concentration, l'humeur, la créativité et la productivité.

Dans un environnement de travail bruyant, la musique peut aussi permettre de s'isoler et de focaliser son attention, de se mettre « dans une bulle ».

En revanche, à la lumière de ces différentes études, diffuser en permanence de la musique dans l'environnement de travail ne semble pas très pertinent : cela pourrait perturber la concentration (pour certaines tâches ou personnes) et il serait difficile de choisir des morceaux qui plairont à tout le monde. Donc vive les casques et les écouteurs !

Inspirant !

En 2011, la Mindlab Institution a réalisé une étude pour tester le pouvoir relaxant de différents morceaux. Les 40 participantes devaient résoudre un puzzle en un temps record, en écoutant différents types de musiques. Des capteurs permettaient de mesurer le rythme cardiaque, la pression artérielle, l'activité cérébrale et la respiration des participantes. Toutes les musiques dites « relaxantes » ont fait baisser le rythme cardiaque et la pression artérielle, signe d'une diminution du stress. La musique « Weightless », composée par le trio Marconi Union (en collaboration avec la British Academy of Sound Therapy) a été la plus relaxante : elle s'est montrée 11 % plus relaxante que les autres, réduisant le stress de 65 % ! Et ce n'est pas un hasard, car elle a été spécifiquement conçue dans ce but.

---

1. www.atlantico.fr/decryptage/travailler-en-musique-pourquoi-peut-etre-efficace-mais-pas-importe-comment-herve-platel-1010373.html

PROFITEZ DES BIENFAITS DE LA MUSIQUE !

Voici quelques idées pour bénéficier des effets positifs de la musique tout au long de la journée :

✔ Avant de partir au travail, écoutez pendant 15 minutes une musique que vous aimez (énergisante ou non).

Selon Daniel Levitin, écouter une musique que nous aimons pendant 15 minutes a le même effet sur notre humeur qu'une séance de sport ou une balade dans la nature.

✔ Au cours de la journée, si vous avez besoin de vous isoler du bruit ambiant ou de réaliser des tâches répétitives et monotones, optez pour des musiques instrumentales (sans paroles), au tempo lent (les battements du cœur ont tendance à se synchroniser sur la musique), que vous appréciez vraiment. Privilégiez les musiques d'ambiance, classique ou new age. Observez l'impact sur votre niveau de stress, de fatigue et de concentration pour savoir si vous devez poursuivre cette pratique.

✔ Pour vous ressourcer au cours de la journée, prenez quelques minutes pour écouter une musique apaisante (si vous vous sentez stressé) ou énergisante (si vous avez besoin d'un petit coup de boost). Profitez des effets de la musique sur l'humeur.

✔ Constituez dès aujourd'hui vos playlists « bonheur » pour pouvoir réitérer l'expérience fréquemment.

« Matin », « Énergie », « Relax », « Dans ma bulle », à chaque objectif sa playlist…

→ *Pour encore plus de bonheur*

LECTURES
Le Cerveau musicien de Bernard Lechevalier, Hervé Platel, Francis Eustache, De Boeck Université, 2010.
This is your brain in music de Daniel Levitin, Plume/Penguin, 2007.

MUSIQUES
Quand la musique est bonne de Jean-Jacques Goldman, 1982.
Je joue de la musique de Calogero, 2017.

Découvrez des playlists relaxantes et euphorisantes, à l'effet scientifiquement prouvé, sur www.sundaymondayhappydays.com

45

Lumière !

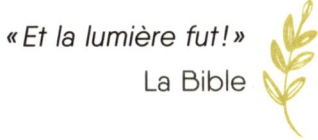

> *« Et la lumière fut ! »*
> La Bible

Êtes-vous en manque de lumière du lundi au vendredi ? D'après une étude[1] portant sur 7 600 employés de bureau issus de seize pays différents, la lumière naturelle est absente de l'environnement de travail pour environ 47 % d'entre eux ! Pour le professeur Cary Cooper, psychologue organisationnel de renom et directeur de cette étude, ce chiffre est d'autant plus préoccupant que le manque de lumière naturelle est aussi associé à des taux de stress plus élevés. Une autre étude[2], menée auprès du personnel de la RATP par le professeur Damien Léger, a également démontré que l'absence de lumière du jour pour le personnel travaillant dans les souterrains générait des troubles du sommeil, de la vigilance et des performances cognitives.

Globalement, les bienfaits de la lumière naturelle sont nombreux. Elle régule l'humeur, donne de l'énergie, augmente la vigilance (c'est donc un facteur de sécurité au travail), régule le sommeil, renforce les os et le système immunitaire (l'action du soleil permettant la synthèse de vitamine D)… Elle a également une influence positive sur nos capacités d'apprentissage et de travail. Les salariés exposés à la lumière naturelle sont moins soumis au stress, à la déprime saisonnière et à la fatigue psychologique. D'autres études montrent que la lumière naturelle améliore également le niveau de productivité.

---

1. www.newswire.ca/fr/news-releases/une-etude-mondiale-etablit-un-lien-entre-lamenagement-des-bureaux-et-le-bien-etre-ainsi-que-la-productivite-de-lemploye-517414771.html
2. www.afe-eclairage.com.fr/docs/10304-ext.pdf

La lumière artificielle permet une bonne vision, mais ne couvre pas tous ces besoins biologiques.

Oui, mais voilà, nous n'avons pas toujours accès à la lumière dont nous avons besoin. Nous travaillons parfois dans des bureaux peu (voire pas du tout) lumineux, et nous manquons globalement de lumière en hiver.

Heureusement des solutions existent, comme l'explique le professeur Davenne, spécialiste en chronobiologie à l'université de Caen[1].

METTEZ DE LA LUMIÈRE DANS VOTRE QUOTIDIEN

✔ Si vous le pouvez, installez votre bureau près d'une fenêtre dans un endroit bénéficiant de lumière naturelle.

✔ Evitez l'ensoleillement excessif, le mieux est l'ennemi du bien.

✔ Promenez-vous à l'extérieur dès que possible (par exemple, pendant votre pause déjeuner).

✔ Si la lumière naturelle fait défaut dans vos bureaux, veillez à ce que l'éclairage soit suffisant.

Misez sur les halogènes et les ampoules « lumière du jour », qui offrent une meilleure qualité de lumière.

✔ Si vous souffrez de déprime saisonnière en hiver, achetez une lampe de luminothérapie.

Exposez-vous 10 à 30 minutes par jour (par exemple pendant le petit-déjeuner). Demandez l'avis de votre médecin, car il y a quelques contre-indications (maladies de la rétine, syndrome maniaco-dépressif…)

---

1. www.santemagazine.fr/l-influence-de-la-lumiere-sur-notre-sante-55559.html

✔ Exposez-vous à la lumière du matin (par exemple en allant au travail à pied).

Cela permettra de réguler votre horloge biologique et d'éviter les difficultés d'endormissement. En revanche, évitez les écrans une heure avant le coucher (ils sont éclairés par des led qui émettent une lumière stimulante, similaire à celle du jour). Vous pouvez aussi télécharger le logiciel gratuit f.lux qui régule la luminosité de votre ordinateur en fonction de l'heure de la journée.

✔ Pour obtenir votre dose de vitamine D, exposez-vous au soleil chaque jour.

Attention : une peau noire ou foncée a besoin de plus de soleil qu'une peau claire. Veillez également à votre tolérance au soleil (votre peau ne doit pas rougir). En général, une simple exposition du visage, des mains et des avant-bras pendant 5 à 15 minutes deux à trois fois par semaine tout au long de l'année peut suffire à synthétiser la vitamine D dont vous avez besoin. Parlez-en avec votre médecin. Il pourra vous prescrire un dosage sanguin de la vitamine D et vous proposer des supplémentations si besoin.

→ *Pour encore plus de bonheur*

RESSOURCE
Un article passionnant présentant ces différentes études : www.afe-eclairage.com.fr/docs/10304-ext.pdf

46

Apprendre à respirer

« Le secret de la longévité, c'est de continuer à respirer. »
Bruce Lansky

Lorsque l'on est stressé ou anxieux, notre respiration devient rapide, superficielle, irrégulière, incomplète. Elle peut même se bloquer et créer un sentiment d'oppression. Si le stress est chronique ou récurrent, il est fréquent que la respiration se « dérègle » complètement, bien loin de la respiration originelle (que l'on peut observer chez les bébés : complète, souple et fluide). Heureusement, nous pouvons réapprendre à respirer correctement ! Nous avons même tout intérêt à le faire. Car en plus de nombreuses fonctions (élimination des toxines, alimentation des cellules en oxygène), la respiration a un véritable rôle de régulateur émotionnel. Une respiration perturbée, signe de stress, stimule le système nerveux orthosympathique, dont le rôle est de mettre l'organisme en état d'alerte. Respirer calmement et profondément provoque l'effet inverse : cela stimule la réaction du système nerveux parasympathique, qui rétablit notre équilibre (température, rythme cardiaque, etc.) et nous permet de nous détendre.

Voici plusieurs exercices inspirés du yoga, de la méditation et de la sophrologie, très efficaces pour se relaxer et réapprendre progressivement à respirer. Vous pouvez les pratiquer au bureau, chez vous, dans les transports, dès que vous sentez monter le stress, ou de façon régulière pour un effet régulateur et préventif (par exemple pendant 2 minutes dix fois par jour, ou de façon plus prolongée chaque matin). Ils se pratiquent assis, debout ou allongé.

FAITES DES EXERCICES DE RESPIRATION

Essayez chacun de ces exercices de respiration en vous appuyant sur les vidéos proposées, et observez leurs effets. Vous allez (re)découvrir :

✔ La respiration en pleine conscience.

 Elle permet de revenir dans l'instant présent, de prendre conscience de votre état émotionnel, mais aussi de vous calmer et de vous concentrer.

✔ La respiration abdominale (« respirer par le ventre »).

 Elle permet d'oxygéner votre corps, d'évacuer les déchets gazeux présents dans votre organisme, de réguler votre rythme cardiaque, de réduire de façon significative le stress et l'anxiété, de stimuler la production d'endorphine.

✔ La respiration complète.

 Elle permet de travailler sur les trois niveaux de respiration (claviculaire, thoracique et abdominale) et de gérer le stress et l'anxiété.

✔ La respiration rythmique (ou contrôle du souffle).

 Elle équilibre le système nerveux.

✔ La respiration synchronisée avec un étirement.

 Elle relâche les tensions à tout moment de la journée.

Ces exercices sont extrêmement puissants si vous les pratiquez régulièrement. Alors, faites-leur une place dans votre emploi du temps. Une dernière astuce : pensez à vous tenir bien droit le plus souvent possible pour libérer votre diaphragme et respirer correctement, vous vous rendrez ainsi un grand service.

→ *Pour encore plus de bonheur*

RESSOURCES
https://www.artofliving.org/fr-fr/france (ce centre propose des stages pour apprendre à mieux respirer – testés et totalement approuvés).

Retrouvez tous ces exercices en vidéo sur www.sundaymondayhappydays.com !

47

Un sommeil réparateur en toute circonstance

« Béni soit celui qui inventa le sommeil ! »
Miguel de Cervantes

Vous le savez bien, votre sommeil a un impact important sur votre bien-être, votre santé, votre humeur et votre niveau d'énergie. Vous avez sans doute aussi remarqué son influence sur votre productivité et votre concentration. Mais ce n'est pas tout. Lors du *Corporate Sleep Health Summit* qui s'est tenu en 2013 à la *Harvard Medical School*, les plus grands chercheurs sur le sommeil et des chefs d'entreprise se sont réunis pour présenter les effets du sommeil sur le travail et créer un mouvement visant à l'amélioration du sommeil. Le manque de sommeil a en effet un impact négatif sur la créativité et la capacité à innover – essentielles pour les entreprises. Par ailleurs, le lien entre stress et sommeil est très étroit : le stress empêche de dormir, et le manque de sommeil aggrave le stress.

En France, les chiffres sont impressionnants : 49 % des Français déclarent manquer de sommeil, et 28 % des salariés souffrent « souvent » ou « en permanence » de troubles du sommeil.

Pour sortir de ce cercle vicieux et rétablir un sommeil réparateur, il est essentiel d'agir sur le niveau de stress, mais aussi de mettre en place une bonne hygiène du sommeil.

ADOPTEZ DE BONNES HABITUDES DE SOMMEIL

✔ Créez un environnement propice au sommeil et à la relaxation dans votre chambre.

Vous ne devez utiliser votre chambre que pour dormir – et pour ce que vous savez… Donc idéalement, pas de bureau, pas de télévision ou d'ordinateur. Votre cerveau doit se dire : « Quand je suis dans cette pièce, c'est pour dormir. » Limitez aussi au maximum les stimulations visuelles qui inhibent la sécrétion de la mélatonine, « l'hormone du sommeil ». Enfin, optez pour une bonne literie et privilégiez une température fraîche (idéalement 18-19 °C), car le corps a besoin de se refroidir légèrement pour s'endormir.

✔ Créez vos rituels du soir.

Il s'agit là encore de conditionnement, une méthode utilisée en psychologie comportementale. L'idée est de créer des réactions « réflexes » de votre organisme (ici, s'endormir) en réponse à certains stimuli (ici, les rituels du soir). À vous de choisir vos rituels : prendre un bain ou une douche (pas trop chaud), boire une tisane apaisante, lire quelques pages d'un livre… Ce qui est important, c'est que ces rituels ne créent pas d'excitation (donc pas de rituels à base d'alcool et de caféine !), et que vous les répétiez tous les soirs.

✔ Adoptez un rythme régulier et favorable au sommeil.

Le rythme joue un rôle clé dans le sommeil. Plus vous adopterez un rythme régulier et adapté, plus le sommeil viendra facilement. D'abord, programmez de vous lever et de vous coucher à la même heure tous les jours (en prévoyant 7 à 9 heures de sommeil par nuit). Donc finies les grasses matinées le week-end – désolée, mais c'est pour votre bien ! Vous pouvez évidemment décaler un peu vos heures de coucher et de lever par rapport à la semaine, mais essayez de ne pas dépasser une heure de décalage. Une astuce pour vous coucher à la même heure tous les soirs : programmez une alarme qui vous indique que vous devez aller vous coucher.

- ✔ Dînez léger et laissez si possible 4 heures entre le repas et l'endormissement.

- ✔ Ne faites pas d'exercice physique dans les 2 heures avant le coucher.

- ✔ Évitez les écrans (télévision, téléphone, ordinateur, tablette – oui nous sommes envahis) une heure avant le coucher.

    Ils ont un double effet négatif : ils produisent une certaine excitation et la luminosité de l'écran perturbe l'horloge biologique.

- ✔ Pratiquez la méditation pour lutter contre l'hyperactivité cognitive.

    Si vous avez l'impression que vous n'arrivez pas à « arrêter votre cerveau » au moment du coucher, que vous vous sentez anxieux et assailli par toute sorte de préoccupations, vous souffrez probablement de ce qu'on appelle l'« hyperactivité cognitive » : votre mental ne parvient pas à trouver le repos. Une solution très efficace pour combattre ce phénomène est de pratiquer la méditation avant de dormir.

- ✔ Acceptez de ne pas bien dormir certaines nuits.

    On se dit souvent qu'on a une grosse journée le lendemain et qu'il faut absolument dormir. Résultat : on ne dort pas. Il est important de relativiser l'impact d'une mauvaise nuit. Mal dormir de temps en temps, ça n'est pas dramatique. Et en général, on dort très bien la nuit d'après.

- ✔ Si vous constatez que vous n'arrivez pas à dormir au bout de 20 minutes, pas de panique. Levez-vous, faites autre chose en attendant que le sommeil vienne.

→ *Pour encore plus de bonheur*

RESSOURCES
fondationsommeil.com
inpes.santepubliquefrance.fr/CFESBases/catalogue/pdf/1215.pdf

48

Et pourquoi pas une sieste aux 1001 vertus ?

« La plus belle heure de la vie, c'est l'heure de la sieste. »
Grégoire Lacroix

Dans certains pays, la sieste est sacrée : la Chine a inscrit le droit à la sieste dans sa Constitution, et dans certaines entreprises japonaises, elle est obligatoire !

André Gide, Napoléon, Winston Churchill ou Léonard de Vinci étaient aussi de grands adeptes de cette pratique. Mais, souvent assimilée à l'enfance, à la vieillesse ou à la paresse, la sieste n'a pas la cote en France… Pourtant, de nombreux spécialistes du sommeil nous conseillent de la réhabiliter. Fréquente chez 85 % des mammifères, la sieste répond à un phénomène naturel : la baisse de vigilance du début d'après-midi. Différentes études montrent qu'une sieste de 20 à 30 minutes après le déjeuner présente de nombreux bénéfices : réduction des risques d'accident de la circulation ou du travail, amélioration de la mémoire, de l'attention, du temps de réaction, de la créativité et de l'apprentissage, réduction du stress, amélioration de la digestion, réduction du risque d'inflammation et du risque immunitaire… Une étude de la Nasa a par exemple démontré qu'une sieste de 26 minutes augmentait la productivité de 35 % et la vigilance de 54 %. La sieste est également un excellent moyen de récupérer d'un manque de sommeil (dû à un coucher tardif, un lever très matinal ou une nuit agitée).

Comme l'explique le professeur Damien Léger, un des pontes du sommeil en France, les siestes les plus réparatrices sont celles de 20 à 30 minutes. La bonne période : entre 13 heures et 15 heures, pour ne pas perturber le cycle du sommeil. Si l'on arrive à faire une vraie sieste (c'est-à-dire à dormir 5 à 10 minutes), on profite pleinement des effets cités plus hauts. Et si l'on ne s'endort pas, c'est de toute façon une pause relaxante et bénéfique.

Pour les insomniaques chroniques, le professeur Léger conseille d'éviter la sieste classique (qui diminue la dette de sommeil et risque de gêner l'endormissement), mais de préférer une « sieste flash » de 5 minutes (il s'agit simplement de faire une coupure et de respirer profondément).

La sieste fait peu à peu son entrée dans le monde du travail, même s'il reste du chemin à parcourir. D'après une étude menée par la Society for Human Resource Management en 2011, seuls 6 % des entreprises mettent une salle de sieste à disposition de leurs employés. Une idée à souffler à votre boss…

TESTEZ LA SIESTE APRÈS LE DÉJEUNER

- ✔ Mettez-vous dans un endroit tranquille, en sécurité (pas dans les transports), assis ou allongé, la tête reposée.

- ✔ Programmez un réveil (au bout de 20 ou 30 minutes, ou 5 minutes si vous souffrez d'insomnie).

- ✔ Faites quelques respirations, pensez à des choses plaisantes et laissez-vous aller au repos.

- ✔ Observez les effets.

→ *Pour encore plus de bonheur*

LECTURE
Apprendre à faire la sieste. Et si c'était un médicament ? d'Éric Mullens, Josette Lyon, 2011.

Musclez votre confiance

« I've got the power »

49

Apprendre à échouer

« Apprenez à échouer ou vous échouerez à apprendre. »
Tal Ben-Shahar

Ah... la peur de l'échec ! Si présente, si paralysante, si enracinée... Et ce n'est pas un hasard : à l'école, l'échec est systématiquement jugé et sanctionné. Pour Nathalie Loiseau, directrice de l'ENA et auteure de *Choisissez tout*, cette peur, plus fréquente chez les femmes (qui souffrent souvent du syndrome de la bonne élève), peut nous empêcher de révéler notre potentiel. Elle est aussi particulièrement marquée en France. Bill Gates a même déclaré que : « La seule chose qui freine l'innovation en France, c'est la peur de l'échec. » En s'interdisant l'échec, on s'interdit aussi de grandir, d'oser, d'innover. Si l'on n'échoue pas, c'est que l'on n'a rien essayé. Dean Simonton, professeur de psychologie à UC-Davis et passionné par le génie, l'intelligence et la créativité, a d'ailleurs démontré que les plus grands artistes et scientifiques étaient aussi ceux qui avaient le plus échoué.

Alors, prenons le temps d'écouter ce que nous disent ces « grands hommes » (politiques, scientifiques, industriels, sportifs, artistes) qui ont marqué l'histoire. Ils sont nombreux à souligner l'importance de l'échec :
- « Je ne perds jamais, soit je gagne, soit j'apprends » (Nelson Mandela) ;
- « Le succès, c'est d'aller d'échec en échec sans perdre son enthousiasme » (Winston Churchill) ;
- « Je n'ai pas échoué. J'ai simplement trouvé 10 000 solutions qui ne fonctionnent pas » (Thomas Edison) ;

- « Ici, l'échec est une option. Si les choses n'échouent pas, c'est que vous n'innovez pas assez » (Elon Musk).

Il est grand temps de changer notre vision de l'échec et de la prise de risque, individuellement et collectivement. Ils sont absolument nécessaires au succès.

Encourageons et célébrons l'échec ! Allons même plus loin, et instaurons le devoir d'échec !

Comme le disent les Américains, « *Fail often, fail fast and fail cheap, but do fail.* »

INSTAUREZ LE DEVOIR D'ÉCHEC

✔ Repensez à vos échecs passés.

Quels enseignements positifs en avez-vous tirés ? Qu'est-ce que cela vous a appris sur votre capacité à rebondir ? Prenez conscience que vous avez survécu à cet échec, et que vous avez aussi obtenu beaucoup de réussites.

✔ Tenez un journal de vos erreurs et de vos échecs.

Maintenez cette pratique au fil de l'eau. Racontez votre échec, ce qu'il vous a appris, et remerciez-vous de vous être autorisé à échouer.

✔ Identifiez des citations ou mantras qui vous inspirent et vous aident à voir les échecs plus positivement.

Affichez-les, relisez-les, méditez-les. Vous pouvez retrouver d'autres citations sur l'échec et des affiches inspirantes sur www.sundaymondayhappydays.com

✔ Pratiquez, expérimentez, prenez des risques et misez sur la quantité.

Plus vous expérimenterez, plus vous relativiserez l'importance d'un échec (vous le verrez comme un essai ou un apprentissage). Et souvenez-vous qu'un enfant tombe environ 2 000 fois avant d'apprendre à marcher !

✔ Assumez et célébrez vos erreurs et vos échecs.

En considérant les échecs comme des étapes nécessaires vers la réussite, il devient possible de les célébrer et de continuer à prendre des risques pour avancer.

✔ Pensez à une action qui vous fait peur, car vous avez peur d'échouer.

Quel serait le pire scénario (si tout tournait mal)? Serait-ce vraiment si dramatique? Décrivez-le sur votre journal. Sur quelles ressources pourriez-vous vous appuyer pour surmonter?

Inspirant!

Saviez-vous que Charles de Gaulle, Rafael Nadal, Thomas Edison, Steve Jobs ou Barbara avaient tous vécu des revers cuisants avant de connaître le succès? C'est aussi le cas J.K. Rowling, qui partage régulièrement son expérience sur le sujet. Divorcée, sans emploi, elle élevait seule son enfant alors qu'elle écrivait *Harry Potter* (qui lui a pris plusieurs années de travail). *Harry Potter à l'école des sorciers* a essuyé quatorze refus avant d'être accepté par un éditeur, mais elle ne s'est jamais découragée, et a finalement rencontré un succès rarement égalé!

→ *Pour encore plus de bonheur*

LECTURES
Les vertus de l'échec de Charles Pépin, Allary Éditions, 2016.
Choisissez tout de Nathalie Loiseau, JC Lattès, 2014.
FILMS
Joy de David O. Russell, 2015.
À la recherche du bonheur de Gabriele Muccino, 2007.

Retrouvez des citations ultra-inspirantes pour changer de regard sur l'échec: www.sundaymondayhappydays.com

APPRENDRE À ÉCHOUER

50

Célébrer les erreurs

« Une personne qui n'a jamais commis d'erreur n'a jamais rien essayé. »
Albert Einstein

Oui, vous avez bien lu ! L'erreur, qui désigne un écart involontaire par rapport à une norme, une instruction, ou une règle – encore faut-il qu'elles soient claires ! –, a pourtant rarement la cote, en particulier dans le monde du travail… Dans de nombreuses entreprises dont la culture est perfectionniste et élitiste, l'erreur est considérée de façon négative et comme un signe d'incompétence. Lorsqu'une erreur est commise, le coupable est recherché, dévalorisé, sanctionné. Cette approche malheureusement trop fréquente a de nombreux effets pervers. Les employés travaillent sous pression et sont moins efficaces. Ils n'osent pas parler de leurs erreurs (et font le maximum pour les cacher), ce qui peut avoir des conséquences désastreuses. Et ils consacrent une énergie folle à prouver que « ce n'est pas de leur faute » plutôt qu'à résoudre le problème. Or, comme l'ont très bien compris les entreprises les plus innovantes, les erreurs ont en fait de nombreuses vertus. Elles sont d'abord un levier d'apprentissage et d'optimisation de l'existant. L'analyse des erreurs permet d'améliorer la performance. Les erreurs sont souvent révélatrices de problèmes et de dysfonctionnements importants et difficiles à identifier. Les erreurs peuvent aussi nous permettre de trouver ce que l'on ne cherchait pas. Selon Paul Schoemaker, auteur de *Brilliant Mistakes*, environ la moitié des découvertes dans le domaine de la santé sont liées à des erreurs, la plus célèbre étant la découverte de la pénicilline par Alexander Fleming. Et on pourrait citer bien d'autres exemples : le Coca-Cola, le Nutella, le Post-it… L'erreur est propice à l'innovation : si on a peur de se tromper, on n'essaie rien de nouveau.

Il est donc essentiel de gérer l'erreur plus positivement. Il ne s'agit pas seulement de ne pas sanctionner l'erreur, mais même de la valoriser et de la célébrer.

Alors, célébrons les erreurs, bourdes, échecs et autres fiascos ! C'est ainsi que nous apprendrons, innoverons et grandirons dans la performance et la sérénité !

POSITIVEZ VOS ERREURS

- ✔ Acceptez le risque d'erreur.

    Comme le dit le proverbe : « L'erreur est humaine. » Le problème, c'est de persévérer dans l'erreur.

- ✔ Anticipez le risque d'erreur.

    Explorez (si possible collectivement) les risques d'erreurs et d'échecs avant de vous lancer dans l'action.

- ✔ Reconnaissez vos erreurs.

    Idéalement, proposez aussi votre analyse et des solutions pour résoudre le problème ou éviter qu'il ne se reproduise.

- ✔ Analysez les erreurs.

    Là encore, le collectif s'avère souvent utile. Quelles en sont les causes racines ? Sont-elles individuelles ou organisationnelles ? Comment faire pour qu'elle ne se reproduise pas ?

- ✔ Célébrez vos erreurs (et celles des autres).

✔ Soyez attentif à vos réactions face aux erreurs des autres.

Si vous piquez une colère et sanctionnez publiquement le responsable, vous continuerez à alimenter la peur de l'erreur.

✔ Si une erreur individuelle est commise, utilisez la méthode du feed-back constructif, en suivant ces étapes :
- proposez une session de feed-back ;
- commencez par mentionner des points positifs avant de parler du problème, demandez l'avis de votre interlocuteur et incitez-le à proposer des solutions ;
- échangez et validez la solution en demandant l'engagement de votre collaborateur ;
- et remerciez-le pour cet échange constructif.

Inspirant !

De nombreuses entreprises ont inscrit le droit à l'erreur parmi leurs principes et valeurs fondamentales (Pernod-Ricard, 3M, Menlo…) Jean Prévost, DRH d'Axa Banque, a instauré des moments d'échanges autour des échecs dans les entretiens annuels. L'objectif ? Parler de ses erreurs de façon positive et constructive, instaurer la culture du « Test & learn » et montrer que l'erreur peut créer de la valeur. WL Gore, qui a été élue entreprise la plus innovante des États-Unis, célèbre depuis longtemps les erreurs et les échecs, avec de la bière ou du champagne. Quand un projet échoue, ils célèbrent, « exactement comme ils l'auraient fait avec un succès ». Ratan Tata, fondateur et président du conglomérat indien, a créé un prix pour la « Meilleure idée ratée », dans le but d'encourager l'innovation et la prise de risque. Chez Nixon McInnes, un véritable rituel a été créé : chaque mois, les employés sont invités à se lever et à admettre leurs erreurs, et ils sont très applaudis pour cela ! Pour McInnes, « rendre l'erreur socialement acceptable nous rend plus ouverts et plus créatifs ».

51

L'art du « faire comme si »

« Si vous voulez une qualité, faites comme si vous l'aviez déjà. »
William James

Au XIXe siècle, William James, éminent philosophe et psychologue américain, soulignait déjà le pouvoir du « *Act as if* » (qu'on peut traduire par « faire comme si » ou plutôt « agir comme si »). Son idée était à la fois simple et radicale : si l'on se comporte comme un certain type de personne, alors on devient ce type de personne. Par exemple, si on est plutôt peureux et que l'on souhaite devenir courageux, il suffit de se comporter comme quelqu'un de courageux. Le psychologue britannique Richard Wiseman, auteur du best-seller *The As If principle* nous incite à adopter ce principe révolutionnaire pour changer notre vie. Il s'appuie sur de nombreuses études étonnantes[1] qui démontrent l'efficacité de ce principe dans toutes les dimensions de notre vie : sociale, professionnelle, psychologique, intellectuelle, physique, émotionnelle, économique, culturelle, spirituelle… Les exemples ne manquent pas ! Nous l'avons vu, lorsqu'on demande aux gens de sourire en pensant à quelque chose de positif, leur niveau de bonheur augmente instantanément. Quand on leur demande de croiser les bras, ils persévèrent deux fois plus longtemps sur une tâche difficile. Le fait de serrer le poing augmente la volonté de 40 %. Des recherches menées par Harvard en 1979 démontrent que lorsqu'on demande à des personnes âgées de 70 à

---

1. www.theguardian.com/science/2012/jun/30/self-help-positive-thinking

80 ans de se comporter comme si elles étaient plus jeunes (par exemple en se débrouillant sans aide), leur mémoire s'améliore et leur temps de réaction devient plus rapide. Lorsqu'on demande à une personne qui n'a pas envie de faire une tâche d'y passer simplement 3 minutes (faisant ainsi « comme si » ça l'intéressait), elle est naturellement encline à continuer pour terminer cette tâche. Nos actions ont aussi un impact important sur la façon dont nous sommes perçus. Comme l'explique Wiseman, si l'on s'assoit près du centre du groupe dans une réunion, on est perçu comme plus influent et plus intelligent. Et comme nous le verrons plus tard, le simple fait de changer de posture et de parler plus lentement augmente instantanément la confiance en soi.

Des petits changements dans nos comportements peuvent donc avoir un impact très important sur nos pensées et émotions. Pour Richard Wiseman, l'action positive est plus puissante que la pensée positive. Selon lui, au lieu de faire des exercices de visualisation pour imaginer la personne que nous aimerions être ou le poste de nos rêves, nous avons tout intérêt à agir comme si nous étions cette personne ou comme si nous étions la personne idéale pour ce poste. Plutôt que d'afficher des posters de nos modèles et mentors dans notre bureau, nous avons tout intérêt à agir comme eux.

MISEZ SUR L'ACTION POSITIVE

✔ Vous voulez vous sentir plus heureux, plus confiant, plus énergique ou plus important ? Vous voulez avoir plus de courage, augmenter votre volonté, persévérer, cesser de procrastiner ? Vous souhaitez être plus attentionné, plus enthousiaste ?

Agissez comme si vous l'étiez. Faites les gestes, et les actions correspondant à l'état que vous souhaitez atteindre.

✔ Vous vous sentez d'humeur procrastinatrice ?

Agissez comme si vous étiez intéressé par l'activité que vous devez faire. Décidez d'y passer seulement 3 minutes. Il y a de grandes chances pour que vous ressentiez finalement le besoin et l'envie d'aller au bout.

- ✔ Vous voulez être considéré comme quelqu'un d'important ? Asseyez-vous au centre du groupe lorsque vous entrez en réunion.

- ✔ Vous voulez atteindre le niveau de votre mentor ? Agissez comme lui !

Bref, vous avez compris le principe !

→ *Pour encore plus de bonheur*

LECTURES
The Act If Principle de Richard Wiseman, Simon & Schuster, 2014.

52

L'effet magique
des postures de pouvoir

« Votre langage corporel forge qui vous êtes. »
Amy Cuddy

Pour Morihei Ueshiba, le fondateur de l'aïkido, « une bonne attitude, une bonne posture reflètent un bon état d'esprit ». Mais notre posture est bien plus que le reflet de notre d'état d'esprit. Tout comme notre respiration, elle a un impact important sur notre mental.

Amy Cuddy, psychologue sociale et professeur à Harvard, a d'ailleurs démontré cet effet lors d'une étude passionnante. Quarante-deux participants (des étudiants) ont été divisés en deux groupes. Un des groupes devait prendre une posture de pouvoir et de domination pendant deux minutes (le torse bombé, les mains sur les hanches, ou encore les pieds sur le bureau et les bras croisés derrière la tête) tandis que l'autre groupe devait prendre des postures de faiblesse pendant ces deux minutes (recroquevillé, ratatiné sur la table, bras croisés, une main sur la nuque…).

Les chercheurs ont effectué différentes mesures et observé les phénomènes suivants :

- le niveau de testostérone, qui est considéré comme un indicateur de confiance en soi, a augmenté de 20 % en 2 minutes dans le groupe « posture dominante » et diminué de 10 % dans l'autre groupe ;

- le niveau de cortisol, indicateur de stress et d'anxiété, a diminué de 25 % en 2 minutes dans le groupe qui a adopté des postures de puissance, et augmenté de 15 % dans le groupe qui a adopté des postures de faiblesse.

Dans la suite de l'étude, les participants étaient amenés à passer des entretiens d'embauche. L'impact de la posture s'est aussi révélé très important : les étudiants qui avaient adopté une posture de pouvoir avaient beaucoup plus de chance de réussir leur entretien et de décrocher un emploi.

Deux minutes dans une posture suffisent donc à produire des changements hormonaux importants, qui configurent notre cerveau et l'amènent à se sentir soit confiant et serein, soit stressé et impuissant. Par ailleurs, notre posture pourrait aussi avoir un impact sur nos chances de succès.

D'autres études ont démontré qu'une bonne posture avait d'autres bienfaits : regain d'énergie, amélioration de la respiration (nous consommons 30 % d'oxygène en plus quand nous nous tenons droit), amélioration de la productivité, augmentation des émotions positives. On a donc tout intérêt à veiller à notre posture toute la journée[1].

SOIGNEZ VOTRE POSTURE

Souvenez-vous de cette phrase d'Amy Cuddy : « Votre langage corporel forge qui vous êtes. » En quelques minutes seulement, vous avez le pouvoir de réduire votre niveau de stress et d'augmenter votre niveau de confiance, simplement en adoptant une « posture de pouvoir ». Il serait dommage de se priver de cet outil presque « magique ».

✓ Vous vous sentez stressé avant une réunion, un entretien ou une présentation importante ? Prenez quelques instants pour ajuster votre posture.

---

1. www.huffingtonpost.fr/2014/10/08/bienfaits-posture-stress-productivite-tenir-droit_n_5943986.html

Cela vous permettra de rester calme et ancré. Tenez-vous droit, le torse légèrement bombé, le menton relevé, les bras décroisés (et pourquoi pas les mains posées sur vos hanches, pour les grandes occasions !). Dans tous les cas, évitez les bras de pingouins, collés au corps.

✔ Au quotidien, soyez vigilant !

Faites attention à votre posture, à votre manière de vous asseoir, de marcher, d'entrer dans une pièce… N'ayez pas peur de vous tenir droit et d'occuper l'espace. Quand vous sentez que vous vous relâchez, réajustez votre posture. Vous pouvez aussi vous mettre des pense-bêtes un peu partout (sur votre bureau…). Étirez-vous régulièrement et essayez d'adopter une posture de pouvoir au moins quelques minutes par jour. À force, cela deviendra naturel !

✔ Pour travailler votre posture, la danse, le yoga ou le théâtre peuvent aussi être d'une grande aide.

→ *Pour encore plus de bonheur*

LECTURE
Montrez-leur qui vous êtes de Amy Cuddy, Marabout, 2016.
FILM
Wonderwoman de Patty Jenkins, 2017.
MUSIQUE
I've got the power de Snap!, 1990.

53

Déprogrammer ses croyances limitantes ou toxiques

« Rien ne vous emprisonne, excepté vos pensées. Rien de vous limite, excepté vos peurs, rien ne vous contrôle, excepté vos croyances. »
Marianne Williamson

Nous sommes tous le produit de croyances qui nous ont été transmises par nos parents, nos professeurs, la société, nos expériences négatives. Ces croyances engendrent des pensées négatives, qui a leur tour entravent nos actions et nous empêchent d'évoluer et de réaliser notre potentiel. Pour Martin Seligman, le fondateur de la psychologie positive, « nos croyances sont simplement de mauvaises habitudes de pensées produites par des expériences désagréables du passé ».

Il est normal (et sain) d'avoir des pensées négatives et stressantes de temps en temps. Mais lorsque celles-ci prennent trop de place et deviennent « toxiques » (par exemple, en créant un malaise important ou en vous empêchant de faire ce que vous voulez vraiment faire), il est essentiel d'agir et d'apprendre à les « déprogrammer ». Plus facile à dire qu'à faire, car ces pensées toxiques (peurs, autolimitations, etc.) sont souvent inconscientes, répétitives et liées à des croyances bien ancrées.

Un des principes clés des thérapies cogitivo-comportementale et de la psychologie positive est d'adopter une attitude plus proactive vis-à-vis de ces pensées et de leur source : les croyances limitantes ou toxiques. Pour cela, il faut, comme vous le feriez avec un ordinateur, supprimer le programme défectueux et en installer un nouveau. Concrètement, il s'agit de refonder votre système de pensées et de croyances ! Pas simple, mais vraiment possible, en suivant les conseils ci-dessous.

CHANGEZ DE PROGRAMME

✔ Commencez par les repérer (en particulier dans le domaine du travail).

La pleine conscience devrait sérieusement vous y aider ! Pendant une semaine, essayez d'être en pleine conscience le plus souvent possible et d'identifier la nature de vos pensées. Quelles sont les pensées qui tournent en boucle ou qui génèrent les émotions et sensations les plus désagréables ? Quelles croyances se cachent derrière ces pensées ? Autrement dit, qu'est-ce que vous dites de négatif sur vous et sur le monde lorsque vous avez ces pensées (exemple : « Je ne suis pas capable de…, Je ne mérite pas de…, C'est dangereux de… »)?

✔ Demandez-vous aussi ce que vous avez vu ou entendu, notamment pendant votre enfance, et qui a pu vous influencer et créer ces croyances.

Exemple : si vous avez toujours entendu vos parents dire qu'il était très difficile de gagner de l'argent, vous êtes probablement convaincu que vous n'arriverez jamais à gagner suffisamment d'argent. Cette croyance bien ancrée génère des pensées toxiques et négatives dès qu'il est question d'argent, et vous enferme dans un schéma négatif (vous n'arrivez pas à gagner suffisamment d'argent).

✔ Pour chaque pensée ou croyance toxique identifiée, répétez-la à haute voix et observez ce qui se passe dans votre corps.

   Demandez-vous à quel point elle est active sur une échelle de 1 à 10, et réévaluez-la régulièrement.

✔ Mettez en doute ces pensées et croyances, en cherchant des arguments valables.

   Cela vous permettra de prendre de la distance.

✔ Identifiez le pendant positif de ces pensées ou croyances toxiques.

   Par exemple, « je suis tout à fait capable de gagner de l'argent. » Prononcez cette phrase et évaluez à quel point vous y croyez sur une échelle de 1 à 10. Énoncez des arguments logiques en faveur de cette croyance positive (comme, « j'ai fait de bonnes études, je connais beaucoup de gens qui gagnent bien leur vie... ») Cherchez des exemples inspirants qui montrent que ces pensées et croyances ne sont pas fondées, et qu'il peut en être autrement.

✔ Chaque fois qu'une pensée toxique vous traverse l'esprit, acceptez-la, mais orientez votre attention vers son pendant positif, en vous répétant cette phrase positive.

   Prenez cet exercice comme un jeu !

✔ Pour bien ancrer cette reprogrammation, répétez ces phrases tous les matins et tous les soirs pendant au moins 2 mois.

✔ Passez à l'action.

   Quelles actions pouvez-vous mettre en place pour rendre cette croyance positive plus plausible ? (Par exemple : que pourriez-vous faire pour mieux gagner votre vie ?)

Le tableau ci-dessous peut vous aider à réaliser ces exercices.

Pensées toxiques	Croyances sous-jacentes	Pendant positif	Actions

→ *Pour encore plus de bonheur*

LECTURES
Le Chevalier à l'armure rouillée de Robert Fisher, Ambre Éditions, 2013.

MUSIQUES
I believe I can fly de R. Kelly, 1996.
(You can do) Everything de One Ok Rock, 2007.
You Can Do It de No Doubt, 1995.
Unstoppable de Sia, 2016.

54

Muscler son intuition et prendre de bonnes décisions

« L'intuition, c'est l'intelligence qui commet un excès de vitesse. »
Henry Bernstein

Les neurosciences le confirment : l'intuition est en chacun de nous, et nous pouvons tous travailler à la développer. Pour le *Petit Larousse illustré*, l'intuition se définit comme « la perception immédiate de la vérité, sans l'aide du raisonnement ». L'intelligence intuitive agit comme une sorte de scan, qui collecte un maximum d'informations (notamment sensorielles) en un minimum de temps, pour nous fournir directement une conclusion : une idée, une solution, une première opinion...

La première impression est d'ailleurs souvent la bonne, comme le prouve une étude réalisée par Samuel Gosling, professeur de psychologie à l'université du Texas. « Nos observations suggèrent qu'une personne qui a examiné brièvement un environnement forme des impressions qui concordent de manière remarquable avec celles des autres. Et ces impressions sont souvent pertinentes », concluent les chercheurs. En revanche, « si les volontaires ont de longues minutes pour réfléchir et délibérer, on observe qu'ils se trompent plus souvent[1] ». Mieux vaut donc ne pas trop chercher à analyser ou à délibérer sur notre ressenti, au risque de s'éloigner de la vérité (ou de nos vraies préférences).

Selon le psychologue américain Gary Klein, neuf décisions sur dix se font de façon intuitive. Selon d'autres études, 82 Prix Nobel sur 93 ont déclaré que leurs découvertes étaient dues à l'intuition et 53,6 % des chefs d'entreprise admettent prendre leurs décisions de façon intuitive[2].

La science a donc démontré les nombreux avantages de l'intuition : elle permet d'évaluer rapidement une personne ou un contexte, de s'adapter très rapidement à un environnement mouvant, de trouver des solutions nouvelles, d'être averti d'un danger, de réagir vite quand la réflexion est impossible. Elle augmente la confiance, la créativité et la chance durable. Pour la neurologue Régine Zékri-Hurstel, l'intuition peut aussi réellement contribuer à notre bonheur et nous aider à mieux nous connaître, car elle permet d'« intégrer l'ensemble des données de notre environnement, de notre présent, pour améliorer notre devenir, et découvrir, grâce à cette porte ouverte sur notre cerveau, les codes d'accès personnalisés de notre bien-être sensoriel ».

Alors, comment améliorer notre intuition pour en faire une boussole ou un « guide intérieur » qui nous aide à faire les bons choix et à nous rapprocher de nos véritables aspirations ? C'est d'abord une question d'entraînement. Comme un muscle, l'intuition devient de plus en plus efficace avec l'entraînement.

Le point de départ ? Développer ses capacités sensorielles et émotionnelles (mieux percevoir ses propres sensations et émotions, et se mettre en empathie avec celles des autres), car l'intuition est étroitement connectée à nos émotions et sensations.

Il est aussi important de ne pas se laisser aveugler par ce que l'on peut prendre à tort pour une intuition (peur, désir, projection). Vous avez l'impression que votre avion va s'écraser : rassurez-vous, c'est très probablement une peur, et non une intuition !

---

1. www.sciencesetavenir.fr/sante/cerveau-et-psy/intuition-le-cerveau-en-roue-libre_104367
2. Ibid.

METTEZ-VOUS À L'ÉCOUTE DE VOTRE INTUITION

✔ Créez des moments dédiés à l'écoute de votre « guide intérieur ».

Une fois par jour pendant au moins une semaine, isolez-vous et respirez calmement pendant quelques instants. Puis interrogez-vous simplement : « De quoi ai-je besoin d'être plus conscient ? » Laissez venir les images, les mots, les sensations sans jugement. Vous pouvez aussi lui poser des questions : « Quelle direction devrais-je prendre ? », « Que devrais-je faire maintenant ? », « Qu'est-ce qui pourrait améliorer ma vie en ce moment ? ». Notez ce qui vous vient, et en quoi cet exercice vous a été utile. Si possible, continuez à réaliser cet exercice une à deux fois par semaine pour continuer à muscler votre intuition.

✔ Expérimentez une journée guidée par votre intuition.

Choisissez une journée pas trop chargée, et décidez de vous laisser entièrement guider par votre intuition. Soyez très attentif à votre ressenti émotionnel et laissez-le vous guider dans tous vos choix et décisions (activité, repas, itinéraires…). Essayez de renouveler régulièrement l'expérience.

✔ Lorsque vous avez une décision importante à prendre, essayez ces méthodes.
- d'abord, mettez-vous à l'écoute de votre état émotionnel : si vous êtes trop stressé, mieux vaut reporter la prise de décision.
- pensez à chacune des options et observez les sensations, images qui vous viennent. Il y a de grandes chances pour que cela vous indique la meilleure voie à suivre pour vous.
- plongez-vous dans un état méditatif et demandez-vous : qu'est-ce que mon corps a à dire ? Qu'est-ce que ma tête a à dire ? Qu'est-ce que mon cœur a à dire.

- Testez le photolangage : étalez différentes images devant vous et sélectionnez sans réfléchir les trois qui vous attirent le plus. Connectez-vous ainsi à votre motivation profonde.

✔ Écoutez cette petite voix en permanence.

Si vous avez une boule au ventre au moment de signer votre nouveau contrat, ce n'est peut-être pas la meilleure chose à faire pour vous…

→ *Pour encore plus de bonheur*

LECTURES
Et j'ai dansé pieds nus dans ma tête d'Olivia Zeitline, Solar, 2017.
Comment développer votre intuition ? de Judee Gee, Trajectoire, 2010.
La force de l'intuition : prendre la bonne décision en 2 secondes de Malcolm Gladwell, Robert Laffont, 2006.

55

Apprendre à s'affirmer

« S'affirmer ne veut pas dire parler haut et fort, mais parler franc et vrai. »
Serge Tracy

Dans *Je guéris mes complexes et mes déprimes*, Christophe André définit l'affirmation de soi comme « la capacité de dire ce que l'on pense, ce que l'on veut, ce que l'on éprouve, sans anxiété excessive et en tenant compte de ce que l'interlocuteur pense, veut ou ressent ». Il s'agit de s'exprimer de façon authentique, sans inhibition ni agressivité, tout en adoptant une posture empathique, pour ne pas blesser son interlocuteur. Un vrai numéro d'équilibriste. On distingue trois composantes de l'affirmation de soi :

- une composante comportementale : il s'agit d'être dans l'action, de prendre des initiatives, de déclencher des discussions, d'oser exprimer ses besoins, ses envies, ses droits…
- une composante cognitive : il s'agit de s'accorder une juste valeur (vous avez des points forts et des failles, comme tout le monde), et de reconnaître l'importance de l'action ;
- une composante émotionnelle : il s'agit de se sentir confiant, serein et optimiste.

Pourquoi est-il si difficile de s'affirmer ? Les freins sont nombreux ! Freins psychologiques (peur de conflit, peur de faire de la peine, d'être rejeté, scénarios catastrophe en tout genre: «Si je demande ça à mon boss, je vais me faire virer»), blocages émotionnels (anxiété, gêne physique ou «paralysie» au moment de s'exprimer), comportements insuffisamment pratiqués (l'évitement est devenu une habitude).

La bonne nouvelle, c'est qu'on peut apprendre à dépasser ces freins et devenir un as de l'affirmation de soi. Réaliser les exercices ci-dessous et apprendre à manier les «alliés» de la confiance en soi vous permettra d'opérer des changements profonds.

LANCEZ-VOUS!

- ✔ Fixez-vous dès aujourd'hui un défi d'une durée définie (1 semaine, 1 mois) pour apprendre à vous affirmer.

    Souvenez-vous que comme le disait Sénèque, «Ce n'est pas parce que c'est difficile que nous n'osons pas, c'est parce que nous n'osons pas que c'est difficile.»

- ✔ Identifiez des demandes ou souhaits que vous n'osiez pas exprimer jusque-là, et lancez-vous.

    Vous pouvez commencer par des petites choses (par exemple négocier un prix dans un magasin, avant de négocier votre salaire avec votre boss). On vous dira peut-être non, mais au moins, vous aurez essayé!

- ✔ Posez des questions que vous n'auriez pas osé poser avant.

    Plutôt que de faire des suppositions, d'interpréter, d'imaginer des choses négatives, posez la question qui vous trotte dans la tête.

- ✔ Efforcez-vous de formuler également des refus, désaccords...

    Apprenez à dire non de façon positive (*cf. fiche 64*), à dire quand ça ne va pas, à manifester votre désaccord quand quelque chose vous pose problème... Osez la discussion et la négociation.

✔ Résistez à la pression sociale.

Si vous n'avez pas envie de faire comme les autres, ne le faites pas !

✔ Acceptez de recevoir des compliments sans être gêné, sans minimiser (« oh, mais ça ne m'a pas pris beaucoup de temps »), sans répondre par un compliment. Dites simplement merci !

✔ Familiarisez-vous avec la communication non violente.

C'est une méthodologie simple pour formuler une demande qui vous tient à cœur sans brusquer votre interlocuteur *(cf. fiche 71)*.

✔ Préparez-vous.

La préparation et la répétition augmentent la confiance en soi. Tâchez de proposer des solutions gagnant-gagnant qui conviendront aussi à votre interlocuteur.

✔ Pour maîtriser vos émotions sur le moment, préparez-vous quelques minutes avant de parler.

Adoptez une bonne posture et prenez quelques respirations profondes. Avant une prise de parole importante, nous avons souvent le réflexe d'inspirer profondément, puis de parler en apnée, ce qui accentue le stress. Une astuce qui m'a été donnée par une comédienne : expirer juste avant de parler, et votre respiration sera beaucoup plus naturelle.

✔ Pendant la discussion, adoptez la slow attitude.

Parlez lentement en marquant des pauses, comme le préconise Amy Cuddy : « Quand nous nous sentons en position de force, même nos voix s'étendent [...] Nous parlons sans précipitation. Nous n'avons pas peur de marquer une pause. Nous estimons que nous méritons ce temps que nous utilisons. Nous regardons même les gens dans les yeux de manière plus directe pendant que nous parlons.[1] »

À force d'entraînement, tout cela deviendra vraiment naturel pour vous.

---

1. Cuddy Amy, *Montrez-leur qui vous êtes*, Marabout, 2016.

→ *Pour encore plus de bonheur*

LECTURES
Oser de Frédéric Fanget, Odile Jacob, 2006.
Fais-toi confiance d'Isabelle Filliozat, Marabout, 2013.
FILMS
Les émotifs anonymes de Jean-Pierre Améris, 2010.
Douze Hommes en colère de Sidney Lumet, 1957.
MUSIQUE
The Eye of the Tiger de Survivor, 1982.

56

Oser la liberté et l'autonomie

« La liberté appartient à ceux qui l'ont conquise. »
André Malraux

Liberté, autonomie ? Ces concepts sont-ils compatibles avec le travail ? Nous n'entrerons pas ici dans un débat métaphysique – une autre fois, peut-être –, mais ce qui est certain, c'est que nous avons tous besoin de liberté et d'autonomie pour nous épanouir dans notre travail. On parle d'ailleurs de plus en plus du concept d'« entreprise libérée », définie par Isaac Getz et Brian M. Carney (auteurs de *Liberté & Cie*) comme « une forme organisationnelle dans laquelle les salariés sont totalement libres et responsables dans les actions qu'ils jugent bonnes – eux et non leur patron – d'entreprendre ». Cette démarche de libération, adoptée par de nombreuses entreprises à travers le monde, vise notamment à améliorer la motivation des salariés, à développer la créativité et l'innovation, à redonner du sens au travail... La liberté et l'autonomie peuvent concerner les actions, initiatives et projets que nous entreprenons (ou dans lesquels nous nous impliquons), la gestion d'un budget, la gestion du temps, l'organisation...

Le problème, c'est que le degré de liberté et d'autonomie souhaité dépend des individus, de leurs situations et du stade dans lequel ils se trouvent... La liberté peut aussi faire peur ! Dans certains cas, on observe que la « libération » d'une entreprise a des effets négatifs sur certains individus qui n'étaient pas préparés à cela.

Pour être heureux au travail, nous avons besoin de trouver et d'acquérir le niveau de liberté et d'autonomie qui nous convient à l'instant présent. Ce niveau évoluera avec le temps (en fonction de notre expérience, de nos compétences, de notre confiance, de nos envies…), et nous aurons alors besoin de trouver un nouvel équilibre. Pour bien vivre la liberté et l'autonomie, nous devons aussi apprendre à ne pas être trop durs et trop exigeants avec nous-mêmes. Enfin, comme le dit l'oncle de Spiderman, « un grand pouvoir implique de grandes responsabilités ». Pour le bon fonctionnement d'une équipe ou d'une organisation, la liberté implique certaines responsabilités : parler de vos initiatives, donner de la transparence sur votre travail…

FAITES LE POINT ET TENTEZ DES CHANGEMENTS

✔ Êtes-vous satisfait de votre niveau d'autonomie et de liberté actuel ?

Quels sont les domaines dans lesquels vous souhaiteriez avoir plus de liberté ? Cela peut par exemple concerner :
- des projets que vous aimeriez lancer ou dans lesquels vous souhaiteriez vous impliquer ;
- des actions que vous aimeriez réaliser (exemples : formation, amélioration de votre cadre de travail…) ;
- une nouvelle façon de gérer votre temps : plus de flexibilité dans les horaires, du télétravail…
- des décisions que vous aimeriez prendre de façon autonome (exemple : utilisation d'un budget).

✔ Déclenchez une discussion avec votre responsable hiérarchique et proposez un temps d'expérimentation, au terme duquel vous pourrez faire un bilan.

✔ Misez sur la transparence pour rassurer.

Vous pouvez par exemple utiliser un outil comme Trello sur lequel vous référencez les tâches à faire, faites, etc.

✔ Ne demandez pas systématiquement la permission ou la validation de votre responsable.

→ *Pour encore plus de bonheur*

MUSIQUE
Think (Freedom freedom oooh freedom) de **Aretha Franklin, 1968.**

57

Provoquer sa chance

« Le hasard ne favorise que les esprits préparés. »
Louis Pasteur

Hum, je vous sens sceptique... Peut-on vraiment devenir chanceux ? On considère habituellement que la chance relève simplement du hasard, ou que certains, nés sous une bonne étoile, sont simplement plus chanceux que d'autres... Philippe Gabilliet, professeur de leadership à l'ESCP et auteur de l'ouvrage *Éloge de l'optimisme*, nous propose une autre vision de la chance. Pour lui, les « coups de chance » ponctuels existent effectivement, mais la chance durable est une compétence, qui se travaille. Autrement dit, avoir de la chance à répétition n'est pas le fruit du hasard, c'est « avoir la capacité à gagner les concours de circonstances ». Les travaux de Richard Wiseman, professeur de psychologie à l'université du Hertfordshire et spécialiste du « facteur chance », vont également dans ce sens. En étudiant plusieurs centaines de chanceux sur plus de dix ans, il a pu déterminer qu'il existait une chance « passive » (par exemple gagner au loto) et une chance « psychologique » (et renouvelable), résultant d'un positionnement personnel conscient et volontaire. D'après Richard Wiseman, les personnes chanceuses génèrent leur propre chance *via* quatre principes clés :

- elles savent créer, identifier et concrétiser les opportunités. Pour cela, elles n'hésitent pas à sortir de la routine, à rencontrer des gens, à répondre à

des demandes… Elles sont aussi vigilantes pour saisir les opportunités qui leur correspondent ;
- elles savent prendre les bonnes décisions en écoutant leur intuition ;
- elles savent créer des scénarios positifs et autoréalisateurs. Elles ont confiance en la vie et attendent des choses positives ;
- elles adoptent une attitude résiliente qui transforme la malchance en chance.

AGISSEZ COMME LES CHANCEUX

Adoptez les comportements et attitudes recommandés par Philippe Gabilliet et Richad Wiseman pour favoriser la chance durable.

✔ Tenez un « journal de chance ».

Vous pouvez utiliser votre journal de bord pour noter chaque jour en quoi vous avez été chanceux (proche de l'exercice de gratitude).

✔ Soyez vigilant pour capter les opportunités qui passent.

Faites de la veille, soyez à l'écoute des demandes…

✔ Cultivez la magie du réseau.

Il ne s'agit pas seulement de rendre et de demander des services : devenez celui ou celle qui crée les opportunités, en mettant en relation vos contacts. C'est le meilleur moyen d'attirer de belles opportunités en retour.

✔ Sortez de votre routine.

Rencontrez de nouvelles personnes, explorez de nouveaux « territoires », soyez ouverts à de nouvelles expériences…

✔ Apprenez à écouter et à développer votre intuition (cf. fiche 54).

✔ Attendez-vous à un futur chanceux !

Avec le temps, cela deviendra autoréalisateur, car cette vision vous permettra de traverser positivement les échecs et influencera positivement vos relations avec les autres. Si besoin, travaillez sur vos croyances limitantes (cf. fiche 53).

✔ Acceptez les « revers de fortune ».

Ce n'est pas parce que vous rencontrez une épreuve que la chance vous a abandonné. Développez des techniques pour changer votre perception des difficultés. Adoptez des réflexes de chanceux en vous posant les questions suivantes : les choses n'auraient-elles pas pu être pires ? Comment pourriez-vous exercer un contrôle direct ou indirect sur la situation ? Que pourriez-vous tirer de positif de cette épreuve ? Finalement, ne pourriez-vous pas la transformer en chance, en matière première pour réaliser quelque chose de positif ?

✔ Semez des graines de chance et d'opportunités grâce à l'anticipation.

Ayez toujours un projet ou une idée d'avance et parlez-en autour de vous. Si, par exemple, vous avez envie d'évoluer dans votre entreprise, dites-le aux personnes que vous rencontrez, elles penseront à vous dès qu'un poste se présentera !

Même s'il s'agit de postures à adopter sur le long terme, commencez dès aujourd'hui : inscrivez-vous à un événement intéressant ; mettez en relation des personnes de votre réseau ; discutez d'un projet qui vous tient à cœur…

→ *Pour encore plus de bonheur*

LECTURES
Éloge de la chance ou l'art de prendre sa vie en main de Philippe Gabilliet, Éditions Saint-Simon, 2012.
Notre capital chance de Richard Wiseman, Jean-Claude Lattès, 2003.
MUSIQUE
Get lucky de Daft Punk, 2013.

Retrouvez le temps et l'équilibre

« We don't need to run run run run »

58

Clarifier ses priorités dans chaque domaine

« L'essentiel est sans cesse menacé par l'insignifiant. »
René Char

Est-il vraiment possible d'avoir à la fois une vie professionnelle intense et épanouissante, des relations riches et harmonieuses, des loisirs amusants et relaxants, et du temps pour prendre soin de soi ? Le challenge semble de taille, et notre travail nous laisse souvent peu de temps pour cultiver les autres sphères de notre vie.

Pour retrouver l'équilibre, il est d'abord essentiel de nous interroger sur nos valeurs, autrement dit sur ce qui compte vraiment pour nous dans chacune de ces sphères.

Une valeur est une manière d'être ou une façon d'agir que nous estimons importante pour nous. Nos valeurs sont en quelque sorte notre boussole. Elles permettent d'orienter nos comportements, nos décisions et nos objectifs. Elles donnent du sens à nos actions. Elles nous aident à être (ou à devenir) la personne que nous avons envie d'être.

Une étude de John Creswell et al.[1] (2005) a montré que réfléchir à ses valeurs diminuait le stress au niveau psychologique et physiologique. Une autre étude

---

1. www.ncbi.nlm.nih.gov/pubmed/16262767

datant de 2006 (Gary Sherman et al.[1]) a montré qu'écrire à propos de ses valeurs diminuait la réactivité au stress et favorisait le changement. Il est donc important de se poser de temps en temps pour prendre du recul à ce sujet.

Vous sentez que vous avez délaissé certaines sphères de votre vie ? Le « Bull's Eye Exercise », conçu par le psychologue et psychothérapeute suédois Tobias Lundgren[2], est fait pour vous ! Il vous aidera à identifier des actions simples pour retrouver l'équilibre.

RÉALISEZ LE « BULL'S EYE EXERCISE »

Étape 1 – Identifiez et notez vos valeurs dans chaque domaine

✔ Travail – Carrière – Formation

Comment voulez-vous être avec vos clients, partenaires, collègues, employés, etc. ? Quelles qualités personnelles voulez-vous mettre au service de votre travail ? Quelles compétences souhaitez-vous développer ?

✔ Loisirs

Qu'est-ce qui est important pour vous dans ce domaine ? Quelles sont les activités qui vous permettent de jouer, vous relaxer, vous reposer, vous amuser, exprimer votre créativité ; bref… qui vous font du bien ?

✔ Relations

Quels types de relations avez-vous envie de construire (avec votre conjoint, vos enfants, vos parents, vos amis, collègues…) ? Quelles sont les relations qui comptent le plus pour vous ? Comment voulez-vous vous comporter dans ces relations ? Quelles qualités personnelles voulez-vous développer ?

---

1. D. K. Sherman et J.L. Cohen, « The psychology of self-defense: Self-affirmation theory », in M.P. Zanna (dir.), Advances in Experimental Social Psychology, vol. 38, 2006, p. 183-242, San Diego, *Academic Press*.
2. Joanne Dahl, Jennifer Plumb-Vilardaga, Ian Stewart et Tobias Lundgren, *The Art and Science of Valuing in Psychotherapy – Helping Clients Discover, Explore, and Commit to Valued Action Using Acceptance and Commitment Therapy*, New Harbinger Publications, 2009.

✔ Développent personnel – Santé – Bien-être

Qu'est-ce qui est vraiment important pour vous dans ces différents domaines ? Cela peut inclure une pratique religieuse ou spirituelle, tout ce qui touche à votre santé physique et à votre bien-être, le développement de compétences qui vous aident à vivre mieux, etc.

Étape 2 – Situez-vous par rapport à vos valeurs

Maintenant, dessinez la cible ci-dessous, divisée en quatre domaines.

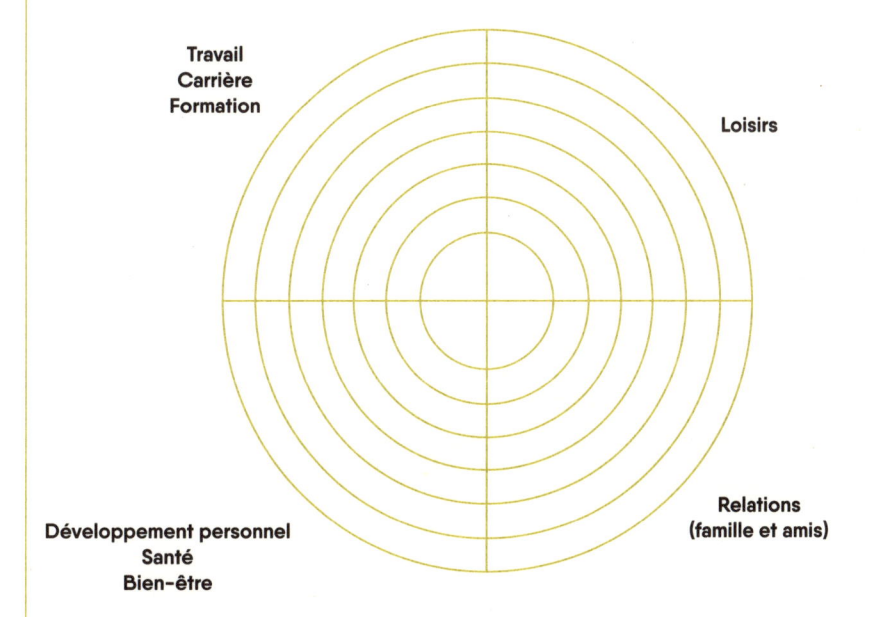

Travail
Carrière
Formation

Loisirs

Relations
(famille et amis)

Développement personnel
Santé
Bien-être

Puis faites une croix par domaine pour représenter l'endroit où vous vous situez par rapport à vos valeurs. Plus vous estimez que vous êtes en phase avec vos valeurs, plus la croix sera proche du centre. Justifiez par écrit la localisation de chaque croix.

Étape 3 – Détectez les barrières et obstacles

✔ Notez les obstacles qui vous empêchent de vivre en accord avec vos valeurs.

CLARIFIER SES PRIORITÉS DANS CHAQUE DOMAINE

✔ Attribuez-leur une note de 1 à 7 où 1 signifie : « Ne m'empêche pas du tout de vivre en phase avec mes valeurs/très facile à surmonter » et 7 « M'empêche complètement/très difficile à surmonter. »

Étape 4 – Définissez votre plan d'action

Pensez à des actions que vous pouvez mettre en place dans votre vie quotidienne pour vous rapprocher du centre de la cible. Ces actions peuvent être des petits pas vers un plus grand objectif (par exemple, des actions permettant de lever des obstacles) ou simplement des actions quotidiennes reflétant vos valeurs. Identifiez au moins une action que vous voulez faire durant la semaine qui vient pour chacun des domaines.

À la fin de cet exercice, vous devriez avoir une idée plus claire de ce que vous pouvez mettre en place rapidement pour retrouver votre équilibre.

À la fin de chaque journée, vous pouvez aussi prendre un temps de réflexion pour vous demander : ai-je vécu en phase avec mes valeurs aujourd'hui ? Ai-je négligé certains aspects de ma vie ? Comment puis-je rectifier le tir dès demain ?

→ *Pour encore plus de bonheur*

LECTURES
Le moine qui vendit sa Ferrari de Robin Sharma, J'ai lu, 2005.

FILM
La maison sur l'océan de Irwin Winkler, 2001.
Time Out de Andrew Niccol, 2011.

MUSIQUE
Mourir demain de Pascal Obispo, 2004.

59

Planifier pour sanctuariser l'essentiel (et déstresser !)

> « La clé n'est pas de prioriser ce qui est sur votre agenda, mais de planifier vos priorités. »
> Stephen Covey

La planification peut être un outil puissant pour augmenter votre satisfaction, vous aider à être en phase avec vos valeurs, et réduire votre stress au travail. C'est encore plus vrai si vous êtes naturellement peu organisé, si vous avez tendance à laisser trop de place au travail et/ou si vous connaissez une période de rush (beaucoup de travail à accomplir en un temps réduit).

Suivez les conseils des experts en gestion du temps !

✳ Planifiez vos moments « hors travail » et fixez vos limites

Il peut s'agir des loisirs, du sport, du temps passé avec vos amis et votre famille. Le jeudi à 18 heures, c'est yoga, et sauf urgence majeure, vous ne manquerez pas une séance ! Pensez à partager votre planning avec votre boss, votre équipe et votre famille, pour qu'ils s'organisent en conséquence (et vous aident à tenir vos engagements envers vous-même).

✳ **Planifiez des routines bénéfiques et constructives,** en particulier au travail

Il est très bénéfique de planifier des routines positives au travail : pauses, créneaux dédiés pour certaines activités… Cela vous permettra de prendre soin de vous, mais aussi de faire avancer les sujets essentiels. Un exemple : lors de l'écriture de ce livre, je me suis fixé des créneaux de 2 ou 3 heures chaque matin, pour être certaine de consacrer suffisamment de temps à l'écriture.

✳ Décidez de vos **activités quotidiennes**

Selon certaines études[1], 15 minutes de planification quotidienne permettraient de « gagner » 75 minutes productives de plus par jour. Cela vous permettra aussi de vous focaliser sur l'essentiel. Prenez le temps de distinguer ce qui est urgent de ce qui est important. On a souvent tendance à se laisser submerger par ce qui nous semble urgent (par exemple, répondre rapidement à nos e-mails) et à délaisser ce qui est vraiment important (ce qui nous permettra d'atteindre nos objectifs). Selon la loi de Pareto, 20 % de notre travail fournissent 80 % du résultat. Essayez d'identifier ces 20 % et donnez-leur la priorité. Qu'est-ce qui aura le plus d'impact sur votre travail, vos résultats, votre carrière ? J'aime beaucoup l'image des petits et gros cailloux. Imaginez que vous avez un seau. Si vous commencez par y mettre plein de petits cailloux (les petites tâches, mails, obligations, « petites urgences »), vous n'aurez plus de place pour y mettre vos gros cailloux (les tâches importantes, qui vous font vraiment avancer). Commencez donc par les gros cailloux (avant même de consulter vos mails), et ensuite vous pourrez mettre des petits cailloux dans l'espace restant.

✳ **Planifiez des moments dédiés à la réflexion** long terme, à la créativité, à la stratégie

C'est une bonne façon de ne pas succomber à la tyrannie de l'urgent. Si possible, choisissez un environnement propice à ce type de réflexion (par exemple en vous mettant au vert).

---

1. ssq.ca/documents/10658/136694/Gestion+du+stress+ %28document+de+r %C3 %A9f %C3 %A9rence %29/70a78dfb-6539-4cb2-bf6e-a41a749b9e0f

✶ Planifier précisément votre temps de travail
pendant les périodes de rush

Vous avez trois semaines pour réaliser cette tâche ou ce projet qui vous semble insurmontable (et vous ne pouvez ou ne voulez pas modifier la deadline)? Les études menées sur le sujet montrent que la planification réduit le stress, en nous donnant le sentiment de mieux maîtriser la situation. Décomposez votre projet en tâches plus petites (et gérables) et identifiez le temps nécessaire pour chacune. Calculez ensuite le temps total dont vous disposez pour cette grosse tâche. Faites ensuite votre planning en faisant « matcher » ces deux données (si besoin, décidez de passer moins de temps sur une petite tâche). Suivez votre avancement et ajustez votre planning si besoin. Et souvenez-vous : une tâche prend le temps qu'on lui donne (enfin souvent un peu plus, selon la loi d'Hofstadter ou loi de glissement de planning, qui dit qu'« il faut toujours plus de temps que prévu »). Apprenez aussi de votre expérience et tentez de prévoir un planning moins serré pour vos prochains projets.

PRENEZ LE TEMPS DE PLANIFIER

- ✔ Planifiez les moments essentiels pour vous et parlez-en à votre entourage.

- ✔ Planifiez un moment de réflexion stratégique (par exemple sur votre travail) dans les prochaines semaines.

- ✔ Chaque jour, demandez-vous quelles sont les deux ou trois choses essentielles que je veux accomplir aujourd'hui, et commencez par là!

- ✔ Lorsqu'une tâche vous semble insurmontable ou stressante, faites un planning détaillé avec les principales sous-tâches.

60

En finir avec le culte du travail acharné

« Il est indispensable de travailler moins pour travailler mieux. »
Michel Santi

Travailler 80 heures par semaine pour démontrer son engagement et abattre plus de travail, cela peut sembler une bonne idée… D'autant plus que consciemment ou non, nous sommes souvent prisonniers d'une croyance profondément ancrée : « Plus je bosse, plus je suis important. » C'est ce qu'on appelle le « culte de l'overwork » (ou du « surtravail »)…

Or, de nombreuses études montrent que ce « surtravail » a un impact très négatif sur l'individu et sur l'entreprise[1] :

- il diminue la productivité, la créativité, l'énergie et la motivation. D'ailleurs, les pays qui sont les plus productifs sont aussi ceux où l'on travaille le moins (Norvège, Irlande, Pays-Bas…) ;
- il augmente le stress et les problèmes de santé : insomnie, dépression, diabètes, problèmes de mémoire, problèmes cardiaques (avec un impact sur l'absentéisme, le turnover…). Une étude a aussi démontré que ceux qui travaillent 55 heures par semaine ont un risque 33 % plus élevé de faire un AVC que ceux qui travaillent de 35 à 40 heures[2] ;

---

1. hbr.org/2015/08/the-research-is-clear-long-hours-backfire-for-people-and-for-companies
2. www.theguardian.com/lifeandstyle/2015/aug/20/working-longer-hours-increases-stroke-risk

- il dégrade nos relations, notre capacité à communiquer, à juger et à gérer nos émotions ;
- il augmente le risque d'erreur ;
- il diminue notre créativité et notre capacité à résoudre les problèmes – autrement dit, quand on travaille trop, on a vite tendance à se noyer dans un verre d'eau.

Les arguments ne manquent donc pas pour réduire le temps de travail (et par la même occasion le présentéisme, qui coûte plus cher encore que l'absentéisme !).

Mais quel est le temps de travail idéal ? Les avis divergent encore, et la réponse n'est probablement pas la même pour tous !

Inspirant !

En Suède, travailler moins n'est pas une utopie. De plus en plus d'entreprises décident d'expérimenter la journée de 6 heures de travail (au lieu des 8 heures traditionnelles). L'objectif ? Rendre les salariés plus efficaces et plus heureux. L'entreprise Toyota de Göteborg, qui est passée à la journée de 6 heures il y a une quinzaine d'années, a ainsi constaté un turnover réduit, un personnel plus heureux et une augmentation de la rentabilité. Pour Linus Feldt, P.-D.G. de l'entreprise suédoise Filimundus (qui développe des applications), « la journée de travail de huit heures n'est pas aussi efficace qu'on pourrait le penser. Rester concentré sur une tâche spécifique au travail pendant 8 heures est un énorme défi. Pour faire face, nous relâchons notre attention, et multiplions les pauses pour rendre une journée de travail plus supportable. Dans le même temps, nous éprouvons des difficultés à gérer notre vie privée en dehors du travail[1] ». Dans son entreprise, afin de rendre le travail plus efficace dans un temps plus court, les réseaux sociaux ne sont pas autorisés, les réunions et autres distractions sont réduites au minimum.

---

1. Source : Fast Company.

RÉDUISEZ VOTRE TEMPS DE TRAVAIL

L'idée n'est pas de tout changer du jour au lendemain, mais d'essayer progressivement de travailler moins (et de voir ce qui se passe!).

✔ Faites d'abord le point sur ce qui est important pour vous (cf. expériences précédentes).

Combien de temps souhaiteriez-vous libérer et que souhaiteriez-vous faire de ce temps?

✔ Si vous êtes salarié, discutez-en avec votre responsable et proposez-lui de faire un test (sur 2 mois par exemple).

✔ Une fois que vos objectifs de travail sont clairement définis (et réalistes!), focalisez-vous sur ces objectifs, et non pas sur le temps passé à travailler.

✔ Évaluez les résultats et tirez-en des conclusions.

Il y a fort à parier que vous aurez tenu tous vos engagements, et que votre niveau de bonheur au travail aura augmenté!

61

Apprendre à déconnecter

« Mon souci principal ? Essayer d'oublier mes soucis secondaires. »
Francis Blanche

Vous pensez au travail jour et nuit ? Vous consultez en permanence vos mails professionnels (y compris pendant le week-end et les vacances) ?

Alors, il est peut-être temps d'apprendre à déconnecter, mentalement et digitalement parlant. La pleine conscience est particulièrement utile pour la déconnexion mentale. Dès que vous commencez à penser ou parler boulot le soir, le week-end ou pendant les vacances, vous pouvez, avec un peu de discipline, choisir de revenir vivre le moment présent. Mais difficile de déconnecter quand la technologie envahit nos vies !

Selon un sondage Ifop réalisé en 2016, 82 % des cadres considèrent que l'hyperconnexion est négative, mais 80 % d'entre eux consultent leurs e-mails en dehors du temps de travail. Masochisme ? En réalité, les causes sont nombreuses : une quantité de travail trop importante, des managers et dirigeants qui ne donnent pas l'exemple, le culte du travail acharné (« envoyer un e-mail à 2 heures du matin, ça fait bien »)… Mais aussi : le caractère addictif et réconfortant des e-mails (quelqu'un a pensé à moi !), la peur de manquer quelque chose (le fameux « FOMO » : *fear of missing out*), l'idée que cette disponibilité permanente correspond à l'image du « bon cadre »…

L'hyperconnexion commence pendant le temps de travail et se prolonge en dehors.

Or, les études révèlent que cette connexion permanente a de nombreux impacts négatifs sur notre cerveau, notre efficacité, notre concentration, notre niveau de stress, notre vie personnelle, nos relations de travail…

L'État a décidé d'intervenir avec la loi El Khomri qui instaure le « droit à la déconnexion ». Les modalités d'application de cette loi doivent être abordées lors des négociations annuelles dans les entreprises sur la qualité de vie au travail. Mais compte tenu de ces risques, il semblerait même pertinent d'instaurer le « devoir de déconnexion » afin de gagner en efficacité et en sérénité !

INSTAUREZ DES MOMENTS DE VRAIE DÉCONNEXION

✔ Interrogez-vous sur votre relation au numérique et sur les causes de votre hyperconnexion.

✔ Définissez une charte personnelle claire, avec des lieux et des moments sans connexion et sans référence au travail.

Par exemple, ne regardez pas vos mails pro le soir et les week-ends et ne parlez pas de travail pendant les vacances… Partagez cette charte avec votre équipe et vos proches pour qu'ils vous aident à la respecter. Efforcez-vous d'être discipliné, et souvenez-vous que respecter cette charte réduira votre niveau de stress de façon importante.

- ✔ Instaurez une véritable « détox digitale » de temps à autre (par exemple tout un week-end sans téléphone et sans ordinateur).

- ✔ Profitez des moments sans connexion pour vous connecter davantage à vos proches, à la nature (et à vous-même !)...

- ✔ Si votre boîte n'a rien mis en place sur ce point, suggérez la mise en place d'une charte et de formations sur le bon usage du numérique.

62

Simplifier sa vie (et alléger sa charge mentale!)

« L'homme devrait mettre autant d'ardeur à simplifier sa vie qu'il en met à la compliquer. »
Henri Bergson

Avez-vous le sentiment de crouler sous les contraintes, les projets, les obligations familiales, les tâches ménagères, les décisions à prendre? Je ne sais pas si vous avez remarqué, mais certains domaines de notre vie ont tendance à sérieusement pomper notre temps et notre énergie, mais aussi à créer une charge mentale difficile à gérer. Non seulement nous passons notre temps à courir pour mener de front toutes nos activités, mais nous pensons en permanence à ce que nous allons devoir faire : rendre ce projet, envoyer cette facture, traiter ce mail, faire les courses, faire à dîner, racheter des chaussures au petit dernier... À longueur de journée, nous anticipons, nous planifions, nous pesons le pour et le contre, et... nous culpabilisons! Sans nous en rendre compte, nous sommes aussi amenés à prendre un grand nombre de décisions chaque jour, plus ou moins importantes (Que vais-je faire à manger? Comment vais-je m'habiller? Quelle image pour illustrer cette slide? Devons-nous recruter cette personne? Quelle marque de céréales choisir?...). Certains chercheurs estiment que nous prenons environ 35 000 micro-décisions par jour! Or nous avons une capacité limitée de décisions, et nous avons tout intérêt à conserver cette capacité pour les décisions réellement importantes. Cela permet aussi de limiter ce que Roy Baumesiter, chercheur en psychologie sociale à l'université d'État de Floride, appelle la « fatigue décisionnelle ». Selon lui, « les gens qui ont du succès ne prennent pas de meilleures décisions grâce à leur volonté. Plutôt, ils développent des habitudes qui réduisent le nombre de décisions qu'ils doivent prendre et, donc, le stress[1] ».

Pour sortir de ce schéma et alléger notre charge mentale, la pleine conscience peut nous être d'une grande aide, en nous forçant à ramener systématiquement notre attention sur le moment présent. On peut aussi focaliser volontairement notre énergie et notre temps sur ce qui est vraiment important pour nous. Mais on peut aussi, littéralement, simplifier notre vie, en choisissant consciemment de réduire le nombre de contraintes, de responsabilités, d'objets, d'objectifs, de mails traités, de décisions à prendre…

C'est ce que Léo Babauta nous invite à faire dans *L'Art d'aller à l'essentiel*.

LANCEZ LE PROCESSUS DE SIMPLIFICATION !

✔ Faites le point sur les domaines de votre vie qui vous envahissent. Quels sont ceux qui vous prennent trop de temps ou d'énergie. Qu'avez-vous envie de simplifier ?

✔ Définissez des limites pour ne garder que l'essentiel (ce qui a le plus d'impact et qui est le plus important pour vous). Par exemple :
- vous travaillez sur trop de projets ? N'en retenez que trois ;
- vous recevez des centaines de mails par jour ? Décidez de ne les traiter que deux fois par jour et de ne répondre qu'à cinq mails chaque fois (les plus importants) ;

---

1. www.lemonde.fr/m-styles/article/2014/11/28/pourquoi-les-puissants-s-habillent-ils-toujours-pareil_4530879_4497319.html

- vous êtes envahi par les objets ? Décidez de n'en garder que quelques-uns ;
- et ainsi de suite ! À vous de choisir les limites qui vous conviennent.

✔ **Supprimez, déléguez ou reportez les tâches non essentielles !**

Apprenez à déléguer réellement, en cessant de vous sentir « en charge ». Lâchez du lest : ce n'est pas parce que les choses ne sont pas faites à votre manière qu'elles sont mal faites ! N'attendez pas que les autres devinent votre besoin pour leur demander de l'aide. Essayez de répartir équitablement la charge de travail, mais aussi la charge mentale au sein de votre équipe, de votre famille, etc. Si besoin, faites appel à des aides extérieures (exemple : une femme de ménage, une société qui livre les courses, un prestataire de services…).

✔ **Réduisez le nombre de vos décisions quotidiennes, en éliminant au maximum les décisions insignifiantes.**

Vous pouvez par exemple planifier vos repas sur 15 jours (une excellente façon de manger mieux et de passer moins de temps à faire les courses), acheter systématiquement les mêmes marques pour limiter le choix, avoir quelques tenues types… mais aussi conserver plus longtemps les objets que vous possédez, pour éviter d'avoir à en choisir de nouveaux !

✔ **Apprenez à dire non** *(cf. fiche 64).*

Alors, qu'allez-vous faire aujourd'hui pour simplifier votre vie ?

Inspirant !

Pourquoi Obama, ou Mark Zuckerberg sont-ils toujours habillés de la même façon ? En 2012, lorsqu'un journaliste de *Vanity Fair* demande à Barack Obama de lui apprendre à... être président, Obama lui suggère d'adopter une nouvelle habitude : « Je ne porte que des costumes bleus ou gris, j'essaie de réduire au minimum le nombre de décisions à prendre. Je ne veux pas en prendre en rapport avec ce que je porte ou ce que je mange, parce que j'en ai trop à prendre par ailleurs. Vous devez mettre en place une routine, vous ne devez pas être distrait par des choses triviales pendant votre journée. » C'est aussi ainsi que Mark Zuckerberg justifie sa tenue type : jean, sweat à capuche et tee-shirt gris.

→ Pour encore plus de bonheur

LECTURES
L'Art d'aller à l'essentiel de Léo Babauta, Leduc.S, 2012.
La Magie du rangement de Marie Kondo, First, 2015.

63

Toujours débordé ?
Ce n'est pas une fatalité !

« Nous ne manquons pas de temps, mais nous en avons beaucoup dont nous ne savons pas tirer profit. »
Sénèque

Je ne sais pas si vous avez remarqué, mais certains d'entre nous sont *toujours* débordés. C'est vrai, nous menons des vies très actives et nos journées de travail sont chargées. Nous sommes confrontés chaque jour à un très grand nombre d'informations. Nous avons des rapports à rendre, des clients à contacter, des e-mails à traiter, des présentations à terminer, des projets à faire avancer… Pour 57 % des salariés, la surcharge de travail (urgences, délais, échéances…) est la première source de stress[1]. Et ça ne se limite pas au travail ! Nous devons ensuite faire les courses, nous occuper de nos enfants, faire le dîner, réparer la lampe du salon, planifier nos futures vacances… Bref ça ne s'arrête jamais !

Pour le psychiatre Christophe André, si nous nous sentons autant submergés, c'est surtout parce que nous voyons le monde comme une machine à produire des obligations (« je dois faire ceci » ou « il faut que je fasse cela ») et des menaces (« si je ne le fais pas alors… »). Le problème c'est que cette façon de penser et

---
1. m.lesechos.fr/redirect_article.php? id =0204275605987&fw =1

d'agir génère du stress et de l'anxiété, et finit par nous épuiser. Cela crée aussi beaucoup d'inefficacité, car on ne peut pas être productif en permanence. Et à force d'être dans les « il faut » et « je dois », on perd contact avec ses besoins, ses envies, le plaisir de travailler et de vivre en général. Comme l'explique le psychiatre et spécialiste du stress au travail Christophe Massin, ce sentiment peut aussi se manifester par des symptômes physiques : douleurs musculaires et respiratoires inexpliquées, migraines, insomnie, difficultés de concentration, grignotage… « Si l'on ne se freine pas suffisamment tôt, la décompression s'imposera d'elle-même, souvent sous la forme d'une dépression[1]. »

Mais comment apprendre à lâcher prise et à cesser de se sentir débordé en permanence ? Suivez les conseils des experts en psychologie positive et des psychiatres Christophe André et Christophe Massin.

LÂCHEZ PRISE

Les techniques suivantes vous aideront à transformer vos comportements et votre état d'esprit, pour arrêter de courir après le temps en permanence.

✔ Posez-vous dans l'instant présent.

Plusieurs fois par jour, assis devant votre bureau, les pieds au sol et le dos bien droit, prenez quelques respirations profondes. Décidez d'être là, présent. Vous pourrez ainsi agir et réfléchir plus sereinement.

✔ Faites des pauses.

Les études montrent qu'on ne peut pas être totalement concentré et productif pendant plus d'une heure et demie. Ensuite, il faut faire une vraie pause pour récupérer (une petite promenade, une sieste, une activité qui vous détend, vous intéresse ou vous amuse). Les pauses boostent notre créativité et notre capacité à résoudre les problèmes.

✔ Évitez de faire plusieurs choses à la fois et de consulter en permanence vos e-mails.

---

[1] www.psychologies.com/Planete/Societe/Articles-et-Dossiers/Trop-de-tout-revenons-a-l-essentiel/Petites-techniques-pour-ne-pas-se-laisser-deborder

✔ Remplacez les « il faut » et « je dois », par des « je décide de », « je veux », « j'ai besoin de », « j'ai envie de » ou « je le fais pour ».

Petit à petit, ce changement lexical instaurera un véritable changement d'état d'esprit. Vous reprendrez contact avec vous-même et redeviendrez maître de votre quotidien. Demandez à votre entourage de vous y aider (et de le faire également !).

✔ Gardez en tête vos priorités.

Pour cela demandez-vous simplement : « Qu'est-ce que je veux vraiment faire aujourd'hui/cette semaine ? », en veillant à vous fixer des objectifs raisonnables.

✔ Acceptez que tout ne sera peut-être pas fini dans les temps.

Certains projets ou certaines tâches ne seront d'ailleurs jamais finis. Si une deadline vous semble intenable, revoyez les attentes ou la deadline en elle-même.

✔ Acceptez l'imperfection *(cf. fiche 14)*.

Acceptez que ce rapport que vous allez rendre ne sera pas parfait... que vous n'aurez peut-être pas tout exploré, que vous auriez pu mieux faire en y passant plus de temps...

✔ Apprenez à dire non *(cf. fiche 64)*.

Si vous dites « oui » à toutes les demandes qui vous parviennent, vous serez constamment débordé et n'avancerez pas.

✔ Veillez à ce que les périodes très intenses (ça peut arriver malgré tout) soient clairement limitées dans le temps et suivies d'une vraie période de récupération.

✔ Soyez patient.

Ces changements prendront peut-être du temps, et il faudra sans doute réajuster les choses régulièrement, mais vous prendrez bientôt conscience des résultats et des effets positifs sur votre niveau de stress, votre santé, votre productivité.

64

Savoir dire non

« Un "non" formulé avec la plus ferme des convictions est bien meilleur qu'un "oui" à peine exprimé pour plaire, ou pire, pour éviter les ennuis. »
Mahatma Gandhi

Pourquoi est-il si difficile de dire non ? Parce que, lorsqu'on nous demande quelque chose, nous nous sentons flattés, appréciés, reconnus… En disant non, nous avons peur de décevoir, d'être rejeté, d'altérer une relation… *A fortiori* si la demande vient de notre supérieur hiérarchique ! Alors nous disons « oui » (même quand nous pensons non). Le problème, c'est que les demandes s'accumulent, et nous empêchent de faire ce qui est vraiment important. Résultat : au travail, notre « to-do list » et nos horaires s'allongent, et nous avons le terrible sentiment de ne pas avancer. Même schéma dans notre vie personnelle : nous passons notre temps à faire plaisir aux autres, sans nous soucier de nos propres besoins et envies.

Pourquoi est-il si important de dire non ? Parce que notre temps est notre bien le plus précieux. Lorsque nous disons non à quelque chose, nous disons oui à autre chose : à la vie que nous avons envie de mener, aux gens et aux activités que nous apprécions le plus, à ce qui est vraiment important pour nous… Nous ne pouvons pas être heureux et épanouis si nous faisons toujours passer les besoins des autres avant les nôtres. Dire non est une façon de se respecter.

C'est aussi la seule façon de s'affirmer tout en construisant des relations saines sur le long terme.

Mais comment vaincre la peur de dire non ? Comment savoir quand nous devons dire non ? Comment dire non sans vexer ou décevoir son interlocuteur (et sans culpabiliser).

Voici quelques conseils pour apprendre à dire non…

✳ **Identifiez les croyances limitantes** qui vous bloquent

C'est essentiel pour vaincre la peur de dire non. Que craignez-vous vraiment ? Confrontez-vous à cette peur, en disant « non » régulièrement. Vous constaterez ainsi que les conséquences ne sont pas celles que vous envisagiez. Il est même très probable que vos collègues, votre boss, vos clients et votre entourage vous respecteront ainsi davantage.

✳ **Prenez votre temps** pour répondre

Lorsque l'on vous fait une demande ou qu'une opportunité se présente, prenez votre temps, ou demandez un délai avant de répondre (« Je vais voir, je vais estimer ma charge de travail et je reviens vers toi »). Si vous devez répondre immédiatement, reformulez la demande pour gagner du temps de réflexion (technique bien connue des hommes politiques !).

✳ Souvenez-vous de **ce qui est vraiment important pour vous**

Pensez à vos priorités, ce que vous voulez réaliser, ce que vous aimez faire… Si vous voulez pouvoir dire « oui » à tout cela, vous avez besoin de dire non au reste. Si vous doutez, écoutez votre intuition et vos sensations : que vous conseillent-elles ?

✳ **Préparez** votre argumentaire

Réfléchissez à la formulation la plus adaptée. Demandez-vous : « Comment puis-je être gentil et respectueux, tout en affirmant fermement mes besoins ? » La communication non violente peut vous y aider *(cf. fiche 71)*.

✳ **En cas de réaction négative** (ça peut arriver)...

Si une personne importante pour vous réagit mal à votre « non », il est probablement temps de faire un point pour échanger sur vos limites respectives. Et s'il s'agit d'une personne que vous ne connaissez pas (ou très peu), il est peut-être préférable qu'elle n'entre pas dans votre vie !

PRATIQUEZ LE NON POSITIF, FERME ET CONSTRUCTIF

---✳---

Commencez dès maintenant avec une demande que l'on vous a faite, et pour laquelle la réponse devrait être « non ». Vous pouvez aussi penser à une tâche répétitive que vous aimeriez arrêter. Demandez-vous : « À quoi dirais-je oui en disant non à cette requête ou à cette tâche ? (par exemple : je dirais oui à mon projet prioritaire, oui à ma vie sociale ou familiale, oui à ce que j'aime vraiment faire...). Vous pouvez utiliser le moyen de communication de votre choix pour exprimer votre « non » (en face-à-face, mail, téléphone...). Le tout est de bien préparer votre message. Quelques astuces pour cela :

✔ Soyez clair, direct et concis (n'en faites pas des tonnes !)

✔ Commencez par un message de gratitude.

　Ressentez et exprimez une réelle gratitude pour cette personne qui s'intéresse à vous, qui a confiance en vous, qui vous apprécie.

✔ Dites non, gentiment, mais fermement, en donnant une raison factuelle, compréhensible et non négociable.

　(Par exemple : « Je travaille sur un projet très important qui me tient vraiment à cœur, et qui me prend beaucoup de temps »).

✔ Mentionnez vos émotions.

(Par exemple : « Je suis gêné d'avoir à refuser ») et celles de l'autre (« Je comprends que cela te met dans une situation difficile »).

✔ Si vous le souhaitez, offrez une solution alternative.

(Par exemple, proposer de traiter la demande plus tard, mettre en relation avec une autre personne…)

→ *Pour encore plus de bonheur*

LECTURE
Savoir dire non de Marie Haddou, J'ai lu, 2014.

65

Boosters et bouffeurs de productivité

« La plus coûteuse des dépenses, c'est la perte de temps. »
Théophraste

Sans se lancer dans une course effrénée à la productivité (qui peut être sans fin et extrêmement anxiogène), il est bon de repérer les « boosters » et les « bouffeurs » de productivité pour travailler mieux au quotidien. Tout est une question d'équilibre : une bonne productivité, c'est aussi plus de temps pour votre vie personnelle.

Commençons par les boosters de productivité, dont l'efficacité a été démontrée scientifiquement. On peut citer notamment :

- un grand écran ou deux écrans d'ordinateurs. Une étude réalisée en 2008 par l'université de l'Utah[1] a démontré que la palme en termes de productivité revient aux utilisateurs de grands écrans (26 pouces – qui permettent d'afficher deux applications en même temps) ou de deux écrans (de 20 pouces idéalement) : + 40 % de productivité par rapport à un utilisateur d'un seul écran de 18 pouces. Finies les pertes de temps liées aux allers-retours entre deux sites ou applications ! Personnellement, je ne peux plus m'en passer !
- un sit-stand desk (bureau modulable permettant de travailler assis ou debout). D'après une étude menée par l'université Texas A&M, les employés d'un

---

1. *Monitor Size and Aspect Ratio Productivity Research. A Comparison of Single and Dual Traditional Aspect Displays with a Widescreen Display over Productivity*, University of Utah, 2008.

call-center utilisant un sit-stand desk sont 46 % plus productifs que leurs collègues travaillant assis en permanence ! D'autres études tablent sur une amélioration de la productivité de 20 % en moyenne. C'est aussi un excellent moyen de préserver notre santé en restant moins assis ;
- la sieste. Selon une étude de la Nasa, une sieste de 25 minutes augmenterait la productivité et la créativité de 35 % ;
- Les deadlines. Se fixer des deadlines est un des meilleurs moyens de lutter contre la procrastination, d'après une étude menée par l'Institut technologique du Massachusetts[1].
- Les pauses. Une étude menée par New Century Global a démontré que les salariés qui mettaient en place des systèmes d'alerte pour prendre des pauses étaient 13 % plus efficaces.
- Les images de bébés animaux. C'est anecdotique, mais c'est vrai ! Une étude très sérieuse de l'université d'Hiroshima[2] a démontré que montrer aux employés des images de bébés animaux boostait leur productivité. Et moi je dis, pourquoi pas ?

Parmi la kyrielle de bouffeurs de productivité, citons-en trois.

✳ La réunionite aiguë

Les salariés passent en moyenne trois semaines par an en réunion (plus du double pour les cadres). Le souci, c'est que d'après une enquête réalisée par Opinion Way en 2017, seule la moitié de ces réunions est considérée comme productive. Pas d'ordre du jour ou d'objectif clair, présence non nécessaire, réunion à rallonge (alors que l'on décroche au bout d'une heure maximum)… Il est temps d'améliorer tout ça, par exemple avec une charte de temps et de nouvelles pratiques d'animation des réunions !

✳ Les interruptions

Consultations en temps réel des mails et messages (dès qu'une notification se présente), appels fréquents, visites incessantes, les interruptions ont un terrible impact sur notre productivité. Prenons l'exemple des e-mails. Si vous êtes dans la moyenne, vous consultez vos e-mails environ 77 fois par jour[3] ! Une étude sur

---

1. www.ncbi.nlm.nih.gov/pubmed/12009041
2. www.washingtonpost.com/news/wonk/wp/2012/10/01/want-to-increase-your-productivity-study-says-look-at-this-adorable-kitten/
3. www.ics.uci.edu/~gmark/Home_page/Research_files/CHI%2016%20Email%20Duration.pdf

le coût des interruptions liées aux e-mails[1] a montré que nous mettions un peu plus d'une minute pour nous concentrer à nouveau sur notre tâche initiale après un e-mail. Si l'on garde ce chiffre de 77 consultations par jour, cela signifie que nous passons près de 1 h 30 par jour à simplement « récupérer cognitivement » des e-mails ! Il est important de mettre en place des stratégies pour réduire ces interruptions, qui génèrent également du stress et un sentiment de frustration. Le nombre d'e-mails peut aussi être réduit avec la création d'un réseau social d'entreprise (chacun se connecte quand il le souhaite pour s'exprimer ou pour suivre les avancées d'un projet).

✷ **La paperasse et les process** trop lourds

J'imagine que ça vous parle ! Mais ce n'est pas une fatalité, et vous pouvez réfléchir aux solutions envisageables pour réduire le temps passé sur ces tâches.

AMÉLIOREZ VOTRE PRODUCTIVITÉ (SANS EN FAIRE UNE OBSESSION) !

- ✔ Expérimenter des boosters de productivité cités plus haut et observez le résultat.

- ✔ Identifiez vos bouffeurs de productivité et cherchez des stratégies pour les réduire.

---

1. interruptions.net/literature/Jackson-JOSIT-01.pdf

66

L'art du « monotasking »

> « Pour faire plus de choses en moins de temps,
> n'en faites qu'une à la fois. »
> Wolfgang Amadeus Mozart

Vous arrive-t-il souvent de passer votre journée à toucher à tout, sans rien mener à terme, avec le sentiment frustrant de n'avoir rien fait à la fin de la journée ? Vous êtes sans doute victime d'un mal très contemporain : le multitasking. Il est tentant de croire qu'en faisant plusieurs choses à la fois, on avancera plus vite ! En réalité, comme l'explique David Meyer, qui a mené plusieurs recherches au sein du département de sciences cognitives de l'université du Michigan, c'est tout le contraire. Il se trouve que notre cerveau a ses limites ! Il n'a qu'un seul canal d'attention et est incapable de gérer en parallèle deux activités exigeant un effort cognitif important. Quand on a l'impression de faire deux choses en même temps (par exemple, parler au téléphone d'un sujet et écrire un mail sur un autre sujet), on ne mène pas ces activités simultanément, on fait en réalité de nombreux allers-retours entre ces deux tâches. Et ces allers-retours incessants ont un prix : une grande perte de temps (+ 25 % de temps en moyenne pour réaliser une tâche[1]) d'énergie et d'efficacité, un traitement moins efficace des informations et des détails, des difficultés de concentration et d'organisation,

---

1. hbr.org/2012/03/the-magic-of-doing-one-thing-a.html

mais aussi un stress élevé (qui peut mener au surmenage)… Impossible de donner le meilleur de nous-même dans ces conditions !

Il est donc temps d'adopter le monotasking. C'est tout le principe de la méthode Pomodoro, développée par Francesco Cirillo à la fin des années 1980. Cette méthode préconise le fonctionnement suivant :
- décider de la tâche à effectuer ;
- programmer un minuteur de 25 minutes ;
- se concentrer à fond sur la tâche pendant cette période (et ramener systématiquement notre attention si elle s'égare) ;
- prendre une pause de 5 minutes avant de recommencer, pour finir la tâche précédente ou en commencer une nouvelle (il est important de terminer ce que l'on a commencé) ;
- toutes les quatre périodes ou « pomodori », prendre une pause plus longue de 15-20 minutes.

Si son objectif initial est de favoriser l'attention, la productivité et l'agilité intellectuelle, elle a d'autres bienfaits. Elle permet d'être pleinement engagé dans notre activité et dans l'instant présent, de mieux maîtriser notre temps, d'avancer sur nos priorités et de réduire le stress de façon importante.

FAITES UNE CHOSE À LA FOIS

✔ Essayez la méthode Pomodoro.

Séquencez vos tâches, et lancez-vous ! À la fin de la journée, observez l'impact sur votre productivité et votre niveau de stress. Vous pouvez aussi tester d'autres rythmes (exemple : 1h30 de travail, 10 minutes de pause).

✔ Réduisez les interruptions tout au long de la journée.

✔ Encouragez aussi les réunions courtes, pour éviter que tout le monde ne se disperse et traite ses mails en parallèle.

L'ART DU « MONOTASKING »

→ *Pour encore plus de bonheur*

LECTURE
The Pomodoro Technique de Francesco Cirillo, Lulu.com, 2009.
SITE
tomato-timer.com (pour appliquer la méthode).

67

Adopter la « slow attitude »

« Moi, se dit le petit prince, si j'avais cinquante-trois minutes à dépenser, je marcherais tout doucement vers une fontaine… »
Antoine de Saint-Exupéry

« Je suis à la bourre », « je n'ai pas le temps », « c'est la course en ce moment », « c'est le rush », « vite, vite », « je dois me dépêcher »… Ces phrases reflètent bien la pression temporelle que nous ressentons (fréquemment).

Pour le sociologue Harmut Rosa, l'accélération est une des caractéristiques de notre époque, qui affecte toutes les sphères de notre vie et est largement amplifiée par l'invasion des outils numériques. Injonction d'être toujours plus performant et plus productif, de répondre rapidement aux sollicitations… Nous nous sentons happés et dépassés par ce rythme infernal (et nous y sommes même parfois accros). Le problème, c'est qu'à la longue, nous nous épuisons, nous oublions l'essentiel, nous nourrissons le stress, nous négligeons l'instant présent et… nous risquons de passer à côté de notre vie (eh oui !).

Et si nous faisions le contraire ? Et si, dès que nous ressentons l'envie d'accélérer, nous levions plutôt le pied.

Juste assez pour retrouver le goût de l'instant présent, se focaliser sur l'essentiel… et faire descendre le stress.

Difficile de se lancer : nous avons tellement peur de « perdre du temps ». Pourtant, ceux qui tentent l'expérience réalisent généralement que ralentir fait gagner du temps, permet de faire moins d'erreurs, d'apprécier davantage ce que nous faisons et… de faire descendre la pression. Ce n'est pas un hasard si un véritable « mouvement slow » se développe : slow food, slow management, slow sex, slow money, slow education, slow health, slow media… Cette tendance gagne tous les domaines et répond à un besoin profond : retrouver le temps.

RALENTISSEZ PENDANT 24 HEURES

Choisissez un jour de semaine, sinon c'est trop facile.

- ✔ Commencez par regarder votre to-do list de la journée, et demandez-vous ce qui est vraiment important.

   Dites non au reste *(cf. les expériences précédentes)*. Prévoyez un temps raisonnable pour faire les deux ou trois tâches ou activités clés de la journée, et faites en sorte qu'il vous reste suffisamment de temps libre en dehors de ces tâches.

- ✔ Tout au long de la journée (au travail, à la maison dans les transports), concentrez-vous uniquement sur l'activité que vous êtes en train de faire (prendre votre enfant dans vos bras, lire dans le métro, faire votre liste de course, écrire un rapport…).

- ✔ Ralentissez volontairement vos gestes (sous la douche, pour aller au travail, lorsque vous mangez…).

   Portez votre attention sur vos gestes, sur votre respiration… Et pourquoi ne pas faire une petite séance de Qi gong ?

- ✔ Optez pour la slow food.

   Prenez le temps de vous préparer un repas bio, local et sain. Mangez lentement, mastiquez bien, et restez assis encore 5 minutes après la fin du repas (je sais, c'est dur !).

✔ Désactivez toutes vos notifications (si vous ne l'avez pas encore fait), et intégrez des moments sans écran dans votre journée.

✔ Faites des pauses (sieste, temps pour vous…).

✔ Allez dans la nature (éloge de la lenteur par excellence) et contemplez tout ce qui vous entoure (les arbres, le ciel, les fleurs…).

✔ Prenez un moment pour méditer ou écouter de la musique.

✔ Globalement, prenez le temps d'agir, d'interagir, de manger, de penser, de vivre !

À la fin de la journée, faites le point et écrivez sur votre journal ce qui s'est passé. N'avez-vous pas été tout autant, voire plus performant que quand vous êtes « speed » ? Revivez cette expérience régulièrement (en particulier quand vous sentez que les choses s'accélèrent trop). D'ailleurs, pourquoi ne pas en faire une habitude ou un nouveau mode de vie ?

→ *Pour encore plus de bonheur*

LECTURE
Éloge de la Lenteur de Carl Honoré, Marabout, 2007.
FILM
Tout s'accélère de Gilles Vernet, 2015.
MUSIQUE
On court de Yannick Noah, 2014.
Prendre le temps de Sinsemilia, 2009.
Le temps qu'il faut (We don't need to run run run run run) de Tal, 2017.

Sublimez vos relations

« So happy together ! »

68

Say hello!

> « *Si vous voulez que la vie vous sourie, apportez-lui votre bonne humeur.* »
> Baruch Spinoza

Dans un passage du film *Itinéraire d'un enfant gâté*, Jean-Paul Belmondo « coache » Richard Anconina et lui dit : « Tu vas apprendre à dire bonjour. C'est la chose la plus importante dans la vie. Si tu dis bien bonjour, tu as fait la moitié du chemin. »

Nous avons tendance à sous-estimer le pouvoir du bonjour. C'est tellement simple et banal… Mais dans beaucoup d'organisations, on ne sait pas vraiment se dire bonjour. Samuel Sommer, professeur de psychologie à l'université du Michigan, raconte qu'il a un jour reçu ce message de la part d'un de ces étudiants : « Merci pour la façon dont vous avez enseigné ce cours. Avant le début de chaque cours, vous passiez toujours dans les rangs pour discuter avec chacun d'entre nous. Vous nous parliez du cours, vous nous demandiez comment s'était passé notre week-end, vous plaisantiez avec nous. Et ce que j'ai le plus apprécié, c'est que vous le faisiez avec toutes les personnes présentes dans la salle, pas seulement avec les étudiants que vous connaissiez déjà, ou ceux qui étaient assis juste devant vous, mais avec tout le monde. Merci pour cela. » À la suite de ce message, une campagne intitulée « Say Hello » a d'ailleurs été lancée au sein de son université. En effet, cette manière de se dire bonjour ne va pas de soi et mérite d'être encouragée.

Il y a de nombreuses façons de se dire bonjour au travail. Imaginez : vous êtes arrivé tôt au bureau, vous êtes très concentré sur un dossier ou sur votre ordinateur. Un de vos collègues arrive et vous dit bonjour.

Comment réagissez-vous ?
- Niveau 1 : vous ne le regardez même pas (vous êtes trop occupé), et vous marmonnez un bonjour qui n'en est pas vraiment un. Pas terrible !
- Niveau 2 : vous regardez votre collègue dans les yeux et vous lui dites : « Bonjour. » Un peu mieux !
- Niveau 3 : vous regardez votre collègue dans les yeux, vous lui souriez, et vous lui dites « Bonjour » en ajoutant quelque chose, par exemple : « Comment ça va ? », « Tu as passé un bon week-end ? », « Tu as l'air en forme », ou « J'adore tes nouvelles lunettes. » Beaucoup mieux !
- Niveau 4 : vous appliquez le bonjour niveau 3 (contact visuel + sourire + bonjour en ajoutant quelque chose), et vous ajoutez un contact physique : une bise, une poignée de main, une main sur l'épaule, etc. Le top du top, même si le niveau 3 est déjà très bien !

Tout cela semble terriblement banal, mais la science montre que ce sont souvent de petites choses qui nous rendent plus heureux. En effet, se dire bonjour de façon chaleureuse améliore la qualité de nos relations et déclenche des émotions positives (avec leur cortège d'effets bénéfiques : amélioration de nos capacités intellectuelles, de notre créativité, de notre capacité à gérer les problèmes qui se présenteront dans la journée). En relevant le nez de votre ordinateur et en prenant le temps de dire bonjour, vous démontrez votre intérêt pour vos collègues. Et vous contribuez réellement à créer un environnement de travail plus agréable. La recherche montre que le sourire est contagieux, vous verrez qu'il en va de même pour le bonjour chaleureux.

Cela fonctionne pour vos collègues, mais aussi vos amis, votre caissière, vos voisins…

DITES VRAIMENT « BONJOUR »

✔ Changez votre façon de dire bonjour.

Dès demain, pratiquez les bonjours niveaux 3 et 4 avec tous vos collègues (pas uniquement avec ceux que vous connaissez bien). Si vous travaillez dans un open space, vous pouvez vous contenter d'un « bonjour à tous » franc et prononcé assez fort pour que tout le monde l'entende. Pensez-y aussi avec votre famille, vos amis, le boulanger, la serveuse de votre bistrot préféré…

✔ Vous voulez faire bouger les choses dans votre organisation ?

Pourquoi ne pas proposer un petit exercice pour pratiquer collectivement les différents niveaux de bonjour, ou lancer à votre tour une campagne « Say Hello » pour sensibiliser un maximum de personnes à l'importance du bonjour ?

→ *Pour encore plus de bonheur*

LECTURE
www.psychologytoday.com/blog/science-small-talk/201203/the-power-hello
FILM
Itinéraire d'un enfant gâté de Claude Lelouch, 1988.

69

Pratiquer l'écoute active

« J'ai beaucoup appris en écoutant attentivement. La plupart des gens ne sont jamais à l'écoute. »
Ernest Hemingway

Bien souvent, nous écoutons sans entendre réellement ce que l'on nous dit, et nous manquons de précieuses opportunités de nous connecter avec les autres.

L'écoute active (aussi appelée « écoute bienveillante ») est un concept développé à partir des travaux du psychologue américain Carl Rogers. Quotidiennement pratiquée par les psychologues, l'écoute active est un outil puissant que nous pouvons tous utiliser pour approfondir notre connexion, développer notre empathie et améliorer notre communication avec les autres. La recherche montre notamment que l'utilisation de cette technique aide les autres à se sentir davantage compris et nous rend plus satisfaits de nos relations. Les gens qui se sentent écoutés sont aussi plus performants.

Pratiquer l'écoute active consiste à s'engager dans une conversation avec une réelle volonté de comprendre les sentiments et la perspective de l'autre personne, sans jugement.

Cette technique peut être utilisée dans notre vie professionnelle autant que dans notre vie personnelle. Elle est particulièrement adaptée pour gérer une conversation difficile (par exemple, un conflit avec votre boss ou un collègue), ou pour exprimer son soutien (lorsqu'une personne de votre entourage traverse des difficultés). En pratiquant l'écoute active, vous vous faites également du bien, car vous développez vos relations et votre capacité à être dans l'instant présent.

Voici quelques conseils pour pratiquer l'écoute active :
- trouvez un endroit calme, sans distraction et sans interruption ;
- soyez pleinement attentif, dans l'instant présent et « connecté » avec votre interlocuteur (ne regardez pas votre téléphone ou votre montre) ;
- accueillez ce que vous dit votre interlocuteur sans jugement. Focalisez-vous sur ce qu'il ressent, sans vous demander si c'est justifié, si vous êtes d'accord... Ne cherchez pas de contre-arguments ;
- évitez les comparaisons et les compétitions de stress (du type « Ah oui je connais ça, moi c'est pire d'ailleurs parce que... ») ;
- essayez d'écouter et de ressentir avec votre cœur, et votre corps. Essayez d'être empathique et de vraiment comprendre et ressentir ce que vous dit votre interlocuteur (« Je sens que tu es vraiment... ») ;
- observez le langage non verbal de votre interlocuteur (l'expression de son visage, sa posture, ses gestes...) et utilisez le vôtre pour démontrer votre intérêt (en regardant votre interlocuteur dans les yeux, en acquiesçant, en vous penchant légèrement vers lui, en évitant les expressions qui reflètent le dégoût ou la désapprobation...) ;
- relancez régulièrement votre interlocuteur avec :

    – des reformulations ou paraphrases qui prouvent votre intérêt, reflètent ce que vous avez compris et cherchent à clarifier (« Si je comprends bien... », « Donc pour toi... », « Tu veux dire que... », « Ce que j'entends c'est que... », etc.) ;

    – des questions et des demandes de précisions, au bon moment, sans interrompre votre interlocuteur (« quand tu dis..., tu veux dire que... ? ») ;

    – des marques d'écoute, qui manifestent la compréhension et l'intérêt (« mmmh », « oui »...).

- ne craignez pas les silences. Ils peuvent avoir un effet bénéfique et permettre à votre interlocuteur d'explorer son ressenti et ses émotions ;
- n'essayez pas de résoudre le problème ou de donner des conseils à tout prix (sauf si on vous le demande), votre présence et votre écoute sont déjà très précieuses ;
- cultivez une attitude neutre, bienveillante, chaleureuse, détendue, patiente et ouverte ;

- quand vous sentez que c'est le bon moment, demandez si vous pouvez partager votre perspective. Utilisez le « je », partagez vos sentiments et votre vision des choses, sans généraliser (pas de « il faut » ou « tu dois »). Exprimez aussi votre empathie.

EXERCEZ-VOUS À ÉCOUTER

Commencez dès maintenant à pratiquer l'écoute active. Choisissez un de vos collègues, un membre de votre famille ou un ami, trouvez un endroit où vous pourrez discuter calmement, et demandez-lui simplement comment il va. Pratiquez l'écoute active en suivant les conseils ci-dessus pendant 15 à 30 minutes. Observez l'impact sur votre interlocuteur et sur votre relation avec lui. Renouvelez cette expérience le plus souvent possible (au moins une fois par semaine dans un premier temps). Plus vous pratiquerez l'écoute active, plus elle deviendra facile et naturelle pour vous.

→ *Pour encore plus de bonheur*

LECTURE
Le Développement de la personne de Carl Rogers, InterÉditions, 2005.

70

Développer son empathie

« L'empathie n'est pas de se sentir désolé pour quelqu'un. C'est notre honnête réponse à la question : pourquoi ont-ils fait ce qu'ils ont fait ? »
Seth Godin

L'empathie désigne la capacité à se mettre dans la peau d'une autre personne et à essayer de comprendre ce qu'elle pense ou ressent, sans la juger. Cette capacité est inscrite au plus profond de l'être humain et joue un rôle clé dans les relations humaines. Pour le psychologue humaniste Carl Rogers, percevoir de façon empathique consiste à percevoir « comme si » on était l'autre personne, en prenant en compte ses valeurs et son cadre de référence. Il associe l'empathie à la capacité à reformuler les sentiments d'autrui, de façon verbale ou non verbale.

La pratique de l'empathie est essentielle à notre bonheur, car elle permet d'améliorer les relations et la coopération, de résoudre les conflits plus facilement et de mieux accepter la différence et la diversité. La psychologie sociale a également démontré que pratiquer l'empathie était un des meilleurs moyens de dépasser les préjugés. Lorsqu'on observe un conflit ou un climat tendu entre deux personnes ou deux groupes, leur proposer de pratiquer l'empathie (autrement dit de se mettre « dans les baskets » de l'autre), a des effets très positifs. J'ai très souvent recours à des exercices d'empathie lors des séminaires que j'organise (par exemple, après une fusion ou si le climat est conflictuel), et ce sont souvent des moments très forts en émotion, avec un impact immédiat. Il suffit que chacun joue le jeu et essaie vraiment de se mettre à la place des autres.

Certaines personnes sont naturellement empathiques, mais chacun peut développer cette capacité à changer de perspective, à essayer de comprendre et à reformuler le point de vue, les sentiments et les émotions d'une autre personne. La recherche montre que l'empathie est une capacité qui se cultive. Il suffit de s'entraîner et de se mettre en situation régulièrement.

On peut aussi développer son empathie en se mettant réellement dans la situation d'une autre personne, par exemple en passant une journée avec un collaborateur ou une personne d'un autre service.

METTEZ-VOUS DANS LA PEAU DE L'AUTRE

✓ Intéressez-vous aux pensées et sentiments de votre entourage, essayez de les comprendre, et tentez de les reformuler.

Par exemple : « Je comprends, tu es frustré car on ne t'a pas laissé présenter ton projet alors que tu y avais passé beaucoup de temps. » Votre interlocuteur vous corrigera peut-être et vous permettra d'avoir une compréhension encore plus fine de la situation.

✓ Identifiez un individu ou un groupe avec qui vous êtes en conflit ou pour lequel vous entretenez des préjugés et faites simplement l'exercice suivant.

Essayez de vous mettre à sa place, le plus sincèrement possible. Partez de son cadre de référence et de sa situation. Que ressentez-vous ?

→ Pour encore plus de bonheur

LECTURE
La bonté humaine. Altruisme, empathie, générosité de Lecomte Jacques, Odile Jacob, 2012.

FILMS
Matthieu Ricard, sur les chemins de la compassion de Jeanne Mascolo de Filippis, 2013.
Human de Yann Arthus-Bertrand, 2015.

71

S'initier à la communication non violente

« La chose la plus importante en communication, c'est d'entendre ce qui n'est pas dit. »
Peter Drucker

La communication non violente (CNV) est une méthode développée dans les années 1960 par le docteur Marshall B. Rosenberg. Cette méthode s'inspire notamment de l'approche centrée sur la personne du psychologue Carl Rogers, dont il a été l'élève. Les succès obtenus grâce à cette approche (en particulier dans des écoles et diverses organisations publiques) ont conduit Marshall Rosenberg à créer le Centre pour la communication non violente, une association à but non lucratif dont l'objectif est de promouvoir cette méthode à travers le monde.

La CNV a pour objectif de développer des relations fondées sur l'empathie et la coopération, dans le respect de soi et de l'autre. Elle permet de mieux comprendre nos différences, de résoudre les conflits de façon efficace et positive, mais aussi d'être plus à l'écoute de ses propres besoins.

Marshall Rosenberg l'appelle aussi le « langage de la girafe », par opposition au langage du chacal. Pourquoi ce nom ? Parce que la girafe est l'animal qui a le plus gros cœur parmi tous les animaux terrestres. Contrairement au chacal qui est proche du sol et totalement préoccupé par ses propres besoins, la girafe peut prendre de la hauteur.

Cette méthode repose sur quatre étapes fondamentales :
- observation : observer et rappeler les faits, objectivement et sans jugement ;
- sentiments : identifier et exprimer les sentiments suscités par ces faits, en parlant à la première personne ;
- besoins : identifier et formuler les besoins profonds liés à ces sentiments. Il s'agit de besoins essentiels qu'on ne peut pas remettre en question ;
- demande : formuler une demande à l'autre en vue de satisfaire ces besoins. Cette demande doit être présentée de façon concrète, positive, réalisable et négociable.

Prenons un exemple concret d'application de la CNV dans le cadre professionnel. Sophie est la manager d'Olivier, qui est arrivé avec quarante minutes de retard à la réunion d'équipe ce matin, sans prévenir (ce qui lui est arrivé plusieurs fois ces dernières semaines). À son arrivée au milieu de la réunion, la réaction naturelle de Sophie est de lui dire : « Tu es tout le temps en retard ! Tu aurais pu prévenir au moins ! » Sophie émet ainsi un jugement négatif et blessant, qui ne peut que nuire à sa relation avec Olivier.

Si elle avait utilisé la CNV, Sophie aurait plutôt attendu la fin de la réunion pour en discuter avec Olivier, et se serait plutôt exprimée ainsi.

✳ Observation

« C'est la quatrième fois ce mois-ci que tu arrives en retard à la réunion d'équipe sans prévenir. » Les faits sont exprimés de façon objective, sans jugement, sans généralisation (pas de : « Tu es tout le temps en retard. ») Ils ne peuvent être discutés. La communication non verbale est aussi la plus neutre possible (pas de soupirs ou d'intonations exprimant le reproche). Cette étape est essentielle pour enclencher une démarche de dialogue.

✳ Sentiment

« Quand tu arrives en retard sans prévenir, je me sens contrariée et en colère. ». Sophie assume pleinement ses sentiments, en utilisant le « Je ». Cette émotion ne peut être contestée. Cette étape permet à Olivier de mieux comprendre l'état d'esprit de Sophie.

✳ Besoin

« J'ai besoin de sentir que je peux te faire confiance et que tu respectes le temps des membres de l'équipe. » L'idée est de trouver le besoin non satisfait qui est à l'origine des sentiments suscités. Cette étape permet à Sophie de faire comprendre rationnellement ce qui lui pose problème dans le comportement d'Olivier.

✳ Demande

« Acceptes-tu de me prévenir quand tu seras en retard à partir de maintenant ? » Cette étape est essentielle pour éviter que le problème ne se reproduise. Il est important que la demande soit négociable : l'interlocuteur doit se sentir libre d'engager une discussion.

APPLIQUEZ LA CNV AU QUOTIDIEN

La prochaine fois que vous êtes sur le point d'exprimer un reproche ou un feed-back négatif, demandez-vous comment vous pourriez appliquer la communication non violente, en suivant les quatre étapes énoncées ci-dessus. Dans un premier temps, vous pouvez préparer par écrit ou mentalement ce que vous souhaitez dire. Avec le temps, cela deviendra de plus en plus naturel et vous deviendrez un as de la communication non violente !

→ *Pour encore plus de bonheur*

LECTURES
Cessez d'être gentil soyez vrai de Thomas d'Ansembourg, Les Éditions de l'Homme, 2014.
Une interview de Marshall B. Rosenberg : « The language of nonviolence » –www.yes-magazine.org/issues/rx-for-the-earth/837

AUTRES RESSOURCES
nvc-europe.org (outils et formations à la communication non violente).

72

Semer la gentillesse, c'est contagieux !

« Vous pouvez toujours, toujours donner quelque chose, même si c'est seulement la gentillesse. »
Anne Frank

« Oser la gentillesse », c'est le slogan de Stephan Einhorn, prestigieux médecin suédois et auteur de *L'Art d'être bon*. La gentillesse n'a pas toujours eu bonne presse, parfois considérée comme de la niaiserie ou un aveu de faiblesse. Pourtant, comme l'affirme Jacques Lecomte, « la bonté n'a rien à voir avec la naïveté, c'est une force agissante susceptible de changer les esprits et les cœurs ». Il y a quelques années, la Journée mondiale de la gentillesse et le Mouvement mondial de la gentillesse ont même été créés.

La science révèle qu'être gentil et bienveillant augmente notre niveau de bonheur et que la gentillesse est contagieuse. En effet, pratiquer un acte de gentillesse déclenche des émotions très positives et un sentiment d'élévation morale. Il suffit d'ailleurs d'observer un acte de gentillesse pour ressentir cela. Réaliser ou observer un acte de gentillesse active des zones de récompense et de satisfaction dans le cerveau et provoque un phénomène d'empathie avec la joie et le soulagement ressentis par la personne qui en bénéficie. Si l'on y prête attention, on peut également ressentir quelque chose de très agréable au niveau du cœur, de la poitrine. Cette sensation est liée à l'activation du nerf vague, qui régule le rythme cardiaque et nous permet de nous sentir plus apaisé.

Lorsque vous faites un acte de gentillesse, vous vous faites du bien et vous déclenchez d'autres actes de gentillesse en cascade (chez les personnes qui en ont bénéficié, mais aussi chez tous ceux qui vous ont simplement observé). La gentillesse est donc un allié de choix pour augmenter votre niveau de bonheur, réduire votre stress et avoir un impact positif sur votre environnement.

Tous les actes de gentillesses, petits ou gros, banals ou originaux, sont les bienvenus. Y compris (et même surtout!) au bureau.

En 2012, Google a lancé une grande étude dans le cadre du Projet Aristote pour éclaircir un grand mystère : qu'est-ce qui fait une équipe de travail performante ? Des statisticiens, sociologues, psychologues organisationnels, ingénieurs se sont penchés sur leur sujet. Devinez quelle a été leur conclusion… Le principal ingrédient du succès d'une équipe est la gentillesse !

FAITES PLUS D'ACTES DE GENTILLESSE

Choisissez une journée de travail, et essayez de réaliser cinq actes de gentillesse dans la journée.

Vous pouvez par exemple :

✔ Offrir un sourire, tout simplement ;

✔ Dire bonjour à tout le monde ;

✔ Écrire un mot gentil (remerciement, encouragement, félicitations) sur un Post-it et le coller sur le bureau d'un collègue ;

✔ Offrir des mercis et des compliments (de vive voix ou par e-mail) ;

✔ Envoyer un mail positif à un de vos contacts (merci, bravo, nouvelles positives…) ;

✔ Apporter un café à un collègue ;

✔ Inviter un collègue à déjeuner ;

- ✔ Accueillir gentiment un nouveau (par exemple, en l'invitant à boire un café ou à déjeuner);

- ✔ Faire un gâteau pour le service;

- ✔ Faire un cadeau (même symbolique);

- ✔ Apporter des bonbons ou des chocolats ;

- ✔ Écrire une carte de remerciement ;

- ✔ Proposer de l'aide à un collègue (dans le cadre du travail ou de sa vie personnelle, par exemple pour un déménagement);

- ✔ Proposer à un collègue de le raccompagner;

- ✔ Aider quelqu'un à trouver un job ;

- ✔ Faire une recommandation ou une mise en relation;

- ✔ Prêter des films ou des livres à vos collègues.

Pour installer durablement la gentillesse, fixez-vous un challenge : par exemple faire au moins un acte de gentillesse par jour ou cinq actes de gentillesse tous les lundis par exemple. Vous contribuerez à créer un environnement positif et vous verrez très vite que cela porte ses fruits.

Partagez vos idées et expériences avec la Happy Days Family !

→ Pour encore plus de bonheur

LECTURES
L'Art d'être bon de Stephan Einhorn, Belfond, 2008.
La Bonté humaine de Jacques Lecomte, Odile Jacob, 2014.

FILMS
Un monde meilleur (Pay it Forward), de Mimi Leder, 2001.
Le Fabuleux Destin d'Amélie Poulain, de Jean-Pierre Jeunet, 2001.

MUSIQUES
Make Someone Happy de Jimmy Durante, 1993.
I'll be there for you de The Rembrandts, 1995.

RESSOURCES
www.randomactsofkindness.org/kindness-ideas (un site qui regorge d'idées d'actes de gentillesse).

73

Privilégier le contact physique (approprié !)

> « Nous avons besoin de nous connecter aux autres à un niveau physique très basique. Nier cela revient à se priver d'une des plus grandes sources de joie et de réconfort de la vie. »
>
> Dacher Keltner

Le toucher est le premier langage que nous apprenons. Les bébés ont besoin d'être portés, bercés, caressés. Il en va de leur survie. Mais qu'en est-il des adultes ? La science a démontré les incroyables pouvoirs du toucher. Le toucher calme et apaise. Il déclenche un sentiment de récompense, renforce les liens, envoie un signal de sécurité. Il a même le pouvoir de réduire la douleur. Le toucher est un élément clé dans le langage non verbal (au même titre que la posture, le mouvement, le regard…). Les études réalisées par Matthew Hertenstein, de l'université DePauw, démontrent même que nous avons une capacité innée à envoyer et à percevoir des émotions, simplement par le toucher. Lors d'une de ces études[1], les participants devaient essayer de communiquer différentes émotions (amour, gratitude, sympathie, joie, peur, tristesse…) à des étrangers

---

1. www.communicationcache.com/uploads/1/0/8/8/10887248/touch_communicates_distinct_emotions… pdf

dont les yeux étaient bandés, simplement par le toucher. Les chercheurs ont été étonnés du très fort taux de réussite : 78 % ! Pour Dacher Ketlner, professeur de psychologie à l'université de Berkeley, le toucher est le moyen plus riche d'exprimer nos émotions. Les messages passés grâce au toucher peuvent conduire à des changements immédiats dans la façon de penser et de se comporter de notre interlocuteur. Un contact physique sympathique de la part d'un médecin donne l'impression au patient que la consultation a duré deux fois plus longtemps. Une étude menée par Nicolas Gueguen a démontré que lorsque les professeurs donnent une petite tape chaleureuse aux élèves pour les encourager, ces derniers participent trois fois plus en classe.

Mais le toucher a-t-il sa place dans le monde du travail et peut-il impacter la performance d'une équipe ? C'est ce que l'université de Berkeley a cherché à déterminer, avec une étude réalisée dans le milieu du basket-ball professionnel[1]. L'équipe de Michael W. Kraus a analysé et comptabilisé tous les contacts physiques (high five, hugs…), au sein de chacune des équipes de la National Football Association. Résultat : à quelques rares exceptions près, les meilleures équipes sont celles au sein desquelles il y a le plus de contact physique. Le même phénomène a pu être observé au niveau des joueurs : les joueurs les plus tactiles obtenaient aussi les meilleurs niveaux de performance individuelle, et ce de façon durable. Pour les chercheurs, si le contact physique peut améliorer la performance, sur le terrain ou au bureau, c'est notamment grâce à son effet sur le stress. Le toucher déclenche la production d'ocytocine, une hormone qui crée une sensation de confiance et réduit le niveau de cortisol. Le cortex préfrontal peut alors se détendre et se focaliser sur les problèmes à résoudre.

Malgré toutes ces découvertes, notre culture occidentale reste assez phobique du toucher. Des éthologues ont d'ailleurs démontré que nous passions beaucoup moins de temps au contact les uns des autres que dans d'autres cultures.

Évidemment, tout est une question de dosage et de contexte, car le toucher excessif ou inapproprié peut être perçu comme agaçant, menaçant, voire comme du harcèlement. À manier avec prudence et parcimonie, donc.

---

1. www.nytimes.com/2010/02/23/health/23mind.html

PROFITEZ DES POUVOIRS DU TOUCHER

✔ Adaptez-vous au contexte et aux personnes que vous côtoyez (notamment au travail).
Soyez attentif à la sensibilité de chacun au contact physique.

✔ Soyez aussi attentif à vos propres limites.
Si vous ne souhaitez pas faire la bise à vos collègues, saluez-les simplement chaleureusement avec un grand sourire, cela fera tout à fait l'affaire.

✔ Entraînez-vous à utiliser le toucher pour transmettre ou décoder des messages émotionnels.

✔ Souvenez-vous que le contact physique est un des meilleurs moyens de consoler une personne ou de partager sa joie (après une victoire, par exemple).

✔ Saisissez ou créez des opportunités de contact physique (au travail et en dehors).
Au travail, privilégiez les contacts physiques brefs et appropriés : poignée de main (ferme et chaleureuse), petite tape dans le dos, main posée sur l'épaule ou sur le bras, « high five »… Dans votre vie personnelle, la palette est plus large ! Paul Zak, spécialiste de l'ocytocine, nous recommande un minimum de huit hugs par jour pour booster notre bien-être et notre niveau d'ocytocine.

✔ Offrez des free hugs !
Le 21 janvier est la Journée internationale des free hugs. Pourquoi ne pas lancer la Journée des free hugs au bureau ?

✔ Faites-vous masser !

→ *Pour encore plus de bonheur*

LECTURE
Handbook of Touch, The : Neuroscience, Behavioral, and Health Perspectives de Matthew Hertenstein, Springer Publishing, 2011.

74

Respecter
le ratio de Losada

« Une équipe constituée et menée par des employés positifs vibre continuellement sur la mode de l'excellence du service et du succès collectif. »

Ty Howard

Pourquoi certaines équipes sont-elles épanouies et performantes, alors que d'autres pas du tout ? Marcial Losada, psychologue chilien spécialisé dans le développement des équipes de haute performance, nous apporte un élément de réponse intéressant. En 2004, Losada et ses collaborateurs de l'université du Michigan ont observé des réunions stratégiques au sein de soixante entreprises. Lors de ces réunions, toutes les prises de paroles ont été répertoriées et classées en deux catégories : les paroles positives (exemples : « Bravo », « Quelle bonne idée » « Comment est-ce que je pourrais t'aider sur ce projet »), et les paroles négatives (exemples : « Comment peut-on affirmer une telle chose », « Si je me fais l'avocat du diable », « Je n'y crois pas du tout »...). Les performances de chaque équipe ont ensuite été évaluées un an plus tard. Résultat ? Les chercheurs se sont aperçus que le ratio entre paroles positives et paroles négatives était très différent en fonction des équipes. Les équipes de haute performance se caractérisaient par un ratio supérieur ou égal à six paroles positives pour une parole négative. Les équipes de performance moyenne affichaient un ratio d'au moins deux paroles positives pour une négative. En dessous de ce seuil, les équipes avaient tendance à stagner et à être peu performante. Grâce à de savants calculs (qui ont d'ailleurs parfois été remis en question), Losada a indiqué qu'un ratio minimum de trois paroles positives pour une parole négative était nécessaire pour une équipe épanouie et performante. Ce concept de ratio de Losada a finalement été élargi à celui de zone de Losada (entre 2,9 et 11,6 paroles positives pour une parole négative). En revanche, au-delà de ce seuil, la positivité atteint ses limites et perd toute crédibilité.

Il est donc essentiel d'être attentif à ce ratio, d'autant que les neurosciences ont bien montré que le cerveau a tendance à se concentrer sur le négatif. Nous devons donc faire un effort conscient pour respecter ce ratio critique.

Le psychologue Jonh Gottman a réalisé une étude similaire pour les couples et démontré que le ratio critique pour conserver un couple solide et aimant était d'au moins cinq paroles positives pour une parole négative[1]. Là aussi, il y a du boulot !

EFFORCEZ-VOUS DE RESTER DANS LA ZONE DE LOSADA !

✔ À la fin de la journée, faites le point.

À combien estimez-vous votre ratio paroles positives (encouragement, félicitations, gratitude, intérêt) sur paroles négatives (critique, irritabilité, indifférence…) ?

✔ Essayez d'augmenter votre nombre de paroles positives.

Envoyez des messages positifs spontanés (sur le moment), félicitez, dites ce que vous appréciez dans une idée avant de la critiquer (de façon constructive, bien sûr).

---

[1]. https://www.gottman.com/blog/the-magic-relationship-ratio-according-science/

75

Booster son intelligence émotionnelle

« On ne voit bien qu'avec le cœur. L'essentiel est invisible pour les yeux. »
Saint-Exupéry

Selon les psychologues Mayer et Salovey, qui ont été les premiers à proposer le concept d'intelligence émotionnelle, celle-ci désigne « l'habileté à percevoir et à exprimer les émotions, à les intégrer pour faciliter la pensée, à comprendre et à raisonner avec les émotions, ainsi qu'à réguler les émotions chez soi et chez les autres ». De nombreuses études suggèrent un lien entre le score d'intelligence émotionnelle et la réussite. Comme l'explique le Dr Travis Bradberry, coauteur de *Emotional Intelligence 2.0*, 90 % des personnes les plus performantes ont une intelligence émotionnelle élevée. L'intelligence émotionnelle permet de s'ouvrir plus facilement à soi-même, aux autres et au changement. Elle permet aussi de prendre de meilleures décisions. Chacun d'entre nous peut développer son intelligence émotionnelle, en étant plus à l'écoute de soi-même et des autres, en développant son vocabulaire émotionnel, en apprenant à lire les signaux non verbaux. Le Dr Paul Ekman, docteur en psychologie de renommée internationale (et qui a inspiré le personnage principal de la série *Lie to me*), a beaucoup travaillé sur la définition des émotions, et sur la façon dont on peut les détecter en observant les signaux exprimés par les voix et les visages. Il a développé une série d'outils qui sont autant utilisés par des commerciaux que par le FBI !

Pour Daniel Goleman, l'intelligence émotionnelle est l'art d'utiliser ses émotions et repose sur cinq compétences clés : la conscience de soi, la maîtrise des émotions, la motivation, l'empathie et la capacité à entrer en relation. Selon lui, nous avons tout intérêt à développer notre intelligence émotionnelle, individuellement et collectivement, notamment pour être plus heureux au travail : « le fait de posséder ces aptitudes permet à chacun de nous de vivre en préservant son humanité et sa santé, quel que soit notre secteur d'activité professionnel. Et, avec les transformations prévisibles du monde du travail, ces aptitudes humaines nous aideront non seulement à distancer nos concurrents, à piloter efficacement notre carrière, mais aussi à développer notre plaisir et même notre bonheur dans la vie professionnelle ».

FAITES DES EXERCICES D'INTELLIGENCE ÉMOTIONNELLE

✔ Apprenez à repérer les émotions qui vous animent et développez votre vocabulaire émotionnel.

Au lieu de dire : « Ça ne va pas très fort », essayez de préciser l'émotion principale (peur, colère, déception…), et de trouver le terme le plus approprié pour la décrire (je suis furieux, déçu, frustré, agacé, inquiet…). Idem pour les émotions positives. Essayez aussi de décrypter et de décrire les émotions des autres.

✔ Soyez curieux et intéressez-vous aux gens.

Demandez-leur ce qu'ils pensent, comment ils vont…

✔ Observez les personnes qui vous entourent pour essayer de mieux comprendre ce qu'ils ressentent.

Essayez de décrypter les non-dits. Pour cela, observez leur langage verbal et non verbal et essayez de vous mettre à leur place.

✔ En cas de trop-plein émotionnel (par exemple au cours d'une discussion animée), retirez-vous quelques instants pour écouter l'émotion qui monte au lieu de la laisser exploser et d'alimenter le chaos. Les émotions ont d'abord besoin d'être entendues !

✔ Mettez-vous en colère de temps en temps !

La colère est une émotion saine, tant qu'elle est ponctuelle et exprimée de façon authentique.

✔ Travaillez aussi sur la gestion de vos émotions, l'affirmation de soi, le pardon, l'acceptation de l'imperfection *(cf. fiche 14)*.

→ Pour encore plus de bonheur

LECTURES
L'*Intelligence émotionnelle* de Daniel Goleman, J'ai lu, 2003.
Emotional Intelligence 2.0 de Travis Bradberry et Jean Greaves, TalentSmart, 2009.
RESSOURCE
www.lautrementdit.net/page/la-roue-des-emotions (pour commander une roue des émotions).

76

Multiplier les micro-moments d'amour

> « L'amour ne se contente pas de demeurer là, comme une pierre, il faut le faire, comme le pain ; le refaire tout le temps, le renouveler. »
> Ursula K. Le Guin

Il est peut-être temps de revoir notre façon de considérer l'amour. Pour beaucoup d'entre nous, l'amour est une émotion suprême, un état d'âme exclusif, que nous visons comme un graal et réservons aux « êtres aimés ». Dans *Love 2.0, Ces micro-moments d'amour vont transformer votre vie*, Barbara Fredrickson, éminente psychosociologue américaine spécialiste des émotions, nous invite au contraire à considérer l'amour comme une émotion passagère, renouvelable à l'infini. Pour elle, l'amour est partout, et surgit dès que « deux personnes ou plus établissent un lien en partageant des émotions positives ». Rire avec votre caissière, faire un compliment à votre collègue, réconforter une amie, échanger un sourire avec votre voisin... Tout ça, ce sont des micro-moments d'amour (ou de connexion profonde, si le mot « amour » vous perturbe vraiment !). Évidemment, nous avons aussi tout intérêt à multiplier les micro-moments d'amour avec ceux que nous aimons, pour entretenir nos relations avec eux. On peut vivre des micro-moments d'amour avec soi-même, en se faisant un petit massage ou en pratiquant l'autocompassion.

Barbara Frederickson nous invite également à pratiquer la méditation de l'amour bienveillant (« loving kindness meditation »). Le principe ? Méditer 5 à 10 minutes par jour en cultivant des pensées d'amour, de gentillesse et en les dirigeant vers les autres. Pour mesurer l'impact de ce type de méditation, elle a mené une étude[1] sur 139 adultes, avec un groupe « méditation » et un groupe de contrôle. La moitié des participants ont appris et pratiqué la méditation de l'amour bienveillant pendant huit semaines. Cette étude (comme plusieurs autres) a démontré une augmentation progressive des émotions positives dans le groupe « Loving Kindness Meditation », avec un impact positif sur les ressources personnelles des participants (pleine conscience, sentiment de sens, soutien social…), une augmentation de la satisfaction, une diminution des symptômes physiques et dépressifs…

METTEZ PLUS D'AMOUR DANS VOTRE VIE

✔ Créez des moments d'amour et de connexion dans tous les moments de votre vie (au travail, quand vous faites vos courses, avec vos amis, et évidemment avec vos proches). Vivez ces moments en pleine conscience, en vous concentrant sur ce sentiment d'amour et de connexion.

✔ Prenez quelques instants chaque soir pour vous remémorer trois micro-moments d'amour vécus dans la journée.

✔ Expérimentez la méditation sur l'amour altruiste (en bonus).

With love…

---

1. https://www.ncbi.nlm.nih.gov/pmc/articles/PMC3156028/

→ *Pour encore plus de bonheur*

LECTURE
Love 2.0 - Ces micro-moments d'amour vont transformer votre vie de Barbara Frederickson, Marabout, 2014.

MUSIQUE
Love is all de Roger Glover & The Butterfly Ball, 1974.
All you need is love de The Beatles, 1967.
Quand on a que l'amour de Brel, 1956.

Découvrez une méditation sur l'amour altruiste guidée, telle qu'enseignée par Matthieu Ricard sur www.sundaymondayhappydays.com

77

Partager
des moments forts

« Ce n'est pas le fait de porter le même maillot qui fait une équipe, c'est de transpirer ensemble. »
Aimé Jacquet

Pour améliorer nos relations avec notre famille, nos amis, nos collègues, nous avons besoin de vivre des moments positifs ensemble. Il peut s'agir de repas, de sorties, de voyages, de week-end, de séminaires, de projets communs… Le tout est de prendre le temps de vivre, de s'amuser, de s'écouter, de se confier, de se découvrir, d'apprendre ensemble et de se créer des souvenirs qui forgeront une histoire commune.

Ces moments sont particulièrement importants dans le monde du travail. Selon Raj Raghunathan, professeur et expert en bonheur à l'université d'Austin Texas, l'un des quatre piliers du bonheur au travail est le sentiment d'appartenance et d'intimité au sein d'une équipe. Pour cela, il est essentiel de partager des moments forts. Il peut s'agir de moments professionnels (collaboration sur un projet enthousiasmant) ou informels (pause, déjeuner, dîner). Ces moments peuvent être organisés par des membres de l'équipe, ou par l'organisation. Et vous pouvez compter sur un allié de choix : le team-building !

Un team building réussi peut en effet avoir de nombreux effets positifs : des liens renforcés entre les collaborateurs, une meilleure communication, un sentiment d'appartenance plus important, une augmentation du niveau d'énergie, de motivation et d'engagement... Il peut aussi être l'occasion d'apprendre et d'expérimenter de nouvelles choses.

À l'opposé, un team-building raté sera synonyme de temps et d'argent perdu, de critiques, de frustrations... Pour éviter cela, il suffit d'éviter de tomber dans les pièges classiques.

D'après mon expérience (issue de l'organisation de nombreux séminaires « Happiness Booster »), voici les cinq clés d'un team-building réussi.

✳ Définissez **des objectifs clairs**

Qu'attendez-vous de ce team-building ? Dans quel contexte intervient-il ? Quels sont les principaux challenges rencontrés par votre équipe : changements significatifs, charge de travail élevée, besoin de développer la créativité et la capacité à innover, besoin d'améliorer le mode de fonctionnement de l'équipe, relations conflictuelles, difficultés de communication, manque de reconnaissance ? Un questionnaire d'évaluation du bonheur au travail peut vous permettre de clarifier les principaux axes d'amélioration et d'en tirer des objectifs précis pour votre team-building.

✳ **Impliquez l'équipe** dans la conception et l'animation du team-building

Que votre team-building soit organisé en interne ou avec l'aide d'un consultant ou prestataire externe, il est essentiel que l'équipe soit impliquée dans sa conception (avec des pilotes ou un questionnaire envoyé aux participants).

✳ **Favorisez la coopération** plutôt que la compétition

Trop souvent lors des team-building, plusieurs équipes sont constituées et mises en compétition pour participer à des jeux et activités diverses (sport, chasse au trésor, etc.). Cette compétition crée souvent un fort engagement sur le moment, qui peut même tourner à l'hystérie chez certains, et qui peut donner l'impression que le team-building est réussi. En réalité, ce type de team-building contribue simplement à accentuer la compétition au sein de l'équipe, avec de nombreux effets négatifs. Les gagnants sont ravis, mais pour les perdants, c'est une autre histoire : ils peuvent se sentir humiliés ou « pas assez bons ». Par ailleurs, plusieurs études montrent qu'on apprend moins bien dans un climat de compétition, et que celle-ci a tendance à diminuer la performance.

Alors quel type d'activités proposer ? Mieux vaut privilégier des activités qui invitent les participants à mieux se connaître, à vivre des émotions positives ensemble, à collaborer, à s'entraider, à agir collectivement et positivement (jeu collectif, atelier d'intelligence collective, danse, chant, création d'une œuvre d'art collective, séance de rire, construction collective, bonne action collective…).

✴ **Favorisez l'apprentissage** et l'expérimentation

Le team-building est une merveilleuse opportunité d'apprendre et d'expérimenter de nouvelles choses de façon ludique et conviviale : de nouvelles connaissances, de nouvelles méthodes, de nouveaux outils, qui pourront être utilisés dans le cadre du travail. Il serait vraiment dommage de s'en priver. Les participants attendent de s'amuser et de passer un bon moment ensemble, mais aussi de vivre une expérience utile, qui les fasse grandir.

✴ Laissez suffisamment de **place pour le temps libre**

Le risque du team-building, c'est de ne pas laisser suffisamment de place aux pauses, repas et autres moments « libres ». Or, ces moments sont peut-être les plus importants. Ils permettent aux participants de prolonger les discussions, de débriefer, d'ancrer les nouveaux acquis, de créer des liens plus authentiques et plus intimes.

ORGANISEZ DES MOMENTS DE COHÉSION

✔ Organisez un événement festif avec votre famille ou vos amis.

Surprenez-les en leur proposant une expérience nouvelle et originale. Prenez le temps de vous découvrir davantage.

✔ Proposez ou organisez un team-building avec votre équipe.

Clarifiez les objectifs, le budget et le temps qui sera consacré à cet événement, puis construisez l'événement en suivant les recommandations ci-dessus.

→ *Pour encore plus de bonheur*

MUSIQUE
Happy Together de The Turtles, 1967.
AUTRES RESSOURCES
www.happinessbooster.fr (pour organiser des séminaires ou ateliers propagateurs de bonheur au travail).

78

Apprendre à dire... Merci

« La vie t'a offert 86 400 secondes aujourd'hui. En as-tu utilisé une seule pour dire merci ? »
William Artgir Ward

MERCI... D'après Robert Emmons, professeur de psychologie à l'université de Californie et grand expert de la gratitude, ce mot a le pouvoir de changer notre vie. Comme nous l'avons vu précédemment, apprendre à dire merci est une excellente façon de pratiquer la gratitude.

La gratitude bienfaisante dont parle Robert Emmons nécessite deux étapes :
- « la constatation du bien reçu », qui peut être matériel (cadeau) ou immatériel (aide, soutien, présence, temps passé...) ;
- « la reconnaissance que la source de ce bienfait se trouve en dehors de moi » (je ne l'ai pas particulièrement gagné ou mérité).

Dire merci, c'est d'abord se faire un cadeau à soi-même, en portant son attention sur le positif, mais c'est aussi très gratifiant et motivant pour la personne qui le reçoit.

Pour un vrai MERCI, pensez simplement à respecter les consignes suivantes :
- soyez sincère et authentique ;
- soyez spécifique : dites pourquoi vous remerciez ;
- misez sur la qualité plutôt que sur la quantité.

DITES MERCI SOUVENT, SINCÈREMENT ET SPÉCIFIQUEMENT !

- ✔ À partir d'aujourd'hui, dites merci de façon sincère, authentique et spécifique, dès que vous prenez conscience d'un « bien reçu ».

- ✔ Dites merci à vos proches, mais aussi à vos collègues, à vos partenaires, à vos clients, à vos élèves. Bref, à tous ceux qui partagent votre quotidien.

  Pensez aussi à remercier ceux qui vous facilitent la vie et qui sont rarement remerciés (la femme de ménage, l'hôtesse d'accueil, l'assistante administrative…).

- ✔ Remerciez les personnes que vous supervisez.

  Les employés ont d'abord besoin d'entendre des « mercis » de la part de leurs responsables. Adam Grant et Francesca Gino ont montré que cela augmentait notamment le sentiment de valeur et d'efficacité personnelle.

- ✔ Pensez aussi à remercier votre boss !

  Il sera peut-être surpris, mais cela l'aidera certainement à prendre conscience de l'importance du merci.

- ✔ Utilisez tous les moyens à votre disposition (e-mail, Post-it, carte ou lettre, surprise, petit cadeau…).

- ✔ Instaurez des rituels de remerciement.

  Pourquoi ne pas envoyer un mail positif (merci, félicitations) à une personne de votre entourage dès que vous ouvrez votre boîte mail ?

- ✔ Si vous sentez que vous manquez de reconnaissance, discutez-en simplement et ouvertement avec votre entourage, votre responsable, votre conjoint, vos enfants…

79

Répondre au besoin de reconnaissance

« La reconnaissance donne un sens à ton passé, apporte la paix pour aujourd'hui et crée une vision pour demain. »
Melody Beattie

Puisqu'il n'est pas toujours très simple et naturel de dire merci, il est important de créer des opportunités facilitant l'expression de la reconnaissance, en particulier dans le monde du travail, puisque le manque de reconnaissance arrive toujours en tête des sources de démotivation au travail.

Voici une idée qui nous vient droit du Danemark. Alexander Kjerulf, expert danois du bonheur au travail, raconte souvent l'histoire de ces quatre jeunes infirmières qui ont réussi à modifier positivement leur environnement de travail avec des actions toutes simples. Fraîchement diplômées, passionnées et enthousiastes, ces quatre jeunes femmes déchantent rapidement en découvrant une ambiance de travail sinistre dans le service de pédiatrie auxquelles elles sont affectées. En particulier, elles identifient deux problèmes majeurs : les membres du personnel ne se connaissent pas assez bien et ils ne se disent jamais merci.

Mais au lieu de se résigner, elles décident d'agir pour faire changer les choses. Tout d'abord en organisant une « Summer Party » avec l'ensemble de l'équipe, quelque chose de simple et de convivial, pour apprendre à se connaître autour d'un barbecue et d'un bon verre de vin. Et pour développer la reconnaissance, elles proposent d'instaurer « l'ordre du mérite de l'éléphant » (l'éléphant étant un symbole très important au Danemark). Pour le matérialiser, elles créent une sorte de médaille, avec une petite peluche en forme d'éléphant et une épingle à nourrice. Puis elles remettent ce petit éléphant à une personne qu'elles souhaitent remercier ou féliciter. L'idée est que cette personne porte l'éléphant quelques jours, puis le remette à son tour à une autre personne qu'elle souhaite remercier. Chaque fois qu'une personne remet l'éléphant à une autre, elle note aussi sur un cahier de gratitude les raisons de son choix (par exemple : « C'est difficile de savoir à qui donner l'éléphant, mais je le donne à Nina, parce qu'elle est toujours calme, même dans les situations stressantes, et elle est vraiment compétente »).

Je dois dire que j'adore cette idée. Elle est simple, rapide à mettre en place et a l'avantage de s'auto-entretenir (il suffit de lancer le processus). En quelques semaines, ces infirmières danoises ont réussi à créer un environnement de travail totalement différent, réellement agréable et positif. Tous les membres du personnel (médecins, infirmières, etc.) ont évidemment apprécié ce changement, mais celui-ci a aussi eu des répercussions très positives sur les jeunes patients et leurs familles.

Depuis, cette idée brillante a été reprise et adaptée dans de nombreuses organisations.

D'autres rituels peuvent être mis en place pour adopter un état d'esprit plus « appréciatif ». Des réunions appréciatives, dans lesquelles on commence par célébrer les victoires et remercier tous ceux qui y ont contribué directement ou indirectement, un mur de mercis...

CRÉEZ VOTRE ORDRE DU MÉRITE

Vous aimez cette idée ? Pourquoi ne pas l'adapter et l'appliquer dans votre service ou votre organisation ? Quelles autres idées pourriez-vous mettre en place pour faciliter l'expression de la reconnaissance en continu ?

80

Oser le conflit
constructif

> « *Le débat est un échange de connaissances,
> la dispute, un échange d'émotions.* »
> Robert Quillen

Vous détestez les conflits ? Comme je vous comprends. Et pourtant ils peuvent aussi être constructifs et positifs.

Dans le monde du travail, les conflits sont extrêmement fréquents. D'après une étude réalisée par OPP (société spécialisée dans les tests psychométriques) et menée auprès de 5 000 salariés dans neuf pays européens, 85 % des salariés sont confrontés à des conflits dans le cadre de leur travail, et 29 % de façon fréquente ou permanente. Selon cette même étude, les salariés français passeraient d'ailleurs en moyenne 2,1 heures par semaine à gérer ce genre de situation (quand même !). Parmi les principales causes de conflits invoquées : les chocs de personnalité et d'ego, le stress, la surcharge de travail, le manque d'honnêteté. Et parmi les conséquences : attaques personnelles, maladie et arrêt de travail, échec de projets...

En France, le conflit reste assez tabou. Les salariés français sont ceux qui évitent le plus le conflit. Pour autant, l'objectif n'est pas d'éviter les conflits, car ils ont du bon ! D'abord, ils sont souvent signe d'engagement, de diversité de points de vue, de changement. Et ils peuvent déboucher sur des résultats positifs, comme une meilleure compréhension de l'autre ou des solutions innovantes aux problèmes rencontrés. Le challenge est donc d'oser le conflit constructif, celui qui permet d'apprendre et de grandir, sans y laisser tout son temps et son énergie. Et tout cela, ça s'apprend. Or, 73 % des salariés français n'ont jamais été formés à la gestion des conflits.

Quelques conseils pour mieux gérer les conflits :
- gérez le conflit dès qu'il se présente. N'attendez pas qu'il se règle tout seul, ou que l'autre personne fasse le premier pas et vienne s'excuser ;
- demandez des explications. Si un comportement, une action ou une parole vous a irrité, demandez à l'autre personne pourquoi elle a fait ou dit cela. Partez du principe que les gens sont de bonne foi, « présumés innocents » ;
- appliquez la communication non violente *(cf. fiche 71)* ;
- appliquez la méthode de la girafe *(cf. ci-dessous)* ;
- si le conflit est tellement enraciné que vous ne pouvez pas le gérer seul, faites appel à un médiateur.

APPLIQUEZ LA MÉTHODE DE LA GIRAFE

En s'appuyant sur la communication non violente, Alexander Kjerulf, expert danois du bonheur au travail, propose une méthodologie en six étapes pour résoudre un conflit au travail.

✔ Invitation.
Inviter l'autre personne à parler de la situation. Exemple : « Martin, j'aimerais te parler, est-ce que tu aurais un moment aujourd'hui ? On pourrait se retrouver dans la salle de réunion 2. » Il est important de planifier un moment dédié, au calme et sans interruption, dans un lieu neutre.

✔ Observation.
Décrivez les faits le plus objectivement possible. Exemple : « Cela fait plusieurs fois que tu soulignes mes erreurs en réunion devant toute l'équipe. »

✔ Excuses.
Excusez-vous pour votre part de responsabilité dans le conflit (sauf si vous n'en avez vraiment pas). Exemple : « Je suis désolée, j'ai

ressenti beaucoup de pressions ces dernières semaines et il m'est aussi arrivé de te critiquer. »

✔ Appréciation.
Dites sincèrement ce que vous appréciez chez l'autre personne. Dites pourquoi il est important pour vous de résoudre ce conflit. C'est souvent la partie la plus difficile, mais elle peut vraiment débloquer les choses. Exemple : « Même si nous ne sommes pas très proches, j'apprécie beaucoup ta contribution au projet et j'aimerais vraiment qu'on arrive à travailler ensemble. »

✔ Conséquences.
Évoquer les conséquences négatives du conflit, sur vous, sur le reste de l'équipe, sur l'entreprise. Exemple : « Je n'aime pas cette situation. J'ai une boule au ventre dès que j'arrive au bureau, je pense que notre relation nuit vraiment au bon fonctionnement de l'équipe. »

✔ Objectif.
Quelle pourrait être une issue positive pour ce conflit ? Exemple : « J'aimerais que l'on s'écoute et que l'on souligne d'abord les choses positives, puis que l'on réfléchisse à ce que l'on peut améliorer, de façon constructive. »

✔ Requête.
Demandez des actions concrètes qui peuvent être mises en place immédiatement. Exemple : « Je propose qu'on instaure une nouvelle règle : en réunion lorsque l'un de nous prendra la parole, l'autre soulignera d'abord ce qu'il y a de positif dans cette idée, puis fera des suggestions pour l'améliorer. Si nous avons des commentaires négatifs sur le travail de l'autre, je propose que nous les partagions en privé. »

Cette méthode permet de structurer la conversation, de se focaliser sur la source du problème et d'aboutir à des actions concrètes.

→ *Pour encore plus de bonheur*
50 Exercices pour résoudre les conflits sans violence de Christophe Carré, Eyrolles, 2009.

81

Trouver ses « groupes de cœur »

« Chaque être humain a les mêmes besoins vitaux : nourriture, abri, un groupe dont faire partie. L'affection. »

Karin Lowachee

Plusieurs études ont démontré que les personnes qui ont un fort sentiment d'appartenance à des groupes sociaux sont plus heureuses que les autres. C'est probablement un des secrets des Danois, qui figurent souvent en tête des pays les plus heureux du monde : 90 % des Danois font partie de clubs ou d'associations, et le Danois moyen fait partie de 2,8 clubs. Les chercheurs de la Nottingham Trent University ont mené une étude sur 4 000 participants, pour mesurer la façon dont ils se sentaient connectés aux groupes auxquels ils appartenaient (exemple : groupe autour d'un lobby, association locale…). Conclusion : plus nous nous identifions à des groupes qui partagent nos valeurs, nos centres d'intérêt, nos priorités de vie (et qui peuvent nous soutenir dans les moments difficiles), et plus nous sommes heureux. D'autres études montrent que le fait de rejoindre et de s'identifier à un groupe réduit le risque de dépression ou de rechute dépressive. Mais le fait d'être membre d'un groupe n'aura un impact positif que si nous avons ce fort sentiment subjectif de connexion et d'appartenance (autrement dit, si nous faisons référence au groupe en utilisant le « nous » plutôt que le « eux ».) Pourquoi est-il si important de faire partie de groupes ? Le simple fait d'être connecté et en lien avec les autres génère des émotions positives, un sentiment de confiance, de responsabilité. Cela nous pousse aussi à agir et à donner le meilleur de nous-mêmes. Les groupes dont nous faisons partie deviennent aussi une composante de notre identité (comme notre job) et nous permettent de nous faire de nouveaux amis...

INTÉGREZ-VOUS ET IMPLIQUEZ-VOUS !

✔ Dans quels groupes aimeriez-vous vous impliquer ?

Il peut s'agir de groupes liés à des loisirs (club de foot, de voile, de lecture, de peinture...), à la vie de quartier, à une action politique, à une religion, à une association dont la cause vous tient à cœur… Misez en priorité sur des groupes accueillants et dont vous partagez la vision, les centres d'intérêt, les valeurs…

✔ Rejoignez des groupes existants ou lancez votre groupe.

Pourquoi ne pas lancer un club de foot ou un cercle de lecture pour créer du lien dans votre entreprise ou dans votre quartier ?

✔ Si vous ne l'avez pas encore fait, rejoignez la Happy Days Family !

Eh oui, c'est un groupe qui partage vos valeurs et qui peut vous apporter un soutien précieux.

82

Le pouvoir de l'intelligence collective!

« Aucun d'entre nous n'est plus intelligent que l'ensemble d'entre nous. »

Kenneth Blanchard

Le concept d'intelligence collective a le vent en poupe, mais elle désigne une réalité vieille comme le monde, que l'on retrouve également dans le monde animal. De quoi s'agit-il exactement ? L'intelligence collective peut être définie comme les capacités cognitives d'un groupe résultant des interactions entre ses membres. Elle repose sur plusieurs principes :

- chaque membre du groupe a une vision parcellaire de la situation ou du problème ;
- les membres du groupe interagissent, en confiance et en suivant un certain nombre de règles ;
- chaque individu a intérêt à collaborer et sa performance est améliorée par le groupe.

Pour Pierre Lévy, auteur de *L'Intelligence collective – Pour une anthropologie du cyberespace*, l'intelligence collective désigne une « intelligence partout distribuée, sans cesse valorisée, coordonnée en temps réel, qui aboutit à la mobilisation effective des compétences ». C'est d'abord un état d'esprit, qui consiste à considérer que l'intelligence est partout et que nous avons tout intérêt à unir nos forces pour être plus performants individuellement et collectivement. Mais ce n'est pas seulement de performance qu'il est question ici. L'intelligence collective a un réel impact sur le bien-être au travail. Au début des années 2000, l'université de Londres a par exemple observé l'impact de programmes d'action participative dans une grande administration. Le principe ? Des employés étaient réunis dans des comités au sein desquels ils pouvaient prendre la parole pour proposer de nouvelles procédures pour leur travail. Les études ont démontré que ce type de programme augmente le sentiment d'autonomie, de contrôle et d'auto-efficacité des employés. Ils ont alors la sensation de moins subir ce qui leur arrive et de maîtriser davantage leurs actions et leurs résultats. Cela a des répercussions significatives sur de nombreux indicateurs : réduction du taux d'absentéisme et des burn-out, augmentation importante du niveau de bien-être… L'intelligence collective est particulièrement efficace pour générer des idées créatives, résoudre des problématiques complexes, créer une vision commune. Elle permet généralement d'aboutir à un résultat très positif, ce qui génère un sentiment de motivation et de gratification. Elle permet aussi de devenir acteur du changement, et de le rendre moins anxiogène.

Évidemment, l'intelligence collective a ses limites et il est important de bien fixer le cadre de coopération pour éviter les dérives (exemple : bienveillance, confiance, authenticité, écoute, non-jugement, parole brève et partagée, parler en « je »…).

Pour mettre en œuvre cet état d'esprit et le processus d'intelligence collective, des outils et méthodologies spécifiques peuvent être utilisés.

UTILISEZ DAVANTAGE L'INTELLIGENCE COLLECTIVE

✔ Formez-vous à différentes méthodes d'intelligence collective (livres, formation en ligne ou en présentiel).

✔ Expérimentez-les pour voir celles qui sont les plus pertinentes pour votre groupe.

✔ Faites-en une habitude.

Inspirant !

Quelques méthodes d'intelligence collective à expérimenter sans tarder :

« Me in Your Shoes »
Inspirée du co-développement (mais plus rapide), cette pratique consiste à réfléchir collectivement à une problématique individuelle apportée par un participant. Celui-ci présente sa problématique, puis les autres participants posent des questions de clarification. Chacun prend ensuite une minute de réflexion puis exprime ce qu'il ferait s'il était « à la place » du participant qui a amené la question.

Les chapeaux de Bono
C'est une méthode de management personnel ou de groupe développée par Edward de Bono. Elle permet de voir la situation sous différents angles, de construire une vision globale, de prendre des décisions éclairées, d'éviter la censure automatique qui nuit à la pensée divergente ou créative… Chaque participant tire un chapeau d'une couleur et adopte le rôle correspondant :
• blanc = neutralité (faits, chiffres) ;
• rouge = émotions (intuitions, sentiments) ;
• vert = créativité (aucune censure, idées farfelues) ;
• noir = pessimisme (prudence, danger, objections) ;
• jaune = optimisme (rêve, espoirs, commentaires constructifs) ;
• bleu = organisation (discipline, rigueur, idées à retenir).

→ Pour encore plus de bonheur

LECTURES
L'Intelligence collective – Pour une anthropologie du cyberespace de Pierre Lévy, La Découverte, 1994.
La Boîte à outils de l'intelligence collective de Béatrice Arnaud et Sylvie Caruso Cahn, Dunod, 2016.
Les six chapeaux de la réflexion de Edward de Bono, Eyrolles, 2005.

Donnez du sens et devenez vous

« J'irai au bout de mes rêves »

83

Trouver son « Big Why »

> « Les deux jours les plus importants de votre vie sont le jour où vous êtes né et le jour où vous découvrez pourquoi. »
>
> Mark Twain

Nous sommes souvent focalisés sur le « quoi ? » (nos objectifs, ce que nous voulons faire) et sur le « comment ? » (ce que nous devons faire pour y arriver), mais nous oublions de nous poser la question essentielle : celle du « pourquoi ? ». Qui voulons-nous être ? Qu'est-ce qui nous tient réellement à cœur ? Qu'est-ce qui a du sens pour nous ? Quel impact avons-nous envie d'avoir (en particulier à travers notre travail) ? Certains parlent de mission, d'autres de vocation ou de contribution, les Américains parlent de notre « *Big Why* »… Notre « pourquoi » et nos valeurs constituent une véritable boussole, qui guide nos actions et nous engage activement, pour construire une existence pleine de sens et à notre image. C'est donc à la fois un levier de motivation et d'épanouissement.

Pour trouver et (re)donner du sens à notre vie et à notre travail, interrogeons-nous d'abord sur nos valeurs. L'inventaire des valeurs du chercheur en psychologie sociale Schwartz fait référence dans ce domaine. Avec ses collègues, il a répertorié 10 puis finalement 19 valeurs fondamentales, qui permettraient de répertorier toutes les autres et seraient universelles.

Selon Schartz et ses collègues, les valeurs sont des croyances associées à des émotions (« qui nous tiennent à cœur »), qui forment un système hiérarchique relativement stable (avec un ordre d'importance). Elles font référence à des buts désirables et motivant à l'action, s'appliquent dans toutes les situations. Elles servent de normes pour évaluer et sélectionner les actions, les personnes, les événements... Leur impact est rarement conscient, et il peut exister des compromis entre des valeurs concurrentes (opposées sur le cercle).

Une autre façon de réfléchir à vos valeurs et à votre pourquoi est simplement de vous poser cette question : « Quel est votre verbe ? » Vous avez même le droit d'en choisir plusieurs. Pour certains, il s'agit de créer, pour d'autres d'inspirer, de transmettre. Mes verbes « créer », « aider » et « inspirer » me guident au quotidien dans le choix de mes projets, mais aussi dans la façon de faire mon travail.

Vous pouvez enfin vous interroger sur ce que vous avez envie de changer (dans le monde, dans votre quartier, dans votre entreprise...).

Pour être conscient de nos valeurs (celles qui sont 100 % les nôtres), nous pouvons nous connecter à nous-mêmes, à nos émotions, à notre intuition et essayer de ne pas être influencés par l'environnement extérieur (conjoint, collègues...). Pour être le plus « aligné » possible, plusieurs facteurs sont à prendre en compte : conditions et environnement de travail, type de job, domaine, façon de vivre son job au quotidien, mais aussi engagement associatif, interactions...

CLARIFIEZ VOS VALEURS ET VOTRE POURQUOI !

✔ Parmi les 19 valeurs de Schwartz, sélectionnez votre Top 5, hiérarchisé.

Vos activités reflètent-elles vos valeurs les plus profondes ? Comment pourriez-vous être davantage en phase avec vos valeurs fondamentales ?

✔ Quels sont vos verbes ?

Que pourriez-vous faire pour les exercer davantage au quotidien ?

✔ Imaginez votre discours de 80 ans.

Toutes les personnes qui ont compté pour vous sont présentes. Vos descendants, vos amis, d'anciens collègues… Quelle contribution aimeriez-vous avoir apporté ? Quelle trace aimeriez-vous laisser ? Comment pourriez-vous être davantage en phase avec ce discours (dès aujourd'hui).

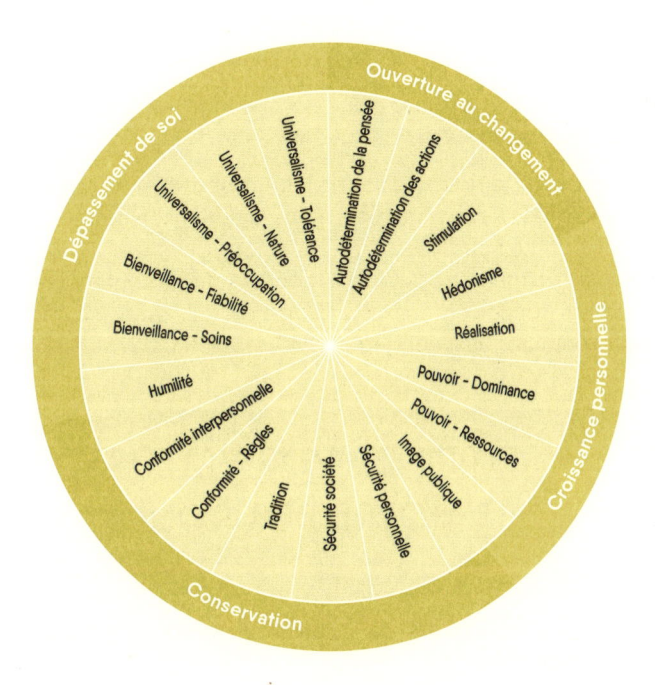

TROUVER SON « BIG WHY »

→ *Pour encore plus de bonheur*

LECTURES
L'Alchimiste de Paulo Coelho, Flammarion, 2010.
FILMS
En quête de sens de Nathanaël Coste et Marc de la Ménardière, 2015.
La vie est belle de Frank Capra, 1947.
MUSIQUE
Si jamais j'oublie de Zaz, 2015.

84

Faire de son travail...
une vocation !

> *« Faire ce que tu aimes, c'est la liberté.*
> *Aimer ce que tu fais, c'est le bonheur. »*
> Pierre Champsaur

Et vous comment voyez-vous votre travail ? Pour les chercheuses Amy Wrzesniewky et Janes Dutton, il existe trois façons de considérer son travail, et ce dans toutes les professions. Que l'on soit médecin, coiffeur, pasteur, ouvrier ou agent de ménage, on peut voir son travail comme un gagne-pain (qui nous permet simplement de subvenir à nos besoins), comme une carrière (avec des échelons à grimper), ou comme une vocation (avec un vrai sentiment d'utilité). Et sans surprise, les personnes les plus heureuses et les plus engagées dans leur travail sont évidemment celles qui le considèrent comme une vocation, la plupart du temps. Dans une étude[1] menée par ces chercheuses sur les agents de ménage d'un hôpital, il est ainsi apparu clairement que même si tous avaient la même fiche de poste, ils n'avaient pas tous la même façon de vivre leur travail. Certains, se cantonnant aux tâches indiquées sur leur fiche, avaient très peu d'interactions avec les patients et le personnel médical et une image très négative de leur job. D'autres, au contraire, réalisant fréquemment des tâches additionnelles (pour rendre service), avaient beaucoup d'interactions sociales (avec les patients, leurs familles, le personnel soignant) et une image très positive de leur

---

1. http://webuser.bus.umich.edu/janedut/POS/craftingajob.pdf

job (ils se considéraient comme des personnes utiles, et avaient le sentiment de faire partie intégrante du service).

Comme l'expliquent Wrzesniewky et Dutton, nous pouvons tous devenir des « artisans de notre travail » (ou « *job crafters* ») : « Même dans les emplois les plus routiniers et limités, les employés peuvent exercer une influence sur ce qui est l'essence de leur job. » Même si votre fiche de poste liste des missions et des tâches précises, vous avez certainement une marge de manœuvre pour façonner votre job comme vous le souhaitez, dans votre intérêt et dans celui de votre organisation.

Devenir l'artisan de son travail permet de lui trouver plus de sens, d'avoir une image plus positive de soi-même et de se connecter davantage aux autres. Cela peut aussi avoir un impact très favorable sur l'environnement de travail et sur l'organisation.

RÉDIGEZ VOTRE NOUVELLE FICHE DE POSTE

Prenez quelques minutes pour réfléchir à ce que vous pourriez faire pour façonner positivement votre travail et lui donner plus de sens. Reprenez votre réflexion sur votre « Big Why » et rédigez votre nouvelle « fiche de poste » (à votre image, inspirante et pleine de sens, même si elle n'a rien d'officiel) ! Vous pouvez par exemple :

✓ Modifier le type ou le nombre de tâches que vous effectuez (en fonction de la liberté dont vous disposez) ;

✓ Vous focaliser sur l'utilité et l'impact de votre travail et la façon dont il s'intègre dans un tout, mais aussi sur les aspects les plus enrichissants qu'il comporte (exemples : tâches enthousiasmantes, relations épanouissantes, compétences acquises…) ;

✓ Changer la qualité ou le nombre d'interactions sociales que vous entretenez.

À présent, mettez-la en pratique !

Inspirant !

Vincent a été sacré conducteur de métro préféré des Parisiens, et ce n'est pas par hasard. « L'univers du métro est un peu triste, explique-t-il. Les gens vont au boulot, ils sont tous dans leurs pensées. Ils ont un comportement isolé. Moi j'essaie de leur redonner le sourire. » Face à la morosité ambiante, Vincent a décidé de réagir et de vivre son métier de conducteur autrement. Chaque jour, il invite les passagers à saluer leur voisin et à se présenter. Et ça marche ! Comme par magie, des conversations naissent et des sourires apparaissent… Arrivés à destination, les passagers se pressent pour remercier leur conducteur préféré ! Vincent est heureux au travail, et ça se voit ! Découvrez son histoire inspirante en vidéo sur www.sundaymondayhappydays.com.

→ *Pour encore plus de bonheur*

FILM
Le Majordome (The Butler) de Lee Daniels, 2013.

85

Choisir un intitulé de job inspirant

> « Je ne suis pas ce qui m'est arrivé.
> Je suis ce que je choisis de devenir. »
> Carl Jung

« Qu'est-ce que tu fais dans la vie ? » Cette question, nous sommes tous amenés à y répondre très fréquemment, et ce dans différents contextes. Si notre intitulé de job est tellement important, c'est qu'il définit (en partie) ce que nous sommes. Il peut déclencher différentes réactions chez notre interlocuteur (curiosité, amusement, indifférence, admiration…), et nous renvoyer une image plus ou moins positive de nous-mêmes. Il peut aussi contribuer à donner du sens à ce que nous faisons, à nous rendre fiers de notre travail et à augmenter notre engagement au quotidien. Ce n'est pas un hasard si les « Customer Happiness Manager » ont remplacé les « Customer Satisfaction Manager » (et ce n'est qu'un exemple parmi tant d'autres). Une fois de plus, les mots comptent !

Une nouvelle pratique est d'ailleurs apparue dans la Silicon Valley : laisser les salariés choisir leur intitulé de poste. Chacun peut laisser parler son imagination pour choisir un intitulé de poste inspirant et motivant. Joe Reynolds, fondateur d'une société d'événementielle à forte croissance aux États-Unis, a adopté cette méthode. Dans son entreprise, le responsable juridique est devenu « Acrobate de la Justice », et le directeur financier « Capitaine des devises ». Pour lui, cette démarche a de nombreux avantages :

- elle stimule la créativité des salariés ;
- elle permet de marquer les esprits des clients, partenaires, prospects…
- elle favorise l'équité et la valorisation de chacun des employés, car même les nouveaux ou les postes moins prestigieux peuvent choisir un titre valorisant. La standardiste peut ainsi devenir « reine de la ligne » ;
- elle donne le sourire, et instaure un esprit de jeu dans l'entreprise.

Réfléchir à votre intitulé de job idéal peut aussi vous aider trouver plus de sens dans votre travail, ou à définir la direction que vous souhaitez donner à votre carrière.

DÉFINISSEZ QUI VOUS VOULEZ ÊTRE

✔ Réfléchissez à votre intitulé de job idéal (que cela corresponde ou non à votre job actuel).

Oubliez les classiques « chef de produit », « contrôleur de gestion », ou « responsable informatique ». Laissez libre cours à votre créativité et amusez-vous ! Dans le domaine du web par exemple, certains se déclarent « Head of Geek », « Engagement Mastermind » ou « Gourou de l'innovation ». Si vous êtes un multipotentialiste, vous pouvez aussi avoir un intitulé plus long et/ou composé (par exemple : « psychologue/luthier » ou « Blogueur, écrivain, professeur »).

✔ Prenez le temps de réfléchir à cet intitulé.

Que révèle-t-il sur vos envies et aspirations ? Comment pourriez-vous faire évoluer votre job pour qu'il corresponde à cet intitulé ?

✔ Si vous êtes entrepreneur ou indépendant, vous pouvez utiliser ce titre pour vous présenter lorsque vous rencontrez de nouvelles personnes, mais aussi sur votre site, votre profil LinkedIn, votre carte de visite, etc. Un intitulé original et accrocheur vous permettra de marquer les esprits.

✔ Si vous êtes salarié, vous pouvez parler de votre idée d'intitulé à votre supérieur.

C'est peut-être aussi l'occasion de faire évoluer votre job pour le façonner à votre image. D'ailleurs cette démarche ne pourrait-elle pas être étendue à l'ensemble du personnel ? S'il n'est pas possible que chacun définisse son propre intitulé (dans un souci de cohérence), il est possible d'organiser des ateliers de créativité par type de poste, pour définir ensemble un intitulé plus inspirant qui corresponde au plus grand nombre.

✔ Si vous êtes à la recherche d'un job, vous pouvez aussi être innovant dans votre façon de vous présenter.

Cela vous permettra d'ailleurs de sortir du lot. À vous de montrer l'importance de ce job et ce que vous pourriez apporter à l'entreprise !

86

Faire sa part
(ou la fable du colibri)

« Sois le changement que tu veux voir dans le monde. »
Gandhi

Connaissez-vous la fable du colibri ? Pierre Rabhi, qui s'en est inspiré pour la création de son mouvement citoyen « Les Colibris », la raconte ainsi : « Un jour, dit la légende, il y eut un immense incendie de forêt. Tous les animaux terrifiés, atterrés, observaient impuissants le désastre. Seul le petit colibri s'activait, allant chercher quelques gouttes avec son bec pour les jeter sur le feu. Après un moment, le tatou, agacé par cette agitation dérisoire, lui dit : "Colibri ! Tu n'es pas fou ? Ce n'est pas avec ces gouttes d'eau que tu vas éteindre le feu !" Et le colibri lui répondit : "Je le sais, mais je fais ma part." » Faire sa part, c'est contribuer, s'impliquer, avoir un impact positif sur le monde qui nous entoure. Et si tout le monde fait sa part, le monde peut réellement changer. Il y a 1001 moyens de faire sa part, individuellement et collectivement. Vous pouvez par exemple :

- créer un « *conscious business* », une association, une fondation ou un événement en faveur d'une cause qui vous tient à cœur ;
- soutenir des causes en donnant de l'argent ou du temps (sur votre temps personnel ou *via* des projets « pro-bono ») ;
- jouer votre rôle de « consommacteur », en privilégiant les entreprises qui mettent l'humain et l'environnement au cœur de leurs priorités ;

- changer vos comportements au quotidien et inciter les autres à faire de même (par exemple en mettant en place le tri sélectif, ou en n'utilisant plus de couverts en plastique…);
- veiller à l'impact de votre activité et à celle de votre entreprise sur la santé, la société, l'environnement (par exemple en compensant votre impact écologique);
- choisir des fournisseurs et partenaires «responsables», qui ont eux-mêmes un impact positif. Beaucoup de start-up se lancent dans ce domaine, soutenons-les! Découvrez-en plusieurs sur le site du livre!

Dans tous les cas, faire sa part, c'est d'abord… agir! Pour maximiser notre niveau de bonheur, Sonya Luybomirsky nous recommande de choisir des actions variées, que nous avons envie de réaliser, qui nous incitent à la connexion avec les autres, et qui nous donnent le sentiment d'avoir un véritable impact. Ainsi, nous enclenchons un cercle vertueux: plus nous choisissons des actions qui nous rendent heureux, plus nous avons envie d'en faire, et plus nous avons un impact positif sur notre environnement. Si nous nous forçons à réaliser des actions, il y a peu de chances qu'elles perdurent dans le temps.

FAITES BOUGER LES CHOSES

✔ Réfléchissez aux causes qui vous tiennent à cœur.

✔ Identifiez et mettez en place des actions concrètes pour faire bouger les choses à votre échelle.

✔ Proposez à votre boss et à vos collègues de rejoindre le mouvement. Demandez-vous aussi comment vous pourriez avoir un impact plus positif sur vos clients, vos employés, vos partenaires…

Inspirant

General Electric a créé le programme GE Volunteers, qui permet à tous les employés du groupe de s'engager auprès d'associations pour travailler sur les principaux défis actuels en matière de santé, d'environnement, d'éducation... Une équipe de management parisienne a par exemple contribué à la réhabilitation de l'ancien hôpital Saint-Vincent-de-Paul, pour le transformer en village temporaire d'innovation solidaire et durable, dans le cadre du projet « Les Grands Voisins ». Ce type de projet permet de donner du sens, de créer de l'engagement, mais aussi de souder les équipes, qui se retrouvent à œuvre pour un projet commun sur le terrain, sans barrière et sans hiérarchie. Une idée à souffler à votre boîte ?

→ Pour encore plus de bonheur

LECTURE
Impliquez-vous, 101 actions solidaires et écolos pour un monde meilleur de Christophe Chenebault, Eyrolles, 2011.

FILMS
Demain de Cyril Dion, Mélanie Laurent, 2015.
Erin Brockovitch de Steven Soderbergh, 2000.
Every three seconds de Daniel G. Karslake, 2014.
Gandhi de Richard Attenborough, 2003.

FAIRE SA PART (OU LA FABLE DU COLIBRI)

87

Activer ses
super-pouvoirs

> « *Utiliser ses forces est la plus petite chose que l'on puisse faire pour faire la plus grande différence.* »
> Alex Linley

« D'après vous, qu'est-ce qui vous aide le plus à progresser ? De travailler sur vos faiblesses ou de vous focaliser sur vos forces ? » C'est la question posée par l'institut Gallup à 1,7 million de personnes dans 63 pays. Sans surprise, la majorité des gens répond : « De travailler sur mes faiblesses. »

Mais la psychologie positive a démontré que le fait de nourrir et d'utiliser ses forces au quotidien était une stratégie beaucoup plus efficace pour s'épanouir personnellement et professionnellement. Cette stratégie a notamment un impact très positif sur notre niveau d'optimisme, de confiance, de vitalité, d'émotions positives, de résistance au stress…

Elle permet de poser un regard positif sur nous-mêmes, d'exprimer ce que nous sommes réellement, de « fleurir plutôt que se languir ».

Très logiquement, cet impact positif se retrouve au niveau des organisations. L'institut Gallup a également posé cette question aux personnes interrogées : « Au travail, avez-vous l'occasion de faire ce que vous faites le mieux, chaque jour (pas tout le temps, mais au moins à certains moments de la journée) ? » 80 % des participants de l'étude ont répondu « non ». Là encore, les organisations ont tendance à mettre l'accent sur les faiblesses, au lieu d'inciter chacun à utiliser ses forces au quotidien. Les organisations les plus heureuses et florissantes sont pourtant celles dans lesquelles les employés utilisent le plus leurs forces.

Pas étonnant que les forces soient un thème central en psychologie positive.

Mais de quoi parle-t-on exactement ? Un groupe d'experts de la psychologie positive (Seligman, Myers et Peterson) a établi une liste de 24 forces de caractère universelles. Selon le professeur Alex Linley, « une force est une capacité préexistante consistant en une manière particulière de se comporter, de réfléchir ou de ressentir, qui est authentique et énergisante pour l'utilisateur et permet le fonctionnement optimal, le développement et la performance ». Les forces sont naturelles, c'est-à-dire qu'elles font partie de notre personnalité et s'expriment de façon générale, en dehors d'une situation particulière. Une force de caractère n'est pas une aspiration, elle est déjà là, en nous.

IDENTIFIEZ VOS PRINCIPALES FORCES DE CARACTÈRE

Il est temps de découvrir ce que Florence Servan-Shreiber appelle votre « trousseau de base » : ces forces de caractère sur lesquelles vous pouvez compter en toute circonstance, et qui peuvent contribuer à votre épanouissement au quotidien.

Voici les étapes à suivre pour y parvenir :

✔ Prenez 10 à 15 minutes pour faire le test visant à identifier votre profil sur ce site : www.viacharacter.org. (Cliquez sur « Take the free VIA Survey » puis sélectionnez « français ».)

Essayez de limiter l'utilisation de la réponse « neutre » afin d'obtenir des résultats suffisamment contrastés.

✔ Identifiez et notez les cinq premières forces de votre classement.

Il est important de faire une sélection et d'identifier celles que vous activez le plus souvent et qui vous caractérisent le plus. Mais si vous

ACTIVER SES SUPER-POUVOIRS

jugez qu'il y en a six, sept ou huit qui sont vraiment prépondérantes, vous pouvez les conserver aussi. Ces forces sont votre « trousseau de base ». Vous avez tout intérêt à vous appuyer sur ces forces et à les nourrir au quotidien.

✔ Prenez une feuille A4, et créez une colonne pour chacune de ces forces.

Pour chacune, demandez-vous comment vous pouvez la nourrir ou l'utiliser dans votre vie professionnelle et personnelle. Voici quelques exemples pour vous y aider. Par exemple, si « leadership » fait partie de vos forces de base, vous pouvez :
- mener une activité ou un projet de groupe en sollicitant activement les différents membres du groupe ;
- organiser des événements ;
- devenir mentor ;
- lire des biographies de leaders connus pour vous inspirer de leurs façons de faire ;
- jouer le rôle de médiateur dans un conflit ;
- faire du coaching ;
- travailler sur votre style de leadership.

Poursuivez l'exploration de vos super-pouvoirs en partant à la découverte de vos talents et du flow (cf. fiche 89).

Discutez aussi de ce sujet en équipe. Le regard des autres peut nous permettre d'identifier certaines forces dont nous n'avons pas conscience. Par ailleurs, le fait de comprendre les forces de chacun des membres de notre équipe peut aussi nous permettre de les voir plus positivement, de mettre en lumière les complémentarités, de travailler plus efficacement ensemble et parfois de redistribuer les rôles pour capitaliser sur les forces de chacun.

→ Pour encore plus de bonheur

LECTURES
Power Patate – Vous avez des super pouvoirs, détectez-les et utilisez-les de Florence Servan-Shreiber, Marabout, 2014.
Authentic Happiness de Martin Seligman, Atria Books, 2004.

AUTRES RESSOURCES
www.viacharacter.org pour trouver des idées pour activer vos forces
www.viacharacter.org/resources/ways-to-use-via-character-strengths/

88

Suivre ses préférences naturelles

> « *La vie heureuse est celle qui est en accord avec sa propre nature.* »
> Sénèque

Pour être heureux du lundi au dimanche, il est aussi important de connaître nos préférences, autrement dit, ce qui est naturel pour nous et ce qui nous donne de l'énergie. Le MBTI (*Myers Briggs Type Indicator*) est un bon outil pour cela. Basé sur les théories du psychiatre suisse Carl Jung, il est utilisé dans de nombreux contextes : développement personnel, relations au sein des équipes, orientation, thérapies de couple…

L'objectif du MBTI est d'identifier vos préférences, autrement dit ce qui est le plus naturel pour vous sur quatre dimensions.

✳ D'où tirez-vous **votre énergie** ?

Dans votre univers intérieur (introversion « I »), ou à partir de l'environnement extérieur (extraversion « E ») ? Les personnalités « E » (Extraversion) sont en général très énergiques. Elles se nourrissent des contacts extérieurs, aiment avoir de nombreuses relations sociales, réfléchir à plusieurs, etc. Les personnalités « I » (introversion) ont davantage besoin de se retrouver seules régulièrement pour « recharger les batteries », elles aiment réfléchir posément.

✳ Comment recueillez-vous **l'information ?**

Dans le détail, en utilisant vos cinq sens (sensation « S »), ou de façon plus globale et intuitive (intuition « N ») ? Les personnalités « S » (Sensation) sont très à l'aise avec les détails. Elles trouveront plus naturel de suivre un chemin déjà tracé ou un mode d'emploi prédéfini, plutôt que de tout réinventer. Les personnalités « N » (intuition) perçoivent l'idée générale plutôt que le détail. Elles préfèrent se fier à leur intuition, et ont du mal à suivre un mode d'emploi ou chemin préétabli.

✳ Sur quoi vous appuyez-vous principalement pour **prendre vos décisions ?**

Le raisonnement logique (la pensée/think ou « T »), ou vos valeurs et émotions (sentiment/feel ou « F ») ? Les personnalités « T » (Think) ont tendance à rester impartiales et à s'appuyer sur un raisonnement logique, sans faire d'exception. Elles valorisent un raisonnement scientifique avant tout. Les personnalités « F » (Feel) sont plus influencées par leurs émotions.

✳ Quel est **votre mode d'action préféré ?**

Planifier (jugement « J »), ou vous adapter aux circonstances (Perception « P ») ? Les personnalités « J » (Jugement) sont en général très ordonnées, planificatrices, toujours à l'heure. Les personnalités « P » (Perception), ont plutôt tendance à travailler à la hâte et au dernier moment, et sont souvent « désordonnées ».

Vos réponses se résument en quatre lettres qui, mises bout à bout, constituent votre type MBTI: ENFP, ou ISTJ, ou INTJ, etc. Il y a seize résultats possibles et chacun correspond à un type de personnalité. Aucun type n'est meilleur qu'un autre. Votre style vous permet simplement d'identifier ce qui est le plus spontané et le plus facile pour vous.

DÉCOUVREZ VOTRE TYPE MBTI

Pour connaître votre type MBTI et découvrir ce que cela peut vous apprendre sur vous, nous vous proposons de suivre les étapes suivantes :
- le test MBTI officiel certifié par Myers Brigg est payant et peut-être réalisé auprès d'un coach certifié MBTI, mais plusieurs tests proposés en ligne peuvent vous permettre d'identifier, avec une précision plus approximative, votre type MBTI.
- à la fin du test, vos fonctions dominantes seront identifiées, et vous obtiendrez les quatre lettres de votre style MBTI. Pour confirmer ou infirmer le résultat, vous pouvez relire le détail des quatre dimensions expliquées ci-dessus, et voir si les lettres obtenues correspondent bien à vos préférences sur chacune des dimensions ;
- vous pourrez trouver ici plus d'information sur votre type : www.opp.com/fr-FR/tools/MBTI/MBTI-personality-Types ;
- demandez-vous ensuite ce que vous pourriez changer dans votre travail ou dans votre vie personnelle pour être plus en phase avec votre type MBTI (par exemple : moins de tâches routinières, plus d'interactions…) ;
- discutez de ce sujet avec votre équipe et vos proches. Pour vivre et travailler ensemble de façon harmonieuse, il est important de prendre en compte les préférences de chacun, les complémentarités…

→ *Pour encore plus de bonheur*

SITE
www.opp.com

89

Identifier ses moments de « flow »

« Faites plus de ce qui vous rend heureux. »

Connaissez-vous le *« flow »* ? Ce n'est pas Jean-Claude Van Damme, mais le psychologue hongrois Mihály Csíkszentmihályi qui a élaboré ce concept. Largement utilisé en psychologie positive, le *flow* désigne un état optimal et gratifiant qui résulte d'un engagement intense dans une activité.

Nous connaissons tous des moments de flow, dans notre vie personnelle et dans notre vie professionnelle.

Lorsqu'on est dans le flow, on ne voit absolument pas le temps passer, on oublie le monde autour de soi, et on se sent bien, heureux, épanoui, énergisé, efficace, créatif, parfois même un peu euphorique. Et pour couronner le tout, la présence de flow indique souvent que nos talents profonds s'expriment.

C'est une expérience à la fois absorbante et stimulante, qui sollicite notre savoir-faire tout en nous proposant de nouveaux défis (il n'y a ni anxiété ni ennui).

Le temps passé en état de flow prédit le niveau général d'affectivité positive.

Trouver et cultiver le flow est donc une stratégie puissante et efficace pour être plus heureux au travail et dans la vie en général.

Mihály Csíkszentmihályi a montré que certaines conditions favorisent l'état de flow :
- nos compétences correspondent au challenge ;
- l'objectif est clair ;
- on reçoit un feed-back constant et immédiat sur le degré d'atteinte des objectifs ;
- on est libre de se concentrer pleinement sur l'activité ;
- nous ressentons une motivation intrinsèque pour cette activité (nous la menons d'abord parce qu'elle nous intéresse et nous procure de la joie, et non pour obtenir de l'argent, un statut…).

CULTIVEZ LE « FLOW »

✔ Voici une liste de questions qui peuvent vous aider à identifier des moments de flow :
- dans quelles situations professionnelles me suis-je senti vraiment heureux, vivant, épanoui, énergisé, performant (bref au top !) ? Essayez de décrire ces situations de façon précise : quel était contexte, que faisiez-vous exactement, avec qui étiez-vous, quel a été le résultat ?
- de quoi suis-je particulièrement fier (professionnellement parlant) ?
- qu'est-ce que je trouve particulièrement excitant ou motivant ?

✔ Sollicitez l'avis de collègues ou amis.

Demandez-leur de citer des moments ou des situations dans lesquels ils vous ont trouvé particulièrement épanoui, heureux et efficace.

Lorsque vous aurez identifié des moments de flow, demandez-vous comment vous pourriez vous mettre dans cet état plus souvent (au travail et en dehors).

Par exemple si vous vous rendez compte que vous vous sentez vraiment bien quand vous êtes en contact avec des clients, essayez de multiplier les opportunités de contact et de faire évoluer votre job dans ce sens. Pourquoi ne pas en discuter avec votre boss ?

✔ Continuez à explorer le flow.

Testez régulièrement de nouvelles activités, lancez-vous de nouveaux défis, cassez la routine pour identifier de nouvelles sources de flow.

→ *Pour encore plus de bonheur*

LECTURES

Finding Flow – The Psychology of Engagement With Everyday Life de Mihály Csíkszentmihályi, Basic Books, 1998.

Le Flow - Vivez les bienfaits de l'expérience optimale de Marlies Terstegge, Les éditions de l'homme, 2013.

90

Spécialiste ou multipotentialiste ?

« Ne vous souciez pas de ce que les autres pensent de vous, de ce qu'ils disent de vous, ou de l'étiquette qu'ils vous attribuent. Personne ne peut vous définir. Vous seul le pouvez. »
Serena Williams

Voilà une question qui mérite quelques précisions !

Pendant longtemps, on a considéré que chacun devait trouver un métier ou sa vocation, et y consacrer toute sa vie. Si vous savez depuis toujours (ou presque) que vous voulez être neurochirurgien pédiatrique, ou pompier, ou astronaute, vous avez probablement une vocation, et vous êtes ce qu'on appelle « un spécialiste ».

Mais beaucoup d'entre nous fonctionnent différemment, et sont plutôt ce qu'Emilie Wapnick (auteur de *How to be everything ?*) appelle des « multipotentialistes ». Les multipotentialistes (aussi appelés « multipodes », « couteaux suisses », « slashers »…) sont curieux de beaucoup de sujets, veulent faire un tas de choses. Parfois, ils se passionnent pour un sujet, s'y engagent à fond, puis s'en désintéressent au bout de quelque temps. Ils ont souvent l'impression qu'ils ne rentrent pas dans les « cases » et peuvent se sentir isolés. Mais comme l'explique Emilie, ils ont aussi des « super-pouvoirs » sur lesquels ils peuvent s'appuyer. Ils savent :

- synthétiser les idées, combiner différents domaines pour créer des choses nouvelles. Et c'est souvent de ces points d'intersection entre différents domaines que naissent des idées innovantes ;
- apprendre rapidement, et n'ont pas peur de s'attaquer à de nouveaux sujets. Ils savent s'appuyer sur les compétences acquises dans un domaine pour s'approprier plus rapidement un nouveau domaine ;
- adopter différents rôles. Ils ont en outre la capacité de pivoter et de s'adapter rapidement aux changements de l'environnement.

Les multipotentialistes sont des penseurs créatifs, qui sont capables de s'attaquer avec succès à des problèmes complexes et multidimensionnels. Le monde a besoin des multipotentialistes autant que des spécialistes. Il est d'ailleurs très intéressant de constituer des équipes mixtes (constituées à la fois de spécialistes et de multipotentialistes).

Comprendre et accepter la façon dont on fonctionne est essentiel pour être épanoui, serein et développer son potentiel.

Si vous êtes un spécialiste, continuez à vous spécialiser, c'est ainsi que vous vous épanouirez le plus.

Si vous êtes un multipotentialiste, vous avez tout intérêt à accepter vos passions multiples et à suivre votre curiosité.

Que vous soyez entrepreneur ou salarié, il y a plusieurs façons de construire votre carrière de multipotentialiste.

Pour Emilie Wapnick, il existe cinq modèles envisageables pour faire cela.

✴ L'approche « Group hug » ou « Umbrella » (ou « parapluie »)

Il s'agit d'abriter différents centres d'intérêt au sein d'un même job (un « *umbrella job* »), autour d'une thématique principale. Cela implique d'avoir un job ou un business qui présente différentes facettes, et qui vous permette de mettre en œuvre différents rôles, tâches, activités, centres d'intérêt et compétences.

✸ L'approche « slash »

Il s'agit d'exercer deux activités (ou plus) très différentes, en alternance. Il s'agit par exemple d'être luthier et psychologue, ou d'être policier et professeur de yoga, etc.

Contrairement à l'approche « Group Hug », les activités et projets restent totalement distincts.

✸ L'approche Einstein

Il s'agit d'exercer un job salarié qui ne vous passionne pas, mais qui vous permet de vivre votre passion sur votre temps libre. Einstein est un bon exemple. Saviez-vous qu'Albert Einstein a travaillé pendant plusieurs années à l'Office des brevets de Berne, ce qui lui a permis de vivre correctement tout en poursuivant ses travaux ? C'est à ce moment qu'il a développé la théorie de la relativité.

✸ L'approche « *serial careerist* » (ou approche sérielle)

Cette approche est utilisée avec succès par les multipotentialistes qui ont un fonctionnement séquentiel. Pour eux, il y a un temps pour tout. Ils exercent une activité pendant quelque temps, puis changent totalement de domaine lorsque l'ennui les gagne.

✸ L'approche hybride

Ces quatre approches permettent de structurer la réflexion, mais elles peuvent évidemment être combinées.

VOUS PENSEZ ÊTRE UN MULTIPOTENTIALISTE ?

Bienvenue au club ! Voilà ce que vous pouvez faire pour vous épanouir davantage dans votre travail :

- ✓ Identifiez vos super-pouvoirs de multipotentialiste. Comment pouvez-vous faire évoluer votre job pour les mettre davantage en valeur ?

- ✓ Identifiez le modèle de travail qui vous correspond le plus (parmi les cinq modèles cités plus haut) et comparez-le à votre situation actuelle.

   Comment pourriez-vous vous rapprocher de ce modèle ? Soyez force de proposition et proposez des projets qui vous intéressent et pourraient avoir une valeur pour votre boîte.

→ *Pour encore plus de bonheur*

LECTURE
How to be everything ? de Emilie Wapnick, HarperOne, 2017.
AUTRES RESSOURCES
puttylike.com (le site d'Emilie Wapnick).

91

Libérer
sa créativité

> « La créativité, c'est l'intelligence qui s'amuse. »
> Albert Einstein

Qu'est-ce qui nous rend créatifs et comment peut-on développer notre créativité au quotidien ? Voilà des questions passionnantes qui ont fait l'objet de nombreuses études en psychologie positive et sciences cognitives. Il y a 1001 façons d'être créatif : dans son organisation, dans sa façon de travailler, dans la gestion de son argent, dans la façon de résoudre des problèmes, bref en pensant « *out of the box* ». Libérer sa créativité permet de trouver des idées innovantes, qui peuvent améliorer votre vie et celle des autres. C'est aussi un excellent moyen d'exprimer ce que l'on est réellement, c'est donc un véritable facteur d'épanouissement.

Plusieurs études ont démontré l'impact des émotions sur la créativité. Je vous rassure tout de suite : il n'est pas nécessaire d'être dépressif et torturé pour être créatif. Dans une expérience réalisée en 1995 par Jill Adaman et Paul Blaney de l'Université de Miami[1], les participants étaient d'abord exposés à différents types de musiques pendant 20 minutes pour susciter différents états émotionnels : joie, neutralité ou tristesse. Puis leur créativité était mesurée par un exercice de pensée divergente (trouver différentes utilisations possibles pour un objet

---

1. « The Effects of Musical Mood Induction on Creativity », Jill Adaman et Paul Blaney, *The Journal of Creative Behavior*, 1995.

usuel). Résultats : la créativité était la plus importante dans les conditions « joie » et « tristesse ». Les émotions intenses (en particulier la joie), favorisent donc la créativité. Les chercheurs pensent d'ailleurs que la créativité a un rôle essentiel dans la gestion des émotions. En d'autres termes, si vous êtes particulièrement sensible et que vos émotions ont tendance à s'emballer, vous avez besoin de faire marcher votre créativité.

Mihaly Csikszentmihalyi, l'inventeur du concept de flow, s'est aussi intéressé de près à ce qui favorisait la créativité. Dans son ouvrage *La créativité – Psychologie de la découverte et de l'invention*, il présente les résultats d'une trentaine d'années de recherches sur la vie et les méthodes de travail des grands créatifs (artistes, écrivains, chercheurs, scientifiques, chefs d'entreprise...). Ses recommandations pour mener une vie plus créative :

- laissez-vous surprendre chaque jour et essayez de surprendre les autres ;
- vivez des expériences et expérimentez de nouvelles choses ;
- entourez-vous de personnes différentes pour échanger vos réflexions. Une idée créative est souvent le fruit de la synergie de plusieurs sources ;
- approfondissez vos connaissances dans les domaines qui vous intéressent, sans devenir « hyperspécialisé » dans un seul domaine. Les innovations naissent souvent d'une combinaison des connaissances et expériences dans différents domaines ;
- appliquez votre créativité dans toutes les tâches et activités du quotidien (pour les rendre plus agréables, améliorer leur qualité...) ;
- préservez du temps de repos et de réflexion ;
- organisez votre espace et entourez-vous d'objets stimulants ;
- ressentez la joie de créer et de découvrir.

Enfin, des chercheurs ont démontré que le cerveau était au top de sa créativité lorsqu'il était légèrement distrait par un bruit de fond (le must : le niveau sonore d'un café : environ 70 dB)

STIMULEZ VOTRE CRÉATIVITÉ

---*---

Vous l'avez compris, il y a de nombreuses façons de nourrir votre créativité. En plus des conseils ci-dessus, je vous propose de choisir un ou plusieurs de ces défis/expériences pour entrer dans l'action.

- ✔ Si vous avez besoin d'être créatif (ou que les autres le soient), tentez de susciter des émotions positives avant de vous y mettre (cf. chapitre lié).

- ✔ Découvrez et pratiquez des méthodes de créativité : brainstorming, renversements de problématique, associations, planification mentale…

- ✔ Faites une surprise à un ou plusieurs collègues.

- ✔ Créez un carnet d'idées avec toutes les idées originales qui vous passent par la tête. Consultez régulièrement ce carnet pour affiner ces idées, et faire le tri !

- ✔ Chaque semaine, faites une tâche ou une activité quotidienne d'une façon différente ou dans un nouvel environnement.

- ✔ Essayez de travailler dans un café ou avec le bruit d'un café (par exemple grâce au site coffitivity.com qui recrée ce type d'ambiance).

- ✔ Essayez d'offrir une solution créative à un problème rencontré par un collègue.

- ✔ Trouvez un moyen créatif de rendre votre travail plus agréable et de passer plus de temps à faire ce que vous aimez.

- ✔ Lisez la biographie d'une personnalité créative que vous admirez (ex : Einstein).

- ✔ Faites des activités artistiques et créatives en dehors du travail (cela peut même améliorer votre performance au travail selon certaines études).

→ *Pour encore plus de bonheur*

LECTURES
La créativité – Psychologie de la découverte et de l'invention de Mihaly Csikszentmihalyi, Pocket, 2009.
Libérez votre créativité (*The Artist's way*) de Julia Cameron, J'ai lu, 2007.

92

Cultiver
un état d'esprit
en expansion

« Le succès ne vient pas à vous. C'est vous qui allez vers lui. »
Marva Collins.

Au cours de ses nombreuses années de recherche sur la personnalité, la motivation et le développement, Carole Dweck, chercheuse en psychologie sociale à l'Université de Stanford, a identifié un ingrédient clé pour réussir et s'épanouir dans le monde du travail, à l'école, dans le sport... Cet ingrédient, c'est ce qu'elle appelle un « état d'esprit en expansion » (par opposition à un état d'esprit fixe ou négatif).

Mais de quoi s'agit-il exactement ? Les personnes qui ont un état d'esprit fixe ou négatif ont tendance à penser que leur potentiel (leurs talents, leur intelligence, les traits de leur personnalité, etc.) est prédéterminé et ne peut pas évoluer. Elles interprètent leurs difficultés et échecs comme des preuves de leurs limites, et finissent par se cantonner à ce qu'elles maîtrisent ou ce qu'elles savent qu'elles réussiront. Elles se sentent insécurisées par les critiques et préfèrent ne pas s'engager dans des dialogues constructifs. Leur principal objectif est de montrer leur intelligence et de ne pas décevoir les autres. Les personnes qui ont un état d'esprit en expansion (ou orienté vers la croissance) pensent au contraire qu'elles peuvent développer leur potentiel, leurs talents et leur intelligence, avec des efforts, de la pratique et en tenant compte des avis des autres. Cet état d'esprit les pousse à apprendre, à se fixer de nouveaux défis et explorer de nouveaux territoires. Elles sont convaincues que leur accomplissement dépendra principalement de leur motivation et de leurs efforts. Leur confiance et leur optimisme leur permettent de créer des relations positives et d'inspirer les autres.

La bonne nouvelle, c'est que, comme bien souvent, vous avez le choix. Vous pouvez proactivement cultiver un état d'esprit en expansion, et changer progressivement votre façon de penser pour révéler votre potentiel.

CHANGEZ VOTRE ÉTAT D'ESPRIT

✔ Comment qualifieriez-vous votre état d'esprit ?

Vous pouvez le déterminer d'après les descriptions ci-dessus ou faire ce test en ligne ici : www.mindsetonline.com

✔ Y a-t-il des talents que vous aimeriez avoir, mais que vous pensez ne pas avoir ?

Sur quels arguments vous appuyez-vous pour dire cela ? Que pourriez-vous faire pour les développer ? Exemple : Vous voulez être un meilleur leader ? Quelles sont les compétences que vous pourriez développer ?

✔ Pensez à un challenge ou un projet que vous abordez avec un état d'esprit fixe.

Maintenant, essayez d'y penser avec un état d'esprit en expansion. Qu'est-ce que cela change ?

✔ Encouragez votre entourage à développer un état d'esprit en expansion.

Félicitez-les pour leurs efforts, pas seulement pour leurs qualités et leurs résultats. Intéressez-vous à leur développement, plutôt que de mettre l'accent sur des traits qui vous semblent permanents.

Faites attention aux messages que vous envoyez et à ce que cela peut induire chez eux.

→ *Pour encore plus de bonheur*

LECTURE
Changer d'état d'esprit. Une nouvelle Psychologie de la Réussite de Carole Dweck, Mardaga, 2010.

93

Rêver son futur
et construire sa vision

« Si vous pouvez le rêver, vous pouvez le faire. »
Walt Disney

Pourquoi est-il si important d'avoir une vision ? D'abord parce que nous avons besoin de savoir où nous allons. Notre vision donne du sens à nos actions. Elle guide nos pensées, nos comportements et nos actions dans la bonne direction. D'autre part, le simple fait de créer notre vision nous oblige à nous extraire de ce qui est, pour imaginer ce qui pourrait être, au meilleur des possibles. Les projets les plus ambitieux et les plus innovants ont tous commencé avec l'imagination. La vision est donc un levier de motivation, mais aussi de réussite et d'innovation. Et nous avons beaucoup à gagner en travaillant sur notre vision, individuellement et collectivement.

À titre individuel, la psychologie positive nous recommande l'exercice du « Meilleur Moi Possible ». Comme son nom l'indique, il nous incite à rêver notre meilleure vie possible, tout en gardant les pieds sur terre (et oui, on a dit « possible »). Les études montrent que ceux qui réalisent cet exercice se sentent plus heureux quelques semaines plus tard et souffrent de moins de maux physiques quelques mois plus tard.

RÊVEZ VOTRE
« MEILLEUR MOI POSSIBLE »

✔ Idéalement, prenez quelques minutes pour méditer avant de vous lancer dans cet exercice.

Lorsque vous serez prêt, imaginez la meilleure vie possible, dans 5 ou 10 ans par exemple. Dans cette vie « idéale et réaliste », vous êtes pleinement heureux, épanoui, et en accord avec votre vraie nature.

Cette vision concerne vos aspirations et ambitions profondes (et non ce qui est le plus facile ou le plus accessible à l'instant t). Pensez à ce qui vous fait vibrer, à ce qui vous rendrait vraiment heureux, plein d'énergie et de fierté. Soyez sincère et attentif à vos besoins véritables. Cette vision pourra bien sûr évoluer avec le temps, rien n'est gravé dans le marbre, mais c'est une excellente base pour la réflexion et pour l'action.

Imaginez ce qui se passerait au meilleur des possibles. À quoi ressemblerait votre vie, dans tous les domaines suivants :
- travail ;
- famille ;
- loisirs et activités ;
- santé, bien-être et développement personnel ;
- espace de vie ;
- apprentissage ;
- argent ;
- vie amoureuse ;
- réseau social et amical ;
- vie spirituelle.

✔ Pour chacun de ces domaines, dites-vous simplement : « Si tout était possible, et si j'étais pleinement en accord avec ma vraie nature, je ferais, je serais, j'aurais… »

✔ Pensez à ce qui vous fait vraiment rêver, vibrer… à ce qui provoque votre gratitude et une joie immédiate quand vous l'envisagez.

✔ Vous pouvez également faire un zoom sur le travail en décrivant :
- les activités que vous menez au quotidien ;
- les problèmes, questions ou besoins que vous êtes amené à résoudre ;
- les expériences excitantes que vous êtes amené à vivre grâce à votre travail ;
- les atouts (forces, compétences et talents) que vous mobilisez ;
- les expériences et formations sur lesquelles vous vous appuyez (vous pouvez inclure des formations que vous comptez suivre à l'avenir) ;
- les centres d'intérêt dans lesquels vous puisez ;
- l'impact que vous avez et les valeurs avec lesquelles vous êtes en accord ;
- le lieu et l'environnement dans lesquels vous travaillez ;
- le type de personnes avec lesquelles vous travaillez et l'ambiance de travail ;
- les objets que vous êtes amené à utiliser ou manipuler au quotidien ;
- vos horaires et autres conditions de travail.

Si vous êtes plutôt visuel, vous pouvez aussi vous créer un tableau de vision reprenant ces différents éléments.

→ *Pour encore plus de bonheur*

LECTURE
L'homme qui voulait être heureux de Laurent Gounelle, Éditions Anne Carrière, 2008
FILMS
Little Miss Sunshine de Jonathan Dayton et Valérie Faris, 2006.
New York Melody de John Carney, 2014.
Burt Munro de Roger Donaldson, 2006.
MUSIQUES
J'irai au bout de mes rêves de Jean-Jacques Goldman, 1982.
Dreams are my reality de Richard Sanderson, 1980.
Tu t'envoles (Peter Pan), Walt Disney, 1953.
Ma philosophie de Amel Bent, 2004.
Somewhere over the rainbow de Judy Garland, 1939.

94

(Bien) utiliser la visualisation

« La meilleure façon de prédire l'avenir, c'est de le créer. »
Peter Drucker

Si vous avez lu des livres de développement personnel, il y a de grandes chances que vous ayez entendu parler de visualisation. Un conseil revient souvent dans ces ouvrages : faire chaque jour des exercices de visualisation (fermer les yeux et imaginer ce que l'on veut obtenir le plus précisément possible : le job de nos rêves, le partenaire de nos rêves...). Vous commencez à me connaître, je n'ai pas pu m'empêcher de chercher ce que la science avait à nous apprendre sur ce sujet.

Pour le psychologue britannique Richard Wiseman, cette pratique est souvent mal utilisée et peut même s'avérer contre-productive. Explications.

Dans une étude menée par Gabriele Oettingen de l'Université de New York, les chercheurs ont demandé à des diplômés à la recherche d'un emploi de noter le nombre de fois où ils visualisaient le job de leurs rêves (avec des pensées ou des images mentales d'un futur idéalisé). Ceux qui se prêtaient le plus à ce type de rêve ou fantasme étaient aussi ceux qui, au final, avaient le moins d'offres d'emploi et les salaires les plus bas. L'étude a également évalué l'impact d'une autre façon de penser au futur : les étudiants qui étaient optimistes et jugeaient que le futur désiré était probable avaient tendance à fournir plus d'effort et obtenir de très bons résultats.

Une autre étude menée par Lien Phan de l'Université de Californie, a cherché à distinguer l'effet de différents types de visualisation. 5 à 7 jours avant un examen, les chercheurs ont demandé à des étudiants de prendre quelques minutes par jour pour faire un exercice de visualisation. Un groupe d'étudiant devait visualiser leur objectif (obtenir une bonne note à l'examen), un autre groupe devait visualiser le process pour réussir à l'examen (réviser, aller à la bibliothèque, poser des questions en classe, etc.), un autre devait visualiser les deux (objectif et process), et un groupe de contrôle ne devait rien visualiser du tout. Bilan ? Les meilleurs résultats ont été obtenus par ceux qui visualisaient le process pour réussir, et non pas la cible en elle-même. Ils ressentaient aussi moins de stress, et géraient mieux leur planning de révision.

Comment expliquer tout cela ? Pour Richard Wiseman, ceux qui passent trop de temps à rêver à leur vie idéale sont peut-être mal préparés à affronter les obstacles qui se présenteront, et auront tendance à baisser les bras plus rapidement. Ils auront aussi tendance à faire moins d'efforts pour réaliser leur objectif. Selon lui, la visualisation peut être efficace si elle consiste à visualiser le process, autrement dit ce que l'on doit faire pour atteindre notre objectif, et non le futur rêvé.

Quels enseignements tirer de cette étude ? S'il est important d'avoir une vision et de s'autoriser à rêver le meilleur futur possible (lors d'un temps dédié), il est essentiel de ne pas être obsédé par cette vision. Visualiser ses objectifs et/ou sa vision tous les jours peut avoir des effets pervers : nous inciter à l'inaction (et donc nous empêcher d'aller vers cette vision), mais aussi générer du stress et de la frustration, en nous empêchant de profiter du chemin et d'apprécier ce que nous avons déjà.

VISUALISEZ LES ÉTAPES POUR ATTEINDRE VOTRE OBJECTIF

✔ Prenez quelques instants pour décrire ce que vous devez faire pour atteindre votre vision ou un objectif en particulier.

Vous pouvez commencer avec un objectif simple et court-terme.

✔ Prenez régulièrement quelques instants pour visualiser les étapes et actions que vous devez faire pour atteindre cet objectif.

→ *Pour encore plus de bonheur*

LECTURE
Un article : www.theguardian.com/science/2012/jun/30/self-help-positive-thinking

95

Afficher ses objectifs

« Si tu as un but dans la vie, qui te prend beaucoup d'énergie, qui exige beaucoup de travail, qui engage un grand intérêt, et qui est un défi pour toi, alors tu auras toujours hâte de te réveiller pour voir ce que le jour nouveau t'apportera. »

Susan Polis Schultz

Si l'on attend que les choses se fassent d'elles-mêmes, il y a de grandes chances pour… qu'il ne se passe rien. Si l'on veut opérer des changements dans notre vie et dans notre travail, si l'on veut réaliser nos rêves, nous devons nous fixer des objectifs concrets. C'est un facteur de réussite, mais aussi d'épanouissement ! Comme l'explique le psychologue Jonathan Freedman, les gens qui se fixent des objectifs (à court ou à long terme), sont plus heureux que ceux qui ne s'en fixent pas. Avoir des objectifs nous permet de booster notre motivation, de donner du sens à nos actions, de mieux contrôler notre emploi du temps, de générer des émotions positives, de renforcer la confiance et l'estime de soi (notamment quand on parvient à les réaliser)… D'après le neuroscientifique Richard Davidson, cela permettrait même de réduire significativement les émotions négatives.

Les objectifs désignent des actions qui peuvent s'inscrire dans une finalité plus large (par exemple « augmenter mon bonheur au travail »). Mais tous les objectifs ne sont pas bons pour notre bonheur et notre épanouissement. Bien définir son objectif est un point essentiel. *« Un objectif bien défini est à moitié atteint. »*, comme le soulignait Abraham Lincoln.

Un bon objectif est d'abord « SMART » : spécifique, mesurable, atteignable, réaliste et temporel (défini dans le temps). D'autre part, les chercheurs en psychologie positive ont également démontré qu'il valait mieux privilégier les objectifs :
- qui augmentent le sentiment d'autonomie, de compétence, de connexion aux autres, de développement ;
- sincères et intrinsèques *vs* extrinsèques.

Quelques explications sur ce point particulièrement important. Les objectifs qui nous aident à être plus heureux sont les objectifs intrinsèques : ceux que l'on choisit parce qu'ils nous plaisent et ont du sens à nos yeux, sans attente de récompense externe (argent, promotion, statut). Les objectifs extrinsèques, au contraire, sont des objectifs qui dépendent du jugement ou de l'approbation des autres, et que l'on poursuit pour des raisons superficielles. Des exemples d'objectifs intrinsèques pourraient être : apprendre la psychologie, écrire un livre, se faire de nouveaux amis, avoir une activité physique plus importante. Des exemples d'objectifs extrinsèques seraient : devenir riche, devenir célèbre, etc. Les études montrent que les gens sont beaucoup plus heureux en poursuivant des objectifs intrinsèques, parce qu'ils ont beaucoup d'expériences positives sur le chemin qui mène à ces objectifs. Ils apprécient le chemin, pas uniquement la destination.
- en lien avec votre personnalité ;
- de conquête et non de restriction (formulé positivement) ;
- qui s'harmonisent entre eux (pas contradictoires) ;
- flexibles ;
- qui poussent à l'action.

FIXEZ-VOUS DES OBJECTIFS ET FONCEZ

✔ Définissez vos objectifs à 1 an et à 5 ans.

✔ Listez aussi vos grands objectifs de vie (autrement dit les choses que vous aimeriez absolument faire avant de mourir).

✔ Privilégiez des objectifs spécifiques, réalistes et répondant aux caractéristiques ci-dessus.

Vous pouvez avoir des objectifs pour les différents domaines de votre vie (travail, famille, loisirs…). Quelques exemples d'objectifs : lancer mon entreprise, écrire un livre, créer un blog, courir un marathon, apprendre une nouvelle langue, visiter le Japon, vivre une expérience en particulier…

✔ Veillez à réaliser chaque jour au moins une action vous rapprochant un peu de ces buts.

Lorsque je me suis donné pour objectif d'écrire ce livre en un an, cela me semblait extrêmement ambitieux, mais en écrivant un peu chaque matin, j'ai réussi à avancer avec plaisir et à réaliser ce rêve !

✔ Revoyez régulièrement vos objectifs.

Faites le point plusieurs fois par an pour vos objectifs à 1 an, une fois par an pour vos objectifs à 5 ans et vos objectifs de vie. Faites-les évoluer si besoin. Si vous réalisez que vous n'êtes pas en ligne avec vos objectifs, demandez-vous ce qui s'est passé, refaites l'exercice pour voir si vos objectifs ont évolué, et réajustez votre plan d'action. Et souvenez-vous que vous avez le droit d'abandonner un objectif !

→ *Pour encore plus de bonheur*

MUSIQUE
La liste de Rose, 2003.

96

Oser
être soi-même

« J'accepte la grande aventure d'être moi. »
Simone de Beauvoir

Êtes-vous réellement vous-même ? Avez-vous le sentiment de montrer votre vrai visage, de faire ce qui est vraiment important pour vous et de mener votre vie comme vous l'entendez ? Ou plutôt de porter un masque et de laisser les autres choisir pour vous ? D'après une enquête IPSOS publiée en septembre 2015, 47 % des Français ont le sentiment de passer à côté de leur vie ! Pour le psychologue Denis Doucet, auteur du *Principe du petit pingouin*, nous souffrons du « symptôme de suradaptation ». La « suradaptation » désigne une adaptation trop intense ou trop prolongée à un environnement qui ne répond pas à nos besoins de façon satisfaisante. Évidemment, il est important de savoir s'adapter à des contraintes extérieures, mais parfois nous nous adaptons tellement à notre entourage et à notre environnement (travail, famille, amis) que nous avons tendance à nous perdre nous-mêmes... Nous oublions notre individualité et notre singularité, nous corrigeons sans cesse notre comportement, nous n'exprimons pas nos besoins et envies (nous n'en avons parfois même pas conscience). Nous sommes ce que l'on attend de nous. Résultat : on se sent de moins en moins bien, de plus en plus triste et découragé, on se « fane ». Mais pour être heureux et retrouver le sens, nous devons trouver le courage d'être nous-mêmes, de faire ce qui est vraiment important pour nous. Parfois, cela passe par une modification de l'environnement dans lequel nous évoluons (ou un changement d'environnement!). Denis Doucet utilise la métaphore de l'aquarium. Un bon aquariophile sait que si un de ses poissons ne va pas bien, la première chose à faire est d'améliorer la qualité de l'eau dans laquelle il évolue, pour qu'elle se rapproche au maximum de l'eau présente dans la nature. C'est un peu la même chose pour nous. Si nous n'allons pas bien et que nous réalisons que notre environnement est en cause (car il ne correspond pas à notre nature), nous allons devoir faire un choix : essayez de modifier cet environnement ou le quitter. Si nous travaillons dans une entreprise dans laquelle seules la compétition et la productivité comptent, alors que cela ne cadre pas avec nos valeurs, il nous est impossible de nous épanouir. Il va falloir faire changer les choses ou… partir !

DEVENEZ VOUS-MÊME

✔ Réfléchissez à vos environnements d'appartenance : travail, famille, amis… Sont-ils adaptés à vos besoins et valeurs ?

Pouvez-vous être vous-même dans ces différents milieux ? Que pourriez-vous faire pour que ces environnements s'adaptent davantage à vous ? Quels sont les changements qui s'imposent ? Discutez-en avec vos proches, votre boss…

✔ Apprenez à dire « non » aux demandes ou injonctions émanant de votre environnement, lorsque celles-ci ne respectent pas vos besoins.

✔ Lorsqu'on vous fait une proposition, demandez-vous systématiquement si cela vous fait vraiment plaisir (ou si vous le faites pour faire plaisir, ne pas contrarier, éviter le conflit…).

✔ Si possible, déléguez les tâches et activités qui ne vous font pas plaisir ou qui vont à l'encontre de vos besoins.

✔ Prenez le temps de vous reconnecter régulièrement avec vos besoins, vos envies, vos rêves.

Et si vous preniez quelques instants pour le faire maintenant ? Laissez les choses venir et écoutez vos sensations.

✔ Laissez les masques au vestiaire.

Faites en sorte que votre tenue, vos paroles, vos actes reflètent au maximum ce que vous êtes. Si, par exemple, vous passez un entretien, n'essayez pas de faire bonne impression à tout prix, en déployant toutes sortes de techniques ou en vous adaptant totalement au discours de l'entreprise. D'abord, parce que cela risque d'être perçu comme un manque d'authenticité. Et si l'entreprise n'accepte pas votre singularité, vous n'y serez pas heureux !

✔ Ne vous mettez pas la pression pour sortir de la suradaptation.

Cela prend du temps de trouver le bon équilibre entre adaptation et expression de soi !

→ *Pour encore plus de bonheur*

LECTURES
Le Principe du petit pingouin de Denis Doucet, Marabout, 2014.
Jonathan Livingston le goéland de Richard Bach, Poche, 2010.
MUSIQUE
Si tu suis ton chemin de Dany Brillant, 2001.

Ancrez et propagez le bonheur

« On vous souhaite tout le bonheur du monde »

97

Créer ses habitudes et routines positives

« Nous sommes ce que nous faisons de manière répétée. L'excellence n'est donc pas un acte, mais une habitude. »

Aristote

Maintenant que vous avez expérimenté un tas de choses, que vous savez ce qui vous fait du bien, ce qui vous épanouit, ce qui vous détend et ce qui vous rend heureux, il ne vous reste plus qu'à modifier durablement votre façon de vivre et de travailler. *In fine*, ce sont les habitudes, routines et choix quotidiens que vous ferez qui auront l'impact le plus important sur votre bonheur, votre bien-être, votre résistance au stress et votre santé. Facile à dire, mais on sait tous à quel point il est difficile de changer ses habitudes. On est plein de bonne volonté, mais on oublie, on se trouve des excuses, on procrastine… et rien ne change.

Alors, comment faire pour mettre en place de nouvelles habitudes positives ? La science s'est évidemment penchée sur le sujet, et voici ce qu'elle recommande.

✳ Gardez en tête le « pourquoi »

Vous trouverez ainsi la motivation nécessaire pour persévérer malgré les obstacles. Faites-en une priorité. Souvenez-vous qu'avec de la patience, de la persévérance et de la détermination, vous obtiendrez des résultats extraordinaires.

✳ **Misez sur la répétition** dans la durée

On a longtemps cru, conformément aux théories énoncées par le Dr Maltz dans les années 1960, qu'il faillait 21 jours pour former une nouvelle habitude. En 2009, Philippa Lally, chercheuse en psychologie de la santé à l'université College de Londres, a réalisé une étude[1] plus poussée à ce sujet, pour savoir ce qu'il en était vraiment. Les 96 participants de l'étude devaient chacun choisir une nouvelle habitude à mettre en place (exemple : courir 15 minutes avant le dîner), et noter chaque jour leurs comportements et leurs impressions (avaient-ils suivi ou non cette habitude ? Ce comportement leur semblait-il automatique ?), et ce pendant douze semaines. Verdict ? En moyenne deux mois (précisément 66 jours) sont nécessaires pour qu'un nouveau comportement devienne automatique. Mais cela peut varier fortement en fonction des individus et des comportements (dans cette étude, les participants ont mis entre 18 et 254 jours pour prendre une nouvelle habitude). Fait intéressant, le fait de « manquer une occasion n'affecte pas sensiblement le processus de formation d'habitude ».

✳ **Commencez simple**

Commencez par mettre en place quelque chose de simple, que vous pourrez faire tous les jours.

✳ **Fixez-vous un défi** clair et mesurable

Pour vous aider à la mettre en place (exemple : pendant huit semaines, j'irai courir 30 minutes trois fois par semaine). Les challenges augmenteront votre motivation, votre confiance en vous et vous permettront d'installer de nouvelles habitudes.

✳ **Trouvez du soutien** et engagez-vous publiquement

On connaît aussi l'importance des actes d'engagement : si je m'engage publiquement à relever un défi, j'ai beaucoup plus de chances de réussir que si je n'en parle à personne. Parlez-en à vos proches, postez votre engagement sur la Happy Days Family, trouvez un « ange gardien » qui vous aidera à mettre en place cette nouvelle habitude... Et même si vous loupez quelques occasions d'honorer cette belle habitude, ne culpabilisez pas, reprenez simplement dès que vous pouvez.

---

1. «How are habits formed : Modelling habit formation in the real world», Philippa Lally, Cornelia H. M. Van Jaarsveld, Henry W.W. Potts et Jane Wardle, *European Journal of Social Psychology*, 2010.

✳ **Changez** une habitude à la fois

Pour opérer des changements plus rapidement, vous pouvez grouper ou fusionner certaines habitudes au sein d'une routine positive et constructive (exemple : la routine du matin ou du retour du boulot).

✳ **Rien n'est gravé** dans le marbre

Si vous réalisez qu'une habitude n'est finalement pas si bénéfique, n'hésitez pas à la modifier ou à l'abandonner !

METTEZ EN PLACE DE NOUVELLES HABITUDES

Parcourez à nouveau les chapitres de ce livre et demandez-vous quelles sont les nouvelles habitudes et routines que vous souhaiteriez mettre en place ? Choisissez des activités qui vous détendent et vous amusent, sinon vous ne tiendrez pas sur la durée. Choisissez-en une pour commencer (pas trop difficile idéalement, ensuite vous serez expert en changement d'habitude et vous pourrez vous attaquer à des sujets plus compliqués).

Quand vous vous sentez prêt, passez à la deuxième habitude de votre liste, et ainsi de suite…

Inspirant !

Dans *Miracle Morning*, **Hal Elrod** nous incite à nous lever 1 à 2 heures plus tôt pour prendre du temps pour soi. Il nous incite à profiter de ce moment pour méditer, pratiquer des affirmations positives, faire des exercices de visualisation, faire du sport, lire, tenir notre journal… Le réveil très matinal ne convient certainement pas à tout le monde, mais nous pouvons lui piquer l'idée de prendre un temps le matin ou le soir pour grouper des habitudes positives et se faire du bien !

98

Planifier ses Happy Days et Happy Weeks

> « Le regret qu'ont les hommes du mauvais emploi du temps qu'ils ont déjà vécu ne les conduit pas toujours à faire de celui qui leur reste à vivre un meilleur usage. »
>
> Jean de la Bruyère

Comment imaginez-vous votre journée de travail idéale ? Et votre semaine idéale ? À quoi ressembleraient-elles ? C'est ce que je vous propose de découvrir ! L'objectif de cet exercice est d'avoir une gestion plus consciente et proactive de votre emploi du temps, mais aussi de vous aider à faire plus de place pour ce qui vous rend heureux. Comme bien souvent en psychologie positive, l'idée n'est pas de partir de l'existant, mais vraiment de ce qui serait « le meilleur planning possible » pour vous. Imaginez la journée qui vous donnerait envie de vous lever le matin et la semaine qui vous donnerait le sentiment d'avoir vécu pleinement ! Vous constaterez peut-être que cet idéal n'est pas si compliqué à atteindre…

COMPOSEZ VOTRE JOURNÉE ET VOTRE SEMAINE IDÉALES

✔ Étape 1 – Créez votre planning « Happy Days »

Formalisez votre journée de travail idéale. Utilisez un crayon à papier afin de pouvoir la faire évoluer. Décrivez cette journée du réveil au coucher, de la façon la plus précise possible. Précisez ce que vous faites, à quel moment, où et avec qui.

Notez notamment :
- votre heure de réveil ;
- vos activités avant d'aller travailler (exemple : écouter la musique que j'aime pendant 30 minutes, me faire un jus de légumes frais) ;
- votre temps de trajet aller et les activités éventuelles liées ;
- votre créneau déjeuner ;
- vos pauses et des petits plaisirs, par exemple : 10 minutes de marche, 5 minutes de méditation, pause tisane, pause goûter ;
- vos activités et la façon dont vous aimeriez structurer votre journée idéale (par exemple : lecture des e-mails trois fois par jour, ou rendez-vous clients l'après-midi) ;
- votre heure de départ du travail ;
- votre temps de trajet retour et les activités éventuelles liées ;
- ce que vous faites entre votre retour et votre coucher ;
- votre heure de coucher.

Laissez également de la place pour la surprise, l'imprévu et la spontanéité.

✔ Étape 2 – Créez votre planning « Happy Weeks »

Sur le planning « semaine idéale », notez :
- les éventuels moments off (exemple : le mercredi, pour vous occuper de vos enfants) ;
- les activités hebdomadaires que vous aimeriez mener, dans les différents domaines de votre vie (exemples : cours de danse le mercredi à 18 h 30, balade avec les enfants le dimanche après-midi, dîner avec des amis le jeudi soir, 30 minutes de jogging les lundi, mercredi et samedi…) ;

- la façon dont vous aimeriez structurer vos semaines (par exemple : télétravail le mercredi).

Vous pouvez aussi faire cet exercice pour votre mois idéal et votre année idéale (par exemple en positionnant des grandes vacances l'été, une semaine au soleil l'hiver, une semaine de vacances tous les deux mois).

✔ Étape 3 – Affichez-les pour les garder en tête.

✔ Étape 4 – Listez les actions et changements à mettre en place pour vous rapprocher de votre emploi du temps idéal.

Pensez à refaire cet exercice régulièrement (au moins une fois par an !)

✔ Étape 5 – Faites un petit pas dès aujourd'hui pour vous rapprocher de ce planning idéal (et continuez les autres jours !)

99

Concevoir son « Happiness Canva » et continuer les petits pas

> « L'action n'apporte pas toujours le bonheur, mais il n'y a pas de bonheur sans action. »
> — William James

Connaissez-vous le « *Business Model Canva* » ? C'est un outil utilisé par des millions d'entreprises dans le monde (notamment les start-up) qui consiste à regrouper sur une seule page tous les éléments clés de notre business model : partenaires clés, activités clés, ressources, proposition de valeurs, relations clients, structure de coût, source de revenus… Il permet à la fois de dresser un état des lieux, de regrouper en un seul endroit les éléments essentiels et d'identifier les lignes directrices pour le futur. Eh bien, je vous propose aujourd'hui d'adapter ce modèle pour créer votre « *Happiness Canva* ». L'objectif : récapituler sur une seule page les ressources et activités essentielles sur lesquelles vous pouvez vous appuyer pour être plus heureux (au travail et ailleurs), mais aussi les chantiers et thèmes que vous souhaitez approfondir. C'est une belle façon de clôturer votre lecture (et vos expérimentations) pour qu'elle vous soit le plus utile possible à l'avenir. Quand vous avez un coup de mou ou que vous êtes à la recherche du prochain petit pas à réaliser pour vous sentir (encore) mieux, consultez votre *Happiness Canva* !

Vous pouvez par exemple y faire figurer :
- les outils que vous allez utiliser (exemples : l'application freedom, pomodoro-timer, un standing-desk…) ;
- les partenaires et supports sur qui vous pouvez compter (exemples : votre psy, votre acupuncteur, votre meilleur ami, la Happy Days Family…) ;
- les habitudes et routines positives que vous souhaitez mettre en place pour augmenter votre bien-être (exemples : faire la sieste, tenir un journal, aller au travail à vélo…) ;
- les prochains petits pas que vous allez mettre en place (utiliser la communication non violente pour parler à mon chef) ;
- les chantiers plus conséquents que vous souhaitez lancer (exemple : personnaliser mon espace de travail) ;
- vos forces et talents actuels, et ceux que vous avez envie de développer ;
- ce qui a du sens pour vous : vos valeurs, vos priorités, ce que vous souhaitez devenir, ce qui est vraiment important pour vous ;
- vos grands objectifs à un an et à cinq ans ;
- les petites et grandes victoires à célébrer ;
- vos principales sources d'émotions positives (pour que vous puissiez leur consacrer plus de temps) ;
- vos principales sources de stress (pour que vous puissiez exercer un contrôle direct ou indirect sur ces sources de stress) ;
- les mantras et citations qui vous accompagneront au quotidien ;
- une boîte à idées pour laisser libre cours à votre créativité.

COMPLÉTEZ VOTRE HAPPINESS CANVA !

✔ Choisissez la forme et les catégories de votre choix pour créer votre Happiness Canva.

Vous pouvez créer votre propre version (sur un grand tableau blanc effaçable ou une feuille A3) ou imprimer celui que je vous propose en bonus. Affichez-le !

✔ Consultez-le et faites-le évoluer régulièrement.

Retrouvez votre Happiness Canva à imprimer et compléter sur www.sundaymondayhappydays.com

100

Faire bouger les choses
autour de soi

> « L'homme le plus heureux est celui qui fait le bonheur d'un plus grand nombre d'autres. »
> Denis Diderot

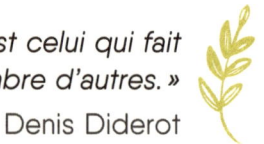

Vous l'avez compris, vous avez le pouvoir de réenchanter votre quotidien et d'améliorer considérablement votre niveau de bonheur. Mais vous pouvez aussi contribuer à améliorer celui de votre entourage (famille, amis, mais aussi collègues et collaborateurs). C'est d'ailleurs un cercle vertueux, puisque rendre les autres heureux est un des meilleurs moyens d'être plus heureux soi-même. Prêt à devenir un agent de changement positif dans ce monde ?

Il y a de nombreuses façons d'améliorer le bien-être de ceux qui vous entourent. Vous pouvez montrer l'exemple, partager ce que vous avez appris, être force de proposition (en proposant des expériences collectives, des initiatives bénéfiques), soutenir et féliciter, décider d'être un atout bonne humeur…

Vous avez aussi tout intérêt à faire bouger les choses dans votre organisation, en suivant les conseils ci-dessous.

PROPAGEZ LE BONHEUR DANS VOTRE ORGANISATION

Voici quelques conseils pour libérer et propager le bonheur dans votre organisation :

✔ Donnez l'exemple en travaillant sur votre propre bonheur au travail.

La transformation doit commencer par vous-même. C'est à vous de donner l'exemple, et d'incarner le changement que vous souhaitez instaurer.

✔ Lancez (ou proposez) une démarche sincère et globale.

Pour faire bouger les choses, vous devez déjà être convaincu de l'importance du bonheur au travail pour votre équipe et votre entreprise. Cette démarche doit être globale, elle ne doit pas se limiter à des mesures gadgets ou cosmétiques. On ne peut pas simplement installer une salle de relaxation, repeindre les murs en bleu et considérer que le job est fait !

✔ Propagez les pratiques qui vous semblent pertinentes.

Après avoir appris et expérimenté de nouvelles pratiques, trouvez des moyens de les propager. La plupart des expériences proposées ici peuvent se décliner au niveau d'une équipe ou d'une organisation.

Vous pouvez par exemple :
- proposer à vos collaborateurs d'expérimenter une nouvelle pratique ou façon de fonctionner ;
- proposer ou organiser un atelier de sensibilisation, un déjeuner-débat, une formation, un team-building ou une université d'été sur le thème du bonheur au travail ou sur des thèmes plus spécifiques ;
- en discuter lors d'événements informels (déjeuner ou dîners d'équipe, afterwork, etc.).

✔ Rejoignez les passeurs du bonheur au travail (initiés par la Fabrique Spinoza, ces groupes d'action et de réflexion sont présents dans de nombreuses villes françaises).

✔ Consacrez du temps à vos collègues.

Même si vous avez aussi votre propre travail à accomplir, gardez et planifiez du temps pour vos collaborateurs. Intéressez-vous à eux, écoutez-les, proposez-leur de l'aide. Si vous managez des gens, prévoyez des « moments de dialogue » dans votre emploi du temps. Prenez aussi du temps pour remercier et féliciter les membres de votre équipe individuellement (par exemple, autour d'un café, d'un repas…). Créez des moments de discussion durant lesquels tout le monde peut s'exprimer.

✔ Laissez la créativité du groupe s'exprimer.

Utilisez (ou proposez) des méthodes d'intelligence collective pour impliquer l'ensemble des parties prenantes dans les réflexions importantes (identification de nouvelles idées, vision, amélioration des processus et… augmentation du bonheur au travail !). Ces moments sont très valorisants, et motivants pour un groupe, et ils permettent à chacun d'avoir un sentiment d'autonomie, de contrôle et d'impact. Apprenez à vous effacer !

✔ Mettez en place (ou proposez) des changements organisationnels profonds.

Pour faire changer les choses de façon durable, des changements profonds devront peut-être être opérés : davantage d'autonomie (par exemple avec des processus d'autorégulation par équipe), moins de temps consacré par les managers au contrôle (et plus à l'accompagnement), nouvelles façons d'exprimer la reconnaissance…

✔ Favorisez les échanges et les connexions sociales positives.

Les membres d'une équipe ont besoin de vivre des moments positifs ensemble (pauses, déjeuners, dîners, team-building…) et d'avoir des temps dédiés à la communication.

✔ Adoptez un état d'esprit reconnaissant et appréciatif.

Pourquoi ne pas commencer les séances de feed-back ou les réunions par le positif : ce que vous avez apprécié, les victoires à célébrer… Pensez à féliciter les membres de votre équipe pour les efforts (et pas uniquement pour les résultats). Souvenez-vous que votre parole peut avoir un effet puissant (positif ou négatif).

✔ Soutenez les initiatives (ou accueillez-les au moins) avec bienveillance.

L'expérimentation est la meilleure façon de savoir si cela fonctionne, et vous pourrez toujours décider d'arrêter si ce n'est pas le cas !

→ *Pour encore plus de bonheur*

LECTURE
Le Leader positif de Yves Le Bihan, Eyrolles, 2016.
MUSIQUE
Tout le bonheur du monde, Sinsemilia, 2004.
FILMS
Le bonheur au travail, film documentaire Arte, 2014.
AUTRES RESSOURCES
www.happinessbooster.fr
www.fabriquespinoza.fr
www.ateliersdurables.com

101

Oser le (grand) changement
et vivre ses rêves

« Impose ta chance, serre ton bonheur et va vers ton risque. À te regarder, ils s'habitueront. »
René Char

Nous l'avons vu, nous pouvons augmenter considérablement notre niveau de bonheur en modifiant notre état d'esprit, nos habitudes (y compris mentales), en influençant positivement notre environnement... Par de petites actions en somme. Mais dans certains cas, des changements importants sont nécessaires. Mais comment savoir qu'il est temps de changer ? Je n'ai pas de recette magique à vous proposer (je ne crois malheureusement pas qu'il en existe), mais les différentes questions ci-dessous devraient vous aider à y voir plus clair. Prenons un exemple concret : « Devez-vous ou non changer de job » ?

- commencez par évaluer votre niveau de bonheur au travail.
- les difficultés que vous rencontrez (exemples : stress, perte d'intérêt, perte de sens, chef insupportable, résultats médiocres...) vous semblent-elles circonstancielles et provisoires, ou profondes et durables ? Vous pouvez aussi vous laisser un peu de temps pour y voir plus clair.
- avez-vous tenté d'améliorer les choses (par exemple, en proposant de nouvelles façons de travailler qui vous correspondent davantage) ? Vos tentatives

ont-elles été acceptées ? Ont-elles fonctionné ? Pourquoi ? Y a-t-il d'autres choses que vous pourriez essayer de faire ?
- que vous dit votre intuition ? Vous pouvez écouter votre intuition quand elle se manifeste de façon impromptue (vous allez peut-être soudain vous rendre compte, au milieu d'une réunion, que vous n'êtes vraiment plus à votre place dans cette entreprise). Vous pouvez aussi visualiser les différentes options qui s'offrent à vous : rester, partir pour tel poste ou activité, et être attentif à ce que cela déclenche chez vous.

Si vous sentez que c'est le moment de changer, osez et faites le grand saut.

Mais n'oubliez pas que les changements, même positifs sont générateurs de stress, et doivent être accompagnés. Pour mieux vivre ces changements :
- gardez bien en tête les objectifs du changement – le pourquoi, encore et toujours le pourquoi !
- adaptez le rythme du changement à votre situation ;
- préparez-vous aux difficultés que vous rencontrerez sur la route. Pour cela, l'exercice du « Pre-mortem » peut être utile : identifiez tous les éléments qui pourraient « tout faire foirer » et trouvez une réponse ou une solution pour chacun d'eux ;
- imaginez le pire scénario possible. Que pourrait-il se passer au pire du pire ? Exprimez vos angoisses les plus profondes. Exemple : « Je quitte mon job pour un autre, mais finalement on ne m'embauche pas après ma période d'essai, je me retrouve au chômage pendant longtemps, je ne peux plus payer mon loyer, je dois retourner vivre chez mes parents. » Est-ce si dramatique de retourner vivre ponctuellement chez vos parents – je suis certaine qu'eux seront bien contents…
- avancez par petits pas tant que vous le pouvez (par exemple, en cherchant tranquillement un travail en restant dans votre poste actuel), tout en sachant qu'à un moment vous aurez un bon un peu plus conséquent à faire ;
- misez sur votre support team (coach, psy, naturopathe…) et vos amis, en particulier durant ces périodes sensibles de changement important. Vous avez besoin d'exprimer ce qui se passe en vous ;
- souvenez-vous que votre situation et l'environnement extérieur n'impactent que 10 % de votre bonheur, ne misez pas tout sur eux ;
- et… ne changez pas tout en même temps ! Quand vous vivez un grand changement, appuyez-vous sur ce qui ne change pas (exemple : vos amis, votre famille…).

Et souvenez-vous que comme le dit l'adage, « on sait qu'on est sur la bonne voie quand on n'a plus envie de se retourner ».

FAITES LE POINT SUR CE QUI DOIT CHANGER

Réfléchissez, quels sont les changements et les décisions importantes qui s'imposent dans votre vie : changer de travail, vous lancer dans un projet qui vous tient à cœur, mettre fin à une relation ?

Le grand changement, ce n'est peut-être pas pour aujourd'hui. Alors, gardez tout cela en tête et revenez quand ce sera le moment !

→ Pour encore plus de bonheur

LECTURES
Tremblez, mais osez ! de Susan Jeffers, Marabout, 2013.
Il n'est jamais trop tard pour éclore de Catherine Taret, Flammarion, 2017.
L'Homme qui voulait vivre sa vie de Douglas Kennedy, Belfond, 2010.
Demain est un autre jour de Lori Nelson Spielman, Le Cherche midi, 2013.

FILM
La Vie rêvée de Walter Mitty de Ben Stiller, 2013.
Chef de De Jon Favreau, 2014.
Billy Elliot de Stephen Daldry, 2000.

MUSIQUE
Aller plus haut de Tina Arena, 1999.

Derniers conseils pour la route

L'écriture de ce livre a réellement changé ma vie, et j'espère qu'il changera aussi la vôtre (pour le meilleur évidemment)! Elle m'a permis de rassembler et de synthétiser toutes mes connaissances sur la psychologie positive, mais aussi de découvrir de nouvelles études et de nouvelles pratiques souvent méconnues, qui ont le pouvoir de changer nos vies pour le meilleur. Je me suis aussi amusée à vivre le même voyage que vous, en mettant en pratique l'ensemble des 101 expériences proposées. Un grand nombre de ces pratiques sont devenues des habitudes dont je ne pourrai plus me passer.

Il y a quelques années, j'étais une consultante stressée, sédentaire et surmenée. Je courais comme un hamster dans sa roue sans savoir où je voulais aller. Aujourd'hui, les choses ont bien changé! J'ai réinventé mon activité professionnelle, mais surtout ma façon de vivre et de travailler. Je tiens mon journal de gratitude tous les soirs avant de m'endormir, je fais la sieste – ô bonheur! –, je pratique la méthode Pomodoro et la digital mindfulness, j'ai de jolies plantes dans mon bureau, je médite 20 minutes par jour, je cours trois fois 30 minutes par semaine – du moins j'essaie, et ça me fait un bien fou –, je déclenche le plan « Déstress express » aux premiers signaux d'alerte, j'ai une vision et des objectifs clairs, je fais chaque jour au moins un petit pas pour me rapprocher de mes rêves, j'ai sérieusement augmenté ma dose quotidienne de jeu et de rire, je célèbre mes victoires – ce livre en est une pour moi! –, je fais de vraies pauses, j'applique la communication non violente et le non positif… Et bien plus encore…

Je ne prétends pas (du tout) détenir pas la vérité absolue sur le bonheur, mais la science du bonheur a été pour moi une source d'inspiration et un extraordinaire accélérateur de transformation. Je continue à cheminer, mais… allez, j'ose vous le dire à vous, je suis sacrément fière d'avoir tellement avancé. Je suis globalement beaucoup plus heureuse (au travail et ailleurs) qu'il y a quelques années. Je fais plus de ce que j'aime et j'ai appris à me préserver (ce qui est un vrai challenge quand on est passionné par son travail). Évidemment je traverse des phases plus difficiles, stressantes ou mouvementées (comme tout le monde!), mais je parviens à rebondir beaucoup plus vite qu'avant.

J'ai appris et mis en œuvre tellement de choses, et j'en ai tiré tellement de bénéfices… Je ne pouvais pas ne pas les partager avec vous.

J'espère que vous aurez pris autant de plaisir que moi à découvrir et à mettre en pratique de nouvelles façons de vivre et de travailler.

N'hésitez à revenir régulièrement piocher des idées pour améliorer votre vie et votre travail. J'espère qu'à chaque nouvelle lecture, vous (re)découvrirez de nouvelles expériences en lien avec vos aspirations et problématiques du moment.

Vous connaissez mon goût pour les études, je n'ai donc pas résisté à l'envie d'en mentionner une dernière. Il s'agit d'une « étude » un peu spéciale, réalisée par Bronnie Ware, infirmière australienne en soin palliatif. Cela peut vous sembler un peu morbide comme final, mais c'est en réalité une belle leçon de vie, qui pourra je l'espère vous inspirer, vous motiver et vous guider. Cette infirmière a accompagné de nombreuses personnes durant les derniers jours de leur vie, les a interrogés, et elle a répertorié dans un livre les cinq plus grands regrets des personnes en fin de vie. Les voici :

- « J'aurais aimé avoir le courage de vivre ma vie comme je l'entendais, et non comme les autres voulaient qu'elle soit. »
  Nos peurs, nos freins, notre envie (consciente ou non) de faire plaisir à notre entourage, tout cela fait que l'on a tendance à s'oublier et à mettre nos besoins, nos envies et nos rêves de côté. C'est le plus gros regret des personnes en fin de vie…

- « J'ai consacré trop de temps à mon travail. »
  Le travail est important, mais ce n'est pas tout! De nombreux patients regrettent de ne pas avoir vu leurs enfants grandir, de ne pas avoir passé assez de temps avec leur conjoint, etc. Gardez cela en tête, car même si

vous êtes très heureux au travail, celui-ci ne doit pas prendre toute la place dans votre vie !

- « Je n'ai pas assez exprimé mes sentiments. »
  Le fait de ne pas suffisamment exprimer ses sentiments par timidité ou par peur du conflit peut finalement générer de nombreuses frustrations, et nous empêcher de devenir ce que nous voudrions (et pourrions être).

- « J'aurais aimé rester en contact avec certains amis »
  Les amis, c'est essentiel ! Ils nous apportent du soutien, des conseils, et surtout beaucoup de moments joyeux, essentiels au bonheur. Il est important de leur consacrer suffisamment de temps et d'énergie. Comme le disait Georges Brassens, « l'amitié n'exige rien en échange, que de l'entretien ».

- « J'aurais aimé m'autoriser à être heureux »
  La majorité des gens ne réalisent que trop tard que le bonheur est un choix. Beaucoup de gens ont ressenti un jour l'envie de changer, ou peut-être de « tout plaquer », pour aller faire ce qui leur plaisait vraiment, mais très peu de gens ont osé le faire.

La vie est faite de choix. J'espère que ce livre vous aura aidé à faire les vôtres, et qu'il aura contribué à vous donner l'envie, l'énergie et le courage nécessaire pour construire chaque jour votre bonheur (y compris pendant votre semaine de boulot !)

Continuez à faire des petits pas, à agir, à grandir, à faire bouger les choses, soyez patients, persévérez, et je suis convaincue que vous parviendrez à être réellement plus heureux, tous les jours de votre vie : le lundi, le mardi, le mercredi, le jeudi, le vendredi, le samedi, le dimanche. Les jours de soleil, et les jours de pluie…

Appréciez le chemin sans être obsédé par le bonheur, car comme le disait Guillaume Apollinaire : « De temps en temps, il est bon d'arrêter notre quête du bonheur et d'être tout simplement heureux. »

Prenez soin de vous (et des autres !), et donnez-moi de vos nouvelles sur le groupe de la Happy Days Family ! Car… « We are family » ! C'est ainsi que s'achève ce livre, comme il avait commencé… en chantant (et je l'espère… enchanté).

À très vite pour de nouvelles aventures.

Remerciements
« Quelques mots d'amour… »

Voici venu le temps… non pas des rires et des chants (enfin si, aussi !) mais surtout des remerciements ! Plus sérieusement, j'ai récemment fait une découverte très personnelle mais probablement universelle : mon niveau de bonheur est étroitement corrélé au nombre de « mercis » que j'exprime et que je reçois. C'est donc un immense plaisir pour moi que d'écrire (et de ressentir) ces quelques lignes de profonde gratitude.

Je tiens à adresser le premier et le plus grand des mercis à mon éditrice, Élodie Bourdon. Merci Élodie pour votre confiance (au premier regard !), votre enthousiasme, votre implication, vos idées et votre bonne humeur communicative. Quelle joie de vous avoir à mes côtés dans cette belle aventure !

Un grand merci aussi à toute l'équipe des éditions Larousse : Isabelle Jeuge-Maynart, Ghislaine Stora, Mélissa Lagrange, François Lamidon, David Lerozier, Dalila Abdelkader, Aurélie Prissette, Philippe Cazabet, Karine Mangili et Magali Jacques-Murer. Merci à tous d'avoir mis votre énergie positive et vos incroyables talents au service de cet ouvrage ! Grâce à vous, j'ai compris qu'écrire un livre n'était pas une traversée en solitaire mais un extraordinaire travail d'équipe.

Merci à Tal Ben Shahar pour son soutien si précieux. Merci de m'inspirer et de me guider depuis tant d'années.

Merci à Alexandre Jost d'avoir accepté de préfacer ce livre. Merci à toi et à tous mes amis de la Fabrique Spinoza (mon groupe de cœur!) d'œuvrer chaque jour avec passion pour plus de bonheur citoyen.

Et merci à mes proches bien sûr! Merci à Matteo, mon petit soleil, qui illumine mon quotidien de bonheur et d'amour. Merci à Maxime, mon amoureux, pour son support, son écoute, ses conseils, son humour et sa grande sagesse (sa fameuse phrase «Qu'est-ce qu'il en restera dans 50 ans?» m'a aidée à relativiser nombre de situations)! Merci à mon père qui a toujours cru en moi. Merci à ma mère qui est devenue ma plus active supportrice. Merci à mes beaux-parents Gisèle et Patrick pour leur gentillesse et les jolis débats sur le bonheur. Merci à mon grand-père qui a amplifié mon désir d'écrire et de transmettre. Et merci à ma grand-mère, partie trop tôt, mais dont l'amour inconditionnel continue de me porter au quotidien.

Merci à mes amis pour leur soutien précieux dans tous les projets fous que j'entreprends. Mention spéciale à Aurélie, Mariane, Anna, Charlyne, Christelle, Ben, Caroline, Maxime, Claire, Clémence, Lorraine, Axelle, Xavier, Candice, Mathilde, Aymeric...

Et plus globalement merci à toutes les merveilleuses personnes dont j'ai eu (ou dont j'aurai) la chance de croiser la route, et qui je l'espère se reconnaîtront.

Et... merci à toi cher lecteur (oui maintenant que nous avons vécu toutes ces aventures ensemble, je me permets de te tutoyer). C'est à toi que j'ai pensé en écrivant chaque ligne de ce livre. Je t'ai imaginé plongé dans cet ouvrage, tour à tour intéressé, étonné, curieux, amusé... Mais je t'ai surtout imaginé en train d'agir, d'essayer, d'expérimenter, en prenant *Sunday, Monday, Happy Days* pour joyeux prétexte. J'espère sincèrement et de tout cœur que ce livre t'aura donné envie de chanter, danser, lâcher ta chaise, écrire, rire, méditer, ralentir, aimer, prendre un bain de nature ou de compliment, oser et réaliser tes rêves.

Merci pour toutes les actions que tu as mises en œuvre pour améliorer ton bonheur et celui de ton entourage. Grâce à toi, j'ai le sentiment de contribuer à rendre le monde meilleur.

Ce livre est mon tout premier. C'est un rêve un peu fou devenu réalité grâce à une bonne dose de chance, une pincée d'audace, un soupçon de folie et une poignée de ténacité. Mais surtout grâce à vous tous! Alors du fond du cœur, MERCI.

P.-S.: Si vous avez aimé ce livre, n'hésitez pas à me le faire savoir par tout pigeon voyageur de votre choix (e-mail, message sur le site sundaymondayhappydays.com ou sur le groupe de la Happy Days Family...). Vos mots doux sont pour moi une extraordinaire source de bonheur et le plus puissant des carburants. Alors pour cela aussi, j'ai envie de vous dire... MERCI.

Index

A

activité physique 118, 149, 151, 338
affirmation de soi 205-206
alimentation 129, 131, 141, 146, 174
amour 277
anxiété 12-13, 20, 25, 34, 44, 59, 69, 109, 114, 119, 130-131, 149, 161, 167, 175, 195, 205, 235, 318
argent 13-14, 64
autocompassion 15, 58-60, 128, 278
autonomie 209

B

besoins 12, 55-57, 65-66
bien-être 13-15, 19, 219
bonheur 11-21, 26, 32, 37, 41, 343, 355

C

chance 212
changement 16, 34, 210, 354, 358
charge mentale 230
communication non violente 15, 55, 207, 238, 262-264

conflit 289
créativité 13, 222, 295, 307, 325-327, 356
croyances limitantes 197, 238

D

déconnexion 227-229
dépression 12-13, 59, 69, 114, 130-131, 134, 149, 154, 161, 224, 235, 291

E

échec 25, 62, 185
écoute active 256
émotions positives 13, 19-20, 75, 81-82, 96, 101, 121, 123, 154, 195, 254, 275, 277-278, 282, 312, 327, 337, 352
émotions négatives 20, 41, 106-116
empathie 14, 44, 78, 85, 135, 154, 202, 256, 258-261
équilibre 16, 20, 29, 56, 114-115, 215-220
erreurs 185
estime de soi 13, 69, 154, 165, 377
expériences 11-14, 25, 66

F

flow 318
forces 312

G

gratitude 15, 25, 48-49, 72, 77-81, 101-103, 213, 239, 273, 284-285, 333, 361

I

imperfection 61, 236, 276
intelligence émotionnelle 274
intelligence collective 100, 122, 282, 293, 352
intuition 201

J

joie 11, 14, 20, 24, 26, 81, 88, 95, 265, 269, 271, 319, 325-356

L

liberté 209
lumière 171

M

méditation 44, 60, 82, 118, 143, 174, 179
motivation 30, 33, 81, 93, 100, 204, 224, 278, 295, 349

N

nature 116, 161-163

O

objectifs 281, 337
optimisme 13, 44, 69, 71-73, 78, 105, 134, 165, 212, 295, 312, 329

P

pardon 133, 276
perfectionnisme 61
peurs 112, 127-129, 197, 362
plaisir 81
planification 221, 327
petits pas 16, 33-35, 351
pleine conscience 15, 41-50, 148, 162, 175, 198, 227, 231, 278
posture de pouvoir 194
psychologie positive 11-16, 25, 77

R

reconnaissance 101, 286
respiration 47, 174
rire 87

S

santé 13-15, 20, 29, 32, 44, 78, 130, 134, 146, 148, 149, 150, 157, 164, 165, 177, 219, 224, 236, 242, 332
sieste 180
sommeil 177
sourire 84
stress 107, 221

T

talents 318

V

vision 28, 128, 331
visualisation 334

LAROUSSE s'engage pour l'environnement en réduisant l'empreinte carbone de ses livres. Celle de cet exemplaire est de : 950 g éq. CO_2
Rendez-vous sur
www.larousse-durable.fr

PAPIER À BASE DE FIBRES CERTIFIÉES

Achevé d'imprimer en Espagne par Unigraf SL
Dépôt légal: mars 2018
320689/04 - 11043404- novembre 2019